《中国法院2025年度案例》编委会

主　任　李成林

副主任　李成玉

成　员　陈春梅　胡田野　王晓芳　徐光明　王　立
　　　　　梁　欣　郑未媚　李成斌　程　瑛　王　锐
　　　　　刘　畅　解文生　李晓果

《中国法院2025年度案例》编审人员（按姓氏笔画）

王　锐　朱　琳　刘　畅　李明桓　李晓果　杨小利
宋　爽　张淑芬　郑未媚　赵文轩　胡　岩　唐世银
梁　欣　程　瑛　潘园园

实习生（按姓氏笔画）

李　娅　杨延震　汪恒毅　武　悦　谢　涵

编　务　李明桓

本书编审人员　唐世银

中国法院2025年度案例

国家法官学院　最高人民法院司法案例研究院　/ 编

民间借贷纠纷

中国法治出版社
CHINA LEGAL PUBLISHING HOUSE

《中国法院2025年度案例》通讯编辑名单

序

为深入学习贯彻习近平法治思想，落实习近平总书记“一个案例胜过一打文件”的重要指示精神，人民法院始终把完善中国特色案例制度，加强以案释法作为推进全面依法治国、支撑和服务中国式现代化的重要途径。人民法院案例库向社会开放一年多来，最高人民法院始终坚持高标准建设，实现入库案例对常见案由和罪名全覆盖，对于促进法律适用统一，实现严格公正司法发挥了重要作用。

“中国法院年度案例系列”丛书以及时记录人民法院司法审判工作新发展、新成就为己任，通过总结提炼典型案例的裁判规则、裁判方法和裁判理念，发挥案例鲜活生动、针对性强的优势，以案释法，以点带面，有针对性地阐释法律条文和立法精神，促进社会公众通过案例更加方便地学习法律，领悟法治精神，体现司法规范、指导、评价、引领的重要作用，大力弘扬社会主义核心价值观，积极服务人民法院案例库建设，加强对案例库案例的研究，促进统一法律适用，提升审判质效，丰富实践法学研究，增强全民法治意识和法治素养，展现新时代我国法治建设新成就。

“中国法院年度案例系列”丛书自2012年编辑出版以来，已连续出版13年，受到读者广泛好评。为更加全面地反映我国司法审判执行工作的发展进程，顺应审判执行实践需要，响应读者需求，丛书于2014年度新增金融纠纷、行政纠纷、刑事案例3个分册，2015年度将刑事案例调整为刑法总则案例、刑法分则案例2个分册，2016年度新增知识产权纠纷分册，2017年度新增执行案例分册，2018年度将刑事案例扩充为4个分册，2022年度将土地纠纷（含林地纠纷）分册改为土地纠纷（含环境资源纠纷）分册。自2020年起，丛书由国家法官学院与最高人民法院司法案例研究院共同编辑，每年年初定期出版。在全国各级人民法院的大力支持下，丛书编委会现编辑出版《中国法院2025年度案例系列》丛书，共23册。

“中国法院年度案例系列”丛书以开放务实的态度、简洁明快的风格，在编辑过程中坚持以下方法，努力让案例书籍“好读有用”：一是高度提炼案例内容，控制案例篇幅，每个案例字数基本在3000字左右；二是突出争议焦点，力求在有限的篇幅内为读者提供更多有效信息，便于读者快速抓取案例要点；三是注重释法说理，案例由法官撰写“法官后语”，高度提炼、总结案例的指导价值，引发读者思考，为司法审判提供借鉴，为法学研究提供启迪。

“中国法院年度案例系列”丛书编辑工作坚持以下原则：一是以研究案例库案例为首要任务。自2024年起，“中国法院年度案例系列”丛书优先选用人民法院案例库案例作为研究对象，力求对案例库案例裁判要旨的基本内涵、价值导向、法理基础、适用要点等进行深入分析，增强丛书的权威性、参考性。二是广泛选编案例。国家法官学院和最高人民法院司法案例研究院每年通过各高级人民法院从辖区法院汇集上一年度审结的典型案例近万件，使丛书有广泛的精选基础，通过优中选优，可提供给读者新近发生的多种类型的典型、疑难案例。三是方便读者检索。丛书坚持以读者为本，做到分卷细化，每卷案例主要根据案由或罪名分类编排，每个案例用一句话概括裁判要旨或焦点问题作为主标题，让读者一目了然，迅速找到目标案例。

中国法治出版社始终全力支持“中国法院年度案例系列”丛书的出版，给了编者们巨大的鼓励。2025年，丛书将继续提供数据库增值服务。购买本系列丛书，扫描腰封二维码，即可在本年度免费查阅往年同类案例数据库。我们在此谨表谢忱，并希望通过共同努力，逐步完善，做得更好，探索出一条充分挖掘好、宣传好人民法院案例库案例和其他典型案例价值的新路，为广大法律工作者和社会公众提供权威、鲜活、精准的办案参考、研究素材，更好地服务司法审判实践、服务法学教育研究、服务法治中国建设。

“中国法院年度案例系列”丛书既是法官、检察官、律师等法律工作者的办案参考和司法人员培训辅助教材，也是社会大众学法用法的经典案例读本，同时为教学科研机构开展案例研究提供了良好的系列素材。当然，编者们在编写过程中也难以一步到位实现目标愿景，客观上会存在各种不足甚至错误，欢迎读者批评指正。我们诚心听取各方建议，立足提质增效，不断拓宽司法案例研究领域，创新司法案例研究方法，助推实现中国特色司法案例研究事业的高质量发展。

国家法官学院　最高人民法院司法案例研究院

2025 年 3 月

目　录

Contents

一、借贷关系认定

二、夫妻共同债务认定

三、借款主体认定

四、债务偿还认定

五、利息与违约金认定

六、债权转让与债务承担

七、证据与时效

一、借贷关系认定

1

采用固定标准计算回报的方式设立的合伙协议应认定为借贷性质

——李某1诉某矿山机械公司等民间借贷案

【案件基本信息】

1. 裁判书字号

广西壮族自治区崇左市扶绥县人民法院（2023）桂1421民初1239号民事判决书

2. 案由：民间借贷纠纷

3. 当事人

原告：李某1

被告：某矿山机械公司、李某2、李某3、李某4

【基本案情】

某矿山机械公司系有限责任公司（自然人独资），李某2为该公司法定代表人。2021年5月，李某1与某矿山机械公司签订《协议书》约定：（1）李某1向某矿山机械公司投资20万元作为矿山基础设施费；（2）某矿山机械公司按某矿业公司在某矿区方解石厂每个月的矿石生产出库总量，按每吨0.5元向李某1支付投资报酬，每个月月底结清；（3）结算方式以每车的出货磅单为准；（4）李某1投资期限为1年，到期退还本金20万元，协议自行解除；（5）某矿山机械公司不按时结算支付款项给李某1，属于某矿山机械公司违约，某矿山机械公司必须全额退还李某1投资款，并支付协议总价30%的违约金。某矿山机械公司与李某2同时在协议书上盖章、签字确认，后李某1向李某2银行账户转账20万元。《协议书》履行期间，某矿山机械公司与李某1以某矿区部分出矿量进行投资收益的结算。2021年12月，李某1、何某某与李某3、李某4签订《借款合同还款（债务加入）协议书》约定：因某矿业公司的原因李某1与某矿山机械公司签订的《协议书》实际上已不能履行，李某3、李某4承诺承担李某2、何某某和李某1的借款人民币40万元的连带还款责任。《借款合同还款（债务加入）协议书》签订后，李某2向李某1归还了5万元。《协议书》到期后某矿山机械公司未退还李某1的20万元投资款。李某1于2023年4月19日起诉至广西壮族自治区扶绥县人民法院，提出如下诉讼请求：（1）某矿山机械公司偿还尚欠李某1的借款本金20万元及借款利息；（2）李某2、李某3、李某4对上述债务承担连带偿还责任；（3）某矿山机械公司、李某2、李某3、李某4共同承担因起诉而产生的律师代理费11600元；（4）李某2、李某3、李某4共同承担诉讼费用。某矿山机械公司辩称与李某1存在合伙经营矿山的关系，不存在借贷关系。李某1系自主作出投资表示，有权享受投资回报，也应承担投资风险。

【案件焦点】

1. 李某1与某矿山机械公司之间是合伙合同关系还是民间借贷关系；2. 李某1主张李某2、李某3、李某4对上述债务承担连带偿还责任有无事实和法律依据。

【法院裁判要旨】①

广西壮族自治区扶绥县人民法院经审理认为：合伙合同是两个以上合伙人为了共同的事业目的，订立的共享利益、共担风险的协议。本案中，从李某1与某矿山机械公司签订的《协议书》约定看，李某1向某矿山机械公司支付20万元后，收益是采用固定标准计算回报的方式，双方在协议书中未就投资风险作约定，同时约定不按时结算支付款项的相关违约责任。李某1、何某某与李某3、李某4于2021年12月签订的《借款合同还款（债务加入）协议书》将该笔欠款确认为借款，并就利息及归还期限作了明确约定。应认定双方之间法律关系的性质是“名为投资，实为借贷”。

李某2作为某矿山机械公司的法人，以个人银行账号收取李某1的转款，通过自己的微信账号向李某1还款，且未能举证证明某矿山机械公司的财产独立于李某2个人财产，故李某2应当对某矿山机械公司的上述债务承担连带清偿责任。再从李某1、何某某与李某3、李某4签订的《借款合同还款（债务加入）协议书》及李某4向李某1结算部分某矿区出矿量来看，李某4的行为是在履行某矿山机械公司与李某1签订的《协议书》中第二条之约定。虽然《协议书》约定该20万元的退还期限是一年，但在《借款合同还款（债务加入）协议书》中明确记载因某矿业公司的原因《协议书》实际上已不能履行，各方才协商达成了《借款合同还款（债务加入）协议》。该协议没有违反法律规定，应受法律保护，各方应依约履行义务。该协议虽然没有李某2的签字，但是综合分析李某2、李某3和李某4之间身份关系的特殊性，以及李某2微信向李某1归还5万元时，李某1确认尚欠利息为17528元，李某2并未提出异议，应认定李某2对该协议是知晓并认可的。

广西壮族自治区扶绥县人民法院判决如下：

一、某矿山机械公司于本判决生效之日起十日内偿还李某1借款本金20万元及利息；

---

① 本书【法院裁判要旨】适用的法律法规等条文均为案件裁判当时有效，下文不再对此进行提示。

二、李某2、李某3、李某4对上述债务承担连带清偿责任；

三、某矿山机械公司、李某2、李某3、李某4赔偿李某1因本案支出的律师代理费11600元。

宣判后，双方当事人均未上诉，一审判决生效。

【法官后语】[①]

合伙作为一项重要的民事制度，具有募集资金迅速、设立方便、经营灵活的特点，在市场经济中发挥着重要作用。根据《中华人民共和国民法典》第九百六十七条的规定，合伙合同是两个以上合伙人为了共同的事业目的，订立的共享利益、共担风险的协议。根据该定义，合伙关系并不要求合伙人“共同经营”，仅出资不参与其他合伙事务的合伙人也是法律允许的。在这种情况下出资就成了合伙人的唯一义务，而民间借贷关系中出借人的义务是交付货币，这就造成了合伙关系与借贷关系极易产生混淆。这种混淆主要体现在两个方面：第一，在款项支付形式上，无论是合伙关系还是借贷关系，合伙人和出借人都需要向另一主体支付协议约定的款项。第二，在目的上，二者均表现为以获得收益为目的，合伙人以共同事业为手段，以追求收益为目的，而借贷关系中出借人亦是以交付本金为手段从而获得名为利息的收益。二者支付行为和获益目的形式上的相似导致了二者关系出现交叉并产生抽象交集，这也是“名为合伙，实为借贷”纠纷形式出现的原因之一。

合伙关系“共享利益、共担风险”特征最直接的体现就是参与利润分配和亏损承担，这也是合伙关系区别于借贷关系的关键因素。具体到本案中，李某1与某矿山机械公司签订《协议书》表明李某1的收益是采用固定回报的方式，并且有保底条款，某矿山机械公司经营的损失由其自行承担，李某1不承担损失，且无论经营情况如何，是否亏损，均按照约定标准计算收益，因此该协议更具有借款特征，后续李某1、何某某与李某3、李某4签订的《借款合同还款

---

① 本书【法官后语】所涉法律问题涉及的法律法规等内容进行了时效性更新，下文不再对此进行提示。

（债务加入）协议书》将该笔欠款确认为借款，并就利息及归还期限作了明确约定。该约定属于当事人之间基于债务所作出的合理安排，应为有效。

《中华人民共和国民法典》将合伙合同确定为有名合同体现了合作制度的重大价值。认定合伙关系是处理合伙纠纷的第一步，需综合考虑是否有合伙合同、是否出资、合伙事项是否开展等因素并注意区别合伙与其他法律关系才能更准确地认定合伙关系。以合伙合同的名义约定了出资义务，以固定回报率、固定分红率等概念约定利息，根据这样的约定出资人完全没有任何风险，在当事人之间只能成立借贷关系。

编写人：广西壮族自治区扶绥县人民法院　黄鹏飞

2

村民小组公益筹资与民间借贷的交叉认定

——杨某甲诉某村民小组等民间借贷案

【案件基本信息】

1. 裁判书字号

云南省曲靖市中级人民法院（2023）云03民终3477号民事判决书

2. 案由：民间借贷纠纷

3. 当事人

原告（上诉人）：杨某甲

被告（被上诉人）：某村民小组

被告：张某某、宋某某、杨某乙、杨某丙

【基本案情】

杨某甲系某村民小组村民。为解决某村地名为窑冲头的土地滑坡问题，

2010 年 4 月 24 日，某村民小组召开党小组、户代表会议讨论决定，向村民筹集借款修建挡墙，并约定月利息为 1 分，同时推选宋某某、杨某丙、张某某、杨某乙等 5 人为修建挡墙领导小组成员，负责协调修建挡墙的相关事宜。2010 年 5 月 6 日，杨某甲向某村民小组交付了现金 30000 元，某村民小组出具《收据》1 张给杨某甲。《收据》载明："今收到杨某甲交来的窑冲头建设集资款叁万元整，每月按壹分利息付给；会计：杨某丙（印章），收款人：杨某乙（印章）、张某某（签名），收款单位：宋某某（印章）"。某村民小组先后向该村 64 户筹集借款 780000 元修建了挡墙。2023 年 3 月 18 日，某村民小组召开党员、村民代表、户代表会议讨论决定，修建挡墙的集资借款参照 2009 年至 2022 年各年度的一年贷款利率计算，按每 10000 元支付利息 6057 元予以偿还。参与集资借款的 64 户中，55 户均同意该清偿方案，并已清偿完毕。原告杨某甲不同意该清偿方案。

杨某甲诉请如下：（1）请求依法判令五被告向原告连带支付借款本金 30000 元及利息 46977 元，合计 76977 元（自 2010 年 5 月 6 日起至 2023 年 5 月 22 日止，按年利率 12%计算利息）。（2）请求依法判令五被告向原告连带支付剩余利息（自 2023 年 5 月 22 日起至清偿之日止，按年利率 12%计算利息）。（3）请求依法判令由五被告承担本案的诉讼费。

某村民小组、张某某、杨某丙答辩认为：集资是为解决窑冲头土地滑坡，经参会群众协商讨论并通过由村民共同筹钱建挡墙，每户筹钱 10000 元，以后产生效益以 1 分的利息付给村民，原告所诉的款项也应按群众会议讨论通过的方案退还，张某某、宋某某、杨某乙、杨某丙只是群众推选出来的项目办事人员不应对原告所诉款项承担责任。

【案件焦点】

1. 村民小组公益筹资行为应如何认定；2. 村民会议决议调整筹资款利率的行为是否有效。

【法院裁判要旨】

云南省富源县人民法院经审理认为：本案的法律事实发生在《中华人民共和国民法典》施行前，应适用当时的法律、司法解释的规定。被告某村民小组于2010年5月6日按村民小组会议决议，向原告集资借款30000元，双方间形成合法有效的民间借贷关系。被告张某某、宋某某、杨某乙、杨某丙并非借款合同的借款人，某村民小组作为基层群众自治组织的延伸，亦无财产混同、人格混同的法律规定，故原告要求被告张某某、宋某某、杨某乙、杨某丙对借款承担连带清偿责任，没有事实与法律依据。杨某甲系某村民小组的村民，某村民小组向其集资借款30000元时，虽约定按1分的月利率支付利息，但该集资借款系用于解决本村民小组内土地滑坡问题，属于全村受益的公益事项。某村民小组也未从集资借款修建挡墙中获得利益，即使获益该收益也属于全体村民所有。某村民小组于2023年3月18日召开党员、村民代表、户代表会议讨论决定，修建挡墙的集资借款参照相应年度的一年贷款利率计算，按每10000元支付利息6057元予以偿还。参与集资借款的64户中，55户均同意该清偿方案，并已清偿完毕。故杨某甲集资出借给被告某村民小组的30000元，也应按照该偿还方案予以清偿。

云南省富源县人民法院判决如下：

一、被告富源县中安街道清溪社区某村民小组于本判决生效之日起十日内偿还原告杨某甲借款本金30000元，利息18171元，合计48171元；

二、驳回原告杨某甲的其余诉讼请求；

三、案件受理费862元（已减半收取），由被告某村民小组负担。

杨某甲不服一审判决，提出上诉。

云南省曲靖市中级人民法院经审理认为：某村民小组于2010年4月24日召开党小组、户代表会议讨论决定，向村民筹集借款修建挡墙，并约定月利息为1分。符合法律规定，所形成的决定合法有效，对全体村民具有约束力，其中对于利息为1分的约定，系对村集体所有的财产作出的处分，对全体村民具有约束力。且该集资行为系为村公益建设而进行，集资款并非用于营利，具有基层组织管理行为性质。被上诉人的决定作出后，上诉人杨某甲按照会议决定向被上诉人集资 30000 元，被上诉人按照会议决定向上诉人出具了收据。2023 年 3 月 18 日，被上诉人召开党员群众会议，会议决定修建挡墙的集资借款参照相应年度的贷款利率计算，按每 10000 元支付利息 6057 元予以偿还，该会议亦符合上述法律规定，所形成的决议同样合法有效，对全体村民具有约束力，其中，对于利息的约定，系对村集体所有的财产作出的处分，同样对全体村民具有约束力。这与银行贷款具有本质的区别，上诉人作为本村民小组的一员，与村民小组整个集体之间的关系，并非单纯的平等主体之间的关系，还存在个人与集体之间的关系，作为个人应当尊重其所属集体依法作出的财产处理决定。因此，上诉人提出属于平等主体之间的约定等上诉理由不能成立。一审法院按照 2023 年 3 月 18 日被上诉人会议所形成的决议，判决被上诉人向上诉人支付借款本息合计 48171 元并无不当。

云南省曲靖市中级人民法院依照《中华人民共和国民事诉讼法》第一百七十七条第一款第一项的规定，作出如下判决：

驳回上诉，维持原判。

【法官后语】

一、村级组织公益筹资与民间借贷交叉的问题

（一）村民公益筹资特征

村民小组或者村委会为兴办村民直接受益的集体生产生活等公益事业，可以开展筹资筹劳。筹资筹劳应遵循村民自愿、直接受益、量力而行、民主决策、合理限额的原则。本案某村民小组按照一事一议程序，为解决窑冲头的土地滑坡问题修建挡墙，符合公益筹资的特征。村民公益筹资往往具有无偿性，在经过村民民主议事程序决定后，对村民具有约束性。但在现实中，根据筹资数额的大小和村集体财务收支情况，也存在有偿筹资的情形。

（二）民间借贷特征

从涉案村民代表会议决议及筹资情况来看，此次筹资为有偿筹资，村民小组对各农户交付的集资款需还本付息，具有民间借贷的性质。

二、民事法律关系内部交叉时的处理

法律关系重叠常见于民刑交叉、行民交叉等，本案形式上属民事法律关系内部交叉，出现法条竞合、请求权竞合。从法理学角度讲，民事法律关系法条内部交叉或者竞合时，按照意思自治的原则，应当尊重当事人对法律关系的选择。原告可以基于民间借贷主张权利，也可以基于侵害集体经济组织成员权益主张权益。但是，我们要从分析法律关系的实质入手，确定当事人诉争的问题本质。

村级集体经济组织的公益筹资行为有其特殊性：一是公益筹资应当经过一事一议程序；二是公益筹资用途特定，只能用于本集体经济组织的公益项目；三是筹资对象特定，筹资的对象为本村户籍在册人口或者所议事项受益人口；四是村级公益筹资是村级集体经济组织自我管理、自我服务的行为。村民既是公益筹资的出资人，也是直接受益人；村民小组作为接受资金的一方，仅是执行村民代表会决议，负责资金的筹集，不能从筹资行为中直接受益或者获利。村级公益筹资行为一旦经过民主议事程序决定后，对村民有直接的约束力。基于以上特点，村级公益筹资行为即使表现出还本付息的形式，与民间借贷也存在本质的区别。

此类纠纷形式上虽然具有民间借贷的特征，但其实质应为侵害集体经济组织成员权益纠纷。我们在审理此类案件时，如果按照当事人选择的民间借贷关系审理，不利于全案的审查，也不利于村民与村级集体经济组织之间利益的平衡，难以实现案件裁判法律效果和社会效果的统一。我们应当按照尊重村民自治兼顾村民合法权益保护的原则，平衡集体经济利益与村民个人利益，慎重审理此类案件。本案应充分尊重村民自治。《中华人民共和国村民委员会组织法》第二十四条所列事项应为村民会议自治范围，人民法院对符合民主议事程序和法律规定的村民会议决议，应当予以尊重。村民自治不得与宪法、法律、法规和国家的政策相抵触，不得有侵犯村民的人身权利、民主权利和合法财产权利的内容。村民自治与村民个人利益相冲突时，法院要寻求集体利益与成员利益的平衡。在没有重大利益失衡的情况下，应充分尊重村民自治。

三、本案的案由确定问题

村级公益筹资行为是否属于民事案件存在一定的争议。按照《中华人民共和国村民委员会组织法》第二十四条之规定，村民小组或者村委会开展的筹资筹劳行为，属于村民自治范围事项，存在侵犯村民的人身权利、民主权利和合法财产权利的内容时，应由乡、民族乡、镇的人民政府责令改正。结合农业部《村民一事一议筹资筹劳管理办法》的规定，筹资行为的主管部门为县级人民政府农民负担监督管理部门。这类筹资行为与村民集体经济组织成员的身份密不可分，存在管理与被管理的关系，属于村民自治的范畴，原则上并不属于法院传统民事案件的受理范围。

《中华人民共和国村民委员会组织法》第三十六条第一款规定："村民委员会或者村民委员会成员作出的决定侵害村民合法权益的，受侵害的村民可以申请人民法院予以撤销，责任人依法承担法律责任。"《中华人民共和国民法典》第二百六十五条规定了农村集体经济组织、村民委员会或者其负责人作出的决定侵害集体成员合法权益时，受侵害的集体成员可以向人民法院请求撤销。上述规定对集体经济组织成员权益的保护规定并不明确，特别是集体经济组织成员权益在实际中受到侵害的情形还普遍存在，仅适用撤销集体经济组织不当决定的方式尚不足以保护集体成员的合法权益。这些法律规定是对传统民事主体平等原则的突破，此类案件我们不应再拘泥于将主体平等作为受案依据。

相应地《民事案件案由规定》第四十四条设置了侵害集体经济组织成员权益纠纷。从狭义上看，这一案由仅适用于集体经济组织、村民委员会或者其负责人作出的决定侵害集体成员合法权益的情形。从广义上理解，侵害集体经济组织成员权益纠纷应当包括侵害集体成员就集体所有财产所享有的两种权益而引发的一切纠纷，从形式上看，既包括集体组织侵害集体成员权益的纠纷，也包括集体成员之间侵害权益的纠纷，还包括集体组织之外的组织或个人侵害集体成员权益的纠纷。原则上本案由下可以容纳集体成员权益受到侵害的一切民事纠纷。一审法院以民间借贷纠纷作为本案案由，但在裁判理由上选择了尊重村民小组民主自治；二审法院则在裁判理由上也选择了尊重村民小组民主自治，但并未更改案由，都反映出法官目前对侵害集体经济组织成员权益纠纷这一案由在实践中还没有形成统一的认识，在选择时非常慎重。从有利于案件审理和准确定案的角度来讲，本案案由应定为侵害集体经济组织成员权益纠纷。

编写人：云南省曲靖市中级人民法院　孙树平

3

典当合同与民间借贷的界定

——某典当公司诉赵某民间借贷案

【案件基本信息】

1. 裁判书字号

广西壮族自治区田东县人民法院（2024）桂1022民再2号民事判决书

2. 案由：民间借贷纠纷

3. 当事人

原告（再审申请人）：某典当公司

被告（再审被申请人）：赵某

【基本案情】

赵某因资金周转需要，于2019年12月10日用其名下车牌号为桂LY×××东风牌小型轿车为质押物向某典当公司典当借款20000元。双方签订了《动产（机动车）典当借款合同》和《动产（机动车）典当质押合同》，双方约定以当金20000元为基数，从发放当金之日起算执行月综合费率2.5%。借款期限自2020年3月24日起至2020年9月23日止，并出具借条一张，后续多次续当。因赵某未能按时还款，某典当公司主张赵某偿还当金以及相应的利息。

【案件焦点】

某典当公司的返还当金以及按月综合费率 2.5%支付利息的主张是否应当得到支持。

【法院裁判要旨】

广西壮族自治区田东县人民法院经审理认为：虽然赵某与某典当公司签订了《动产（机动车）典当借款合同》《动产（机动车）典当质押合同》，并且办理了动产当物的质押登记，但是某典当公司并未向赵某出具当票，且作为动产的当物桂 LY×××东风牌小型轿车也没有交付给某典当公司占有保管，即当物质权没有依法成立。根据《典当管理办法》第三条之规定，某典当公司的发放借款行为不符合典当合同的法律性质和构成要件，应认定某典当公司与赵某之间成立“名为典当，实为借贷”的法律关系，根据《最高人民法院关于审理民间借贷案件适用法律若干问题的规定》第十三条第三项的规定，确认某典当公司与赵某签订的《动产（机动车）典当借款合同》《借条》无效。关于当事人之间的借款合同无效后的处理。赵某基于无效合同取得某典当公司的 20000 元应当予以返还。因赵某于本案起诉前已返还某典当公司 12500 元，故被告仍须返还原告 7500 元。关于某典当公司主张的逾期还款利息及计算方式，缺乏事实和法律依据，法院不予支持。但是，综合考虑当事人对于合同无效及未及时返还财产的过错程度，赵某逾期返还占有资金必然造成原告一定的利息损失，故法院支持某典当公司主张逾期付款利息，以 7500 元为基数，自起诉之日即 2023 年 2 月 28 日起按同期全国银行间同业拆借中心公布的一年期贷款市场报价利率（LPR）计算。

广西壮族自治区田东县人民法院一审判决如下：

一、赵某于本判决发生法律效力之日起十日内向某典当公司返还本金 7500 元，并支付自 2023 年 2 月 28 日起至付清之日止的利息（以 7500 元为基数，按照同期全国银行间同业拆借中心公布的一年期贷款市场报价利率计算）；

二、驳回某典当公司的其他诉讼请求。

某典当公司不服一审判决，因一审适用小额诉讼程序，故某典当公司向广西壮族自治区田东县人民法院提起再审。

广西壮族自治区田东县人民法院经再审审理认为：根据《典当管理办法》第三条、第四十二条第二款之规定，2020 年 3 月 24 日，赵某与某典当公司签订了《动产（机动车）典当借款合同》及《动产（机动车）典当质押合同》，将自己合法所有的车辆作为抵押物交付某典当公司占有保管、办理了动产质押登记、当行出具当票、赵某取得当金，双方主体适格，内容合法，当事人意思表示真实，双方的行为符合典当合同的法律性质和构成要件，本案典当合同于当天成立。2022 年 4 月 11 日，赵某书面申请使用作为当物的车辆，某典当公司为了顺利收回借款及息费，出于善意将车辆返还赵某使用，该行为可视为双方实际解除典当合同，即日起双方转为民间借贷关系。某典当公司已收取的综合费用合计 12500 元合法，赵某仍须返还某典当公司 20000 元借款本金并支付逾期还款利息。结合本案实际，赵某应支付的逾期还款利息计算方式为，以本金 20000 元为基数，自 2022 年 5 月 1 日起按同期全国银行间同业拆借中心公布的一年期贷款市场报价利率（LPR）的四倍计算。

广西壮族自治区田东县人民法院判决如下：

一、撤销本院（2023）桂 1022 民初 598 号民事判决；

二、被申请人赵某向再审申请人某典当公司返还当金 20000 元，并支付自 2022 年 5 月 1 日起至付清之日止的利息［利息以 20000 元为基数，按照同期全国银行间同业拆借中心公布的一年期贷款市场报价利率（LPR）四倍计算］；

三、驳回再审申请人某典当公司的其他诉讼请求。

【法官后语】

典当法律关系的形成有着严格的形式与实质要求，必须符合《典当管理办法》的严格要求才能有效成立。因成立条件的严格，致使典当行在开展典当业务时存在许多不规范的行为，常常出现“名为典当，实为借贷”或“名为借贷，实为典当”等名不副实的情况。审判实践中，对典当合同与民间借贷的定性也值得我们注意：

一、典当成立的要件

判定典当关系是否成立，关键是对典当关系成立所必需的当票凭证等形式要件和对交付当物质押、办理抵押登记、发放当金、收取综合费等各项实质条件的审查。

典当关系成立的形式要件是双方的“当票”。《典当管理办法》第三十条第一款规定：“当票是典当行与当户之间的借贷契约，是典当行向当户支付当金的付款凭证。”到典当行进行典当，典当行与当事人形成典当合意，典当行在放款时必须向当户出具“当票”，并且当票背面必须附加当票须知，当票是证明典当关系的一个付款凭证，但当票仅系典当关系成立的一般形式要件，典当关系的成立还需要具备交付当物质押、发放当金、收取综合费等实质合同约定及履行内容等实质条件。

抵（质）押是典当法律关系成立或有效的前提，要求典当法律关系产生前必须存在适格的抵（质）押。质押的生效要件以动产移交为前提，若只是签订了典当合同，未实际交付当物，不符合《典当管理办法》第三条第一款“本办法所称典当，是指当户将其动产、财产权利作为当物质押或者将其房地产作为当物抵押给典当行，交付一定比例费用，取得当金，并在约定期限内支付当金利息、偿还当金、赎回当物的行为”之规定，典当关系不成立。

值得注意的是，没有当物，典当行向当户签发了当票并发放当金，或者双方签订了借款合同，典当关系不成立，双方之间的法律关系应该按民间借贷处理。

具体到本案，双方虽然签订了典当合同，当物为车辆，动产质押以交付为生效要件，车辆交付给典当行，此时双方的典当关系成立，但中途将车辆返还给赵某，则双方的典当关系解除，此时双方转为借款关系，某典当公司无权按典当的法律关系来主张相应权利。

二、典当法律关系与民间借贷的区分

一是民间借贷关系的主体是自然人、法人和其他组织，某典当行不属于经金融监管部门批准设立的从事贷款业务的金融机构，但也可以作为民间借贷的主体，其发放贷款引发的纠纷应按民间借贷处理。值得注意的是，虽然典当行可以作为民间借贷关系的法律主体，但仅限于其从事的是正常的企业间借贷，而不能从事经常性的借贷，以免扰乱正常的金融市场管理秩序。对于借款本金、最高利率标准、违约金等的计算，均应适用民间借贷的相关法律、司法解释予以确定。

二是在法律关系的内容上，典当关系是以当户的物为担保前提的，而民间借贷并不要求必须有担保，即使要求担保也并不限制借款人或者第三人的担保。典当法律关系具有特殊性，典当关系中既有债权债务关系，又有担保关系。只有两个法律关系均成立时典当关系才成立。典当的设立不以主债权的先行存在为条件，而是以“当物”是否存在且合法有效为前提，并以不动产在行政管理机关登记备案为设立条件。满足上述条件，借款关系才能形成实践中“当”的关系。典当的过程就是以实物作为担保条件，以借款为合同目的，将担保与借款统一起来的过程。而一般的物之担保借款法律关系是先有借款关系主合同，再有担保的从合同。典当在本质上也是质押借款的一种，为实现借款目的而将物品进行抵（质）押。

三、关于“名为典当，实为借贷”的借款利息如何认定

典当关系与借贷关系的费利内容并不相同。民间借贷可以约定有偿或无偿，在借款合同中，债权人仅能依法律规定的利率标准在一定幅度内收取利息；而典当借款以营利为目的，不存在无偿借款的情况，且典当不仅可以依标准收取相关利息，还能按规定的幅度收取典当综合费用，这种费率标准往往高于民间借贷的利息。

在审判实践中，值得我们注意的是，关于“名为典当，实为借贷”的类型案件，不排除部分当事人是假借典当纠纷案由来规避借贷高利审查，意图通过法院裁判使其借贷的高利合法化。虽然《典当管理办法》第三十八条对典当的利息及综合管理费用有上限规定，但是对综合管理费用的收取时限以及违约金的收取标准并无明确规定，同时《典当管理办法》系部门规章，虽可以作为司法裁判的参考依据，却不能作为司法裁判的直接依据。因此，对于该类案件，

在严格审查典当关系和民间借贷法律关系的区别条件基础上，对“名为典当，实为借贷”，尤其是存在保证担保以及当物未进行抵押、质押登记或未交付质物等情形的，不宜认定为典当关系，而应认定为民间借贷法律关系。

本案中，某典当公司与赵某虽然对作为当物的车辆在公安交警部门作了质押备案登记，且将案涉车辆交付给某典当公司，典当关系成立。后期某典当公司将案涉车辆交还给赵某，双方典当关系解除，此时某典当公司按典当合同中关于利息的约定主张月综合利率 2.5%的利息无法律与事实依据。典当公司可以依据典当有关法律规定收取月综合费率，因其中包含典当公司对当物的保管，故其费率一般高于普通的借贷。

编写人：广西壮族自治区田东县人民法院　舒艳克

4

法定代表人个人借款给控股股东用于公司经营的款项的责任认定

——钟某某诉某房地产公司等民间借贷案

【案件基本信息】

1. 裁判书字号

安徽省滁州市中级人民法院（2023）皖 11 民终 246 号民事判决书

2. 案由：民间借贷纠纷

3. 当事人

原告（上诉人）：钟某某

被告（被上诉人）：某房地产公司、缪某、薛某某

【基本案情】

2016 年 3 月 8 日，钟某某与某房地产公司签订《合作开发协议》，合作开发天长市某房地产庄园二期某工程（以下简称某项目）。因某项目办理施工许可证需要，钟某某向案外人王某某借款 1000000 元并自己筹措资金。2016 年 8 月 29 日，钟某某向市规建局缴纳了上述工程项目的城市配套费，两笔配套费款项分别为 1040381 元、305189 元，共计 1345570 元。2016 年 8 月 25 日、29 日，缪某分别出具两张借条给钟某某，两张借条上均注明此款用于拿施工证。此款经钟某某催要未果，诉讼请求依法判决。另查明，钟某某自 2016 年 3 月 8 日至 2016 年 10 月 17 日，担任某房地产公司的法定代表人。

【案件焦点】

双方是否存在借贷关系。

【法院裁判要旨】

安徽省天长市人民法院经审理认为：借款合同是借款人向出借人借款，到期返还借款并支付利息的合同。本案中，钟某某向案外人借款用于其与某房地产公司合作开发的某项目办理施工许可证缴纳的城市配套费的行为，系为了合作开发项目支付的款项，钟某某此时也是某房地产公司的法定代表人，其行为代表的是某房地产公司。缪某出具借条的行为，钟某某当庭认可“我和缪某是合资开发，但是所有的缴款发票都要拿到公司报账，但是为了证明以后报账的需要，我叫缪某打了条据给我，以证明我为合伙投资了多少款项，便于以后清算”。由此可以认定，缪某出具的借条系便于以后双方清算的需要，钟某某与缪某之间既无借款合意也无相应的资金变动，不存在借贷关系。故钟某某要求缪某偿还借款及利息的请求没有事实和法律依据，法院不予支持。

安徽省天长市人民法院判决如下：

驳回原告钟某某的诉讼请求。

宣判后，钟某某不服上述判决，提起上诉。

安徽省滁州市中级人民法院经审理认为：民间借贷关系是自然人、法人和非法人组织之间因进行资金融通而形成的法律关系，主要表现为出借人向借款人提供借款，借款人按期归还借款及约定利息等。而合伙法律关系最显著的特征是共同出资、合伙经营、共享收益、共担风险。本案中，案涉款项的两份借条均明确约定利息，并不具有共担风险的意思表达，而钟某某一审所述出具条据方便日后结算的内容，亦不能排除是为日后便于区分借款和投资款，一审认定案涉款项属于投资款不当，予以纠正。

关于钟某某主张案涉款项是某房地产公司股东缪某借款后用于公司开发项目，应由某房地产公司偿还款项，又由于某房地产公司系缪某及其妻子薛某某共同经营的公司，缪某、薛某某无法证明二人财产独立于公司，应承担连带责任。根据《最高人民法院关于审理民间借贷案件适用法律若干问题的规定》（以下简称《民间借贷规定》）第二十二条第二款规定："法人的法定代表人或者非法人组织的负责人以个人名义与出借人订立民间借贷合同，所借款项用于单位生产经营，出借人请求单位与个人共同承担责任的，人民法院应予支持。"本案中，案涉款项的借条上仅有缪某签字，无某房地产公司的印章，且借条出具时缪某仅是某房地产公司股东，钟某某系某房地产公司法定代表人，因此，钟某某要求某房地产公司承担还款义务的事实和法律依据不足，法院不予支持。又钟某某在本案中主张缪某及其妻子薛某某承担还款责任的事由是二人系无法证明财产独立于某房地产公司而应承担连带责任的公司股东，而该主张因钟某某请求某房地产公司承担还款责任的依据不足，在本案中亦不予支持。

安徽省滁州市中级人民法院判决如下：

驳回上诉，维持原判。

【法官后语】

从经济层面上来说，民间借贷行为系市场经济条件下的典型高风险经济行为，从法律层面上来说，法定代表人或者非法人组织的负责人参与的民间借贷行为常引发争议。《民间借贷规定》第二十二条就法定代表人以及非法人组织的负责人订立民间借贷合同认定与处理作出相关规定。本文旨在通过对《民间借贷规定》第二十二条规定的规范分析，解决法定代表人借款控股股东用于公司经营的款项的责任认定问题，厘清此类案件的审理要点，并结合债务加入行为、职务代理行为等类似行为进行分析认定。

一、企业法定代表人以个人名义出具借据的性质认定

（一）合伙关系与民间借贷关系的区分认定

民间借贷关系是自然人、法人和非法人组织之间因进行资金融通而形成的法律关系，主要表现为出借人向借款人提供借款，借款人按期归还借款及约定利息等。而合伙法律关系最显著的特征是共同出资、合伙经营、共享收益、共担风险。[①] 在审判实践中，合伙人之间是共同出资还是民间借贷容易产生较大分歧，合伙人一方称另一方出资系合伙款项，而另一方则称此款项实为借款，应当根据证据裁判规则，按照“谁主张，谁举证”的原则，依据双方提出的证据来还原法律事实，综合合伙与民间借贷的各自特性进行定性，并按照合伙、民间借贷各自的法律规范处理。

本案中，关于合伙关系与民间借贷关系的认定问题，涉案款项的两份借条均明确约定利息，借条内容本身不具有共担风险的意思表达，在缪某未提出相反证据予以推翻的前提下，涉案法律关系认定为民间借贷法律关系更符合一般常理。同时，钟某某一审所述出具条据方便日后结算的内容，亦不能排除是为日后便于区分借款和投资款，单凭此证不足以认定本案构成合伙关系，一审法院认定涉案款项属于投资款不当，应当予以纠正。

（二）清偿关系延伸至公司承担的认定方向

在企业法定代表人以个人名义产生借款纠纷的案件中，存在两种不同的观点。有观点认为，企业法定代表人以个人名义出具借据，应当根据合同相对性原则，严格按照借款凭证的主体和内容确定借款法律关系，认可借款人与出借人的主体身份。也有观点认为，受诉法院应当综合考虑各种因素，运用逻辑推理和日常生活经验，对证据的证明力予以判定，进而以证据能够证明的案件事实为依据对企业法定代表人以个人名义产生借款纠纷的性质作出认定。

结合审判实践中复杂多变的案情细节，显然第二种观点更为合理。本案中，

---

① 张家麟：《民间借贷纠纷诉讼指引与实务解答》，法律出版社2014年版，第95~96页。

企业法定代表人以个人名义向公司控股股东出借款项，且未加盖公司印章的，本质上系企业法定代表人的个人借贷行为，但是能否将清偿关系延伸至公司承担，则涉及《民间借贷规定》第二十二条规定的具体适用问题。

二、《民间借贷规定》第二十二条的适用分析

（一）规范目的

基于法人的法定代表人以及非法人组织的负责人兼具自然人和代表人的双重身份，《民间借贷规定》第二十二条规定从合同主体结合资金用途的角度，对法人的法定代表人或者非法人组织的负责人对外签订的借款合同，对程序中的当事人确定以及实体上的责任主体作出规定。①《民间借贷规定》第二十二条突破合同相对性的规范法理在于，在法律层面上，结合法定代表人或者负责人身份上的特殊性，其有权代表公司对外借款或者其个人履约能力有公司履约能力的背书加持，能够以此促成借款合同签订以及借款资金给付；② 而在实际操作层面上，法定代表人或者负责人可能实际控制公司账户，甚至公司账户资金与个人资金存在复杂的混同情况。

（二）用于公司经营的认定标准

借款用于公司经营的认定标准存在两个问题：一是如何具体认定款项用于公司经营；二是仅有法定代表人的签名，没有加盖公司印章，能否认定用于公司经营。笔者认为，法定代表人借款给控股股东用于公司经营的款项，公司对此是否应当承担清偿责任，应当从借款内容、借款形式、借款用途、实际用款人与实际还款人及其身份关系等多方面综合评判认定是否属于款项用于公司经营的情形。

本案中，从借款内容与用途来看，涉案两张借条上均注明此款用于拿施工证，且实际款项用于涉案项目办理施工许可证，可以认定用于公司经营。但是，涉案款项的借条上仅有缪某签字，无某房地产公司的印章，鉴于公司印章可以

① 最高人民法院民事审判第一庭主编：《最高人民法院新民间借贷司法解释理解与适用》，人民法院出版社2021年版，第328~329页。

② 《法律家》实践教学编委会主编：《民间借贷纠纷案例精选与参考适用》，人民法院出版社2018年版，第285页。

与法定代表人同时作用于公司意思表示，可以产生相互制约的效果，防止法定代表人滥用其法律地位进行有损于公司的意思表示，[①] 借条出具时缪某是某房地产公司股东，钟某某系某房地产公司法定代表人，从企业与个人的内部关系来看，即便某房地产公司为借款的实际使用人和受益人，也不宜仅以此认定公司承担还款责任。

（三）实际控制人应视情况适用《民间借贷规定》第二十二条

法定代表人借款给控股股东，用于公司经营的认定问题，本质上是控股股东以个人名义借款，用于公司经营的认定问题。审判实践中，有观点认为，公司实际控制人具有影响公司决策的能力，行为效果类似于法定代表人，虽非法定代表人，但其行为效果超越了法定代表人，形成了代表公司行使法律行为的事实。也有观点认为，控股股东并非法定代表人或者非法人组织的负责人，不宜适用《民间借贷规定》第二十二条规定。笔者认为，基于《民间借贷规定》第二十二条的规范目的，控股股东等实际控制人能否适用该条规定，要结合借贷双方的身份关系、出借人所持股权份额、身份变更情况以及对公司的实际控制程度等进行综合评判。

本案中，同一公司内部的法定代表人与控股股东之间不存在适用《民间借贷规定》第二十二条的信赖基础，即法定代表人钟某某明知或者应当明知控股股东缪某是否有权代表公司借款，其个人履约能力有无公司履约能力的背书加持。同时，钟某某在主张缪某及其妻子薛某某承担还款责任的事由是二人系无法证明财产独立于某房地产公司而应承担连带责任的公司股东，而该主张因钟某某请求某房地产公司承担还款责任的依据不足，在本案中亦不予支持。

三、法定代表人借款控股股东用于公司经营的审理要点及其他

（一）审理要点

在审理此类案件时，关键在于能否将公司一并纳入承担还款责任。首先，应当先就基础法律关系进行评判，主要是综合在案证据判定是民间借贷关系还

---

① 最高人民法院民事审判第一庭主编：《最高人民法院新民间借贷司法解释理解与适用》，人民法院出版社 2021 年版，第 341 页。

是合伙关系。其次，对是否用于公司经营的判定，应当从借款内容、借款形式、借款用途、实际用款人与实际还款人及其身份关系等方面综合判定。最后，视具体案情判定是否适用《民间借贷规定》第二十二条，应当结合借贷双方的身份关系、出借人所持股权份额、身份变更情况以及对公司的实际控制等进行综合评判，如果控股股东等实际控制人单纯以个人名义对外借款，用于公司经营，在符合一定条件的前提下，可以适用《民间借贷规定》第二十二条，但如果是同一公司内部的法定代表人与控股股东之间互相以个人名义借款，用于公司经营，不符合《民间借贷规定》第二十二条的规范目的，亦有损害公司利益的风险。

（二）与债务加入行为的适用情形区分

债务加入系在原债务基础上，新增一个第三人对债权人履行债务，基于此，如果借款实际由公司使用且公司同意承担还款责任的，公司构成债务加入，则公司应当与法定代表人一并承担还款责任。而如果法定代表人以公司名义作出债务加入的意思表示时，则需要考虑相关行为是否存在故意损害公司利益的情形。

（三）与职务代理行为的适用情形区分

与之相似，职务代理行为也与《民间借贷规定》第二十二条存在类似情形，两者适用主体均是法人或者非法人组织中的特殊身份主体，均有法人或者非法人组织承受相关行为所产生的法律效果，导致在审判实践中会存在适用情形交叉重复的情况。但是，职务代理行为是特殊身份主体必须以法人或者非法人组织的名义实施职务代理行为，[①] 而《民间借贷规定》第二十二条则是法定代表人及非法人组织的负责人以个人的名义实施借款行为。在审理此类案件时，如果法定代表人以公司名义实施借款行为，需要结合出借人的身份职务、通常判断力、行业规则、交易习惯等因素，综合判断出借人是否属于善意相对人，是否构成职务代理行为。

四、小结

关于法定代表人以个人名义借款给控股股东用于公司经营，法人或者非法

---

① 冉克平：《〈民法典合同编通则解释〉职务代理制度的体系化阐释》，载《浙江工商大学学报》2024年第2期。

人组织是否应当承担还款责任。首先，应当先就基础法律关系是民间借贷关系还是合伙关系进行评判。其次，从借款内容、借款形式、借款用途、实际用款人与实际还款人及其身份关系等方面，综合判定是否用于公司经营。最后，结合借贷双方的身份关系、出借人所持股权份额、身份变更情况以及对公司的实际控制程度等进行综合评判是否适用《民间借贷规定》第二十二条，如果是同一公司内部的法定代表人与控股股东之间互相以个人名义借款，则不适用《民间借贷规定》第二十二条。

编写人：安徽省滁州市中级人民法院　张菲菲　杨德坤

5

父母婚内资助子女的款项性质认定

——朱某某诉王某民间借贷案

【案件基本信息】

1. 裁判书字号

浙江省衢州市中级人民法院（2023）浙08民终217号民事判决书

2. 案由：民间借贷纠纷

3. 当事人

原告（被上诉人）：朱某某

被告（上诉人）：王某

【基本案情】

被告王某与案外人祝某某原系夫妻关系，二人于2017年7月7日登记结婚，2022年9月1日经江山法院调解离婚。原告朱某某系祝某某的母亲。2017年5月18日，被告王某的母亲鲍某与案外人叶某、毛某签订房地产买卖合同一份，约定由鲍某以 1208000 元的价格购买叶某、毛某所有的房屋。2017 年 9 月 7 日，被告王某向毛某转账支付购房款 350000 元。2017 年 9 月 13 日，上述房屋转移登记至被告王某及祝某某名下。2017 年 11 月 8 日，原告朱某某根据被告王某提供的银行账号，向其转账汇款 400000 元。同年 11 月 23 日，被告王某向毛某支付房屋购房款 758000 元。

2020 年 11 月 21 日，原告通过手机短信联系被告称："王某，11 月 8 日到期，按照公积金利息算，把钱转到这个账户上 *。"被告回复称："没钱。"2021 年 10 月 29 日，被告通过手机短信联系原告称："多少""卡号""哪个银行""叫什么名字"。原告回复："给你的全部转过来，账户：*。"被告回复："名字""多少呀""利息呢"。原告回复："你马上转过来就能收到。"

朱某某认为其在 2017 年 11 月 8 日向王某转账的 400000 元是借款而非赠与，主张王某归还借款本金 400000 元及利息。

【案件焦点】

朱某某于 2017 年 11 月 8 日向王某账户汇入的 400000 元款项是借贷行为还是赠与行为。

【法院裁判要旨】

浙江省江山市人民法院经审理认为：400000 元款项被告虽未出具借条，但原告提供了金融机构的转账凭证，虽然原告与被告前妻祝某某系母女关系，但父母对其个人财产享有处分权，其对独立生活的成年子女及子女配偶，没有法定的抚养义务，父母给予成年子女及子女配偶的经济帮助，除有明确的意思表示外，应当视为以帮助为目的的临时性资金出借，子女或子女配偶负有偿还义务。被告主张原告给付的款项系对被告及案外人祝某某的赠与行为，但未提供证据证明原告有赠与的意思表示，且根据原告提供的 2020 年 11 月 21 日、2021 年 10 月 29 日的原、被告短信联系内容，原告亦明确有向被告主张归还该笔款项的意思表示，故应认定案涉款项系借贷性质。同时，根据离婚调解笔录，被告与案外人祝某某离婚过程中，祝某某也明确提出案涉款项系借贷性质，双方因未能就该款项性质达成一致意见，审判人员也明确告知可另行解决，故案涉款项并未在被告与祝某某离婚纠纷一案中一并处理，据此，被告以离婚协议中已确定与原告无债权债务关系难以成立。综上，应认定原、被告之间存在400000元的借贷关系，被告应当予以归还。虽双方未明确约定利息，但被告未及时归还，原告依法还可要求被告支付逾期利息，根据双方短信联系内容，可认定原告曾于2020年11月21日明确要求被告归还款项，故原告可从2020年11月22日起要求被告按同期全国银行间同业拆借中心公布的贷款市场一年期报价利率支付逾期利息，对该部分诉讼请求，予以支持。另外，即使本案系被告与祝某某的夫妻共同债务，根据法律规定，夫妻共同债务应属连带之债，原告作为债权人，有权请求部分或全部连带债务人承担全部还款责任。但原告明确表示不追加祝某某为本案被告，不要求祝某某承担还款责任。故本案中祝某某非必要共同诉讼参与人，被告如认为本案债务属夫妻共同债务性质并有相应依据的，可向祝某某另行追偿。

浙江省江山市人民法院判决如下：

被告王某于本判决生效之日起十日内归还原告朱某某借款400000元及逾期利息（逾期利息以400000元为基数，自2020年11月22日起至实际还清之日止按同期全国银行间同业拆借中心公布的贷款市场报价利率据实计付）；

驳回原告朱某某的其他诉讼请求。

王某不服一审判决，提起上诉。浙江省衢州市中级人民法院经审理认为：上诉人对收到被上诉人400000元款项的基本事实未持异议。本案的主要争议焦点是该笔款项性质如何认定。上诉人主张该款项系赠与性质的购房出资款；被上诉人则主张该款项为其向上诉人的出借款，即认为双方成立借贷关系。法院支持被上诉人的主张。

从事实与证据的角度分析。其一，赠与行为是一方无偿转让财产的单务法律行为，因其涉及当事人对自己财产的重大处分，应当由赠与人作出明确的意思表示。被上诉人虽未提供借据证明其与上诉人之间存有借贷合意，但其提供的2020年10月、11月的两次向上诉人主张还款的短信足以反映，其就案涉所付 400000 元款项仅有出借之意而非赠与；且从短信内容看，上诉人当时对借款事实并未明确予以否认，亦可佐证被上诉人的借款主张。上诉人虽主张被上诉人提供的信息内容不完整（断章取义）或不真实，但因短信系通过双方手机终端产生，非纯由被上诉人单方所能操纵和捏造，上诉人与被上诉人对该证据拥有平等掌控权，上诉人完全可以通过举示对应信息予以反驳，但其未能举示相关证据，应承担举证不能的不利后果，即应认定被上诉人举示的短信内容真实。其二，根据举证责任规则，在被上诉人作为原告一方，对其主张的借贷关系已完成基本举证责任的情况下，上诉人主张该款项实为赠与，则应由上诉人就此负基本举证责任。同时根据《最高人民法院关于适用〈中华人民共和国民事诉讼法〉的解释》第一百零九条规定，当事人对赠与、口头遗嘱事实的证明，人民法院确信该待证事实存在的可能性能够排除合理怀疑的，应当认定该事实存在，即法律要求对于赠与事实的证明须达到排除合理怀疑程度。法律之所以就赠与（含口头遗嘱）事实的证明标准要求高于对一般事实的证明标准（高度盖然性），其主要理由在于，赠与（含口头遗嘱）系财产所有人对自己财产的无偿处分，必须充分尊重其意思自治，必须在最大可能上追求客观真实。唯有对主张赠与方赋予最高的证明标准能让裁判者排除合理怀疑，方能在最大限度上彰显法律对该类行为的审慎认定，防范司法恣意。就本案而言，上诉人关于被上诉人汇付的案涉 400000 元款项系为赠与的主张，仅系其个人陈述，无法得到其他证据有效佐证，更无法达到排除合理怀疑的证明标准，故不予采信。上诉人的相关上诉理由不能成立。

从法律适用的角度分析。上诉人主张，根据《最高人民法院关于适用〈中华人民共和国民法典〉婚姻家庭编的解释（一）》第二十九条第二款规定，当事人结婚后，父母为双方购置房屋出资的，依照约定处理；没有约定或者约定不明确的，按照《中华人民共和国民法典》第一千零六十二条第一款第四项规定的原则处理，即按照夫妻受赠财产确定，故对案涉款项应认定为赠与。法院认为，上诉人该理解不当。《最高人民法院关于适用〈中华人民共和国民法典〉婚姻家庭编的解释（一）》第二十九条规定："当事人结婚前，父母为双方购置房屋出资的，该出资应当认定为对自己子女个人的赠与，但父母明确表示赠与双方的除外。当事人结婚后，父母为双方购置房屋出资的，依照约定处理；没有约定或者约定不明确的，按照民法典第一千零六十二条第一款第四项规定的原则处理。”《中华人民共和国民法典》第一千零六十二条规定：“夫妻在婚姻关系存续期间所得的下列财产，为夫妻的共同财产，归夫妻共同所有……（四）继承或者受赠的财产……”从法律规范的文义及逻辑体系解释，《最高人民法院关于适用〈中华人民共和国民法典〉婚姻家庭编的解释（一）》第二十九条适用于父母对子女购房出资系为赠与，但对赠与对象是其子女本人还是其子女夫妻双方，则存在争议。与此相应，《中华人民共和国民法典》第一千零六十二条第一款第四项规定，也是在对财产赠与性质本身无争议的情况下，就该财产应认定为夫妻一方个人财产或夫妻共同财产所作的规范，而非对该财产是否属于赠与所作的判别。具体到本案，当事人双方就被上诉人于 2017 年 11 月 8 日向上诉人汇付的 400000 元到底属于赠与性质的出资还是出借款存有争议，故本案不具有适用《最高人民法院关于适用〈中华人民共和国民法典〉婚姻家庭编的解释（一）》第二十九条第二款的前提基础。上诉人相关上诉理由不能成立。

上诉人同时主张一审法院未判决祝某某承担还款责任，亦属适用法律错误。审理认为，就夫妻共同债务的性质而言，在法定财产制（夫妻之间未能提供证据证明其为约定财产制的，依法即应推定为法定财产制）下，夫妻财产是共同共有关系，夫妻双方共同平等地享有共有财产的各项利益，共同平等地负担由共有财产产生的各种义务，故在对外民事法律关系中，夫妻双方应对共同债务承担连带责任。既为连带责任，则作为相对方的债权人当然可以要求夫妻任何一方清偿全部责任。被上诉人仅要求上诉人一人承担还款责任而不向祝某某主张权利，系被上诉人对其民事权利的处分，且该处分并不影响上诉人在清偿全部债务后依法向共同债务人追偿，故该处分合法正当，人民法院应予尊重。一审法院相关认定及处理正确。

至于上诉人所称的虚假诉讼问题。基于被上诉人向上诉人出借 400000 元款项的基本事实成立，本案并不存在被上诉人虚构或捏造案件基本事实提起诉讼的情形，也没有有效证据证明被上诉人存有其他故意向法庭作虚假陈述妨害诉讼的行为。故上诉人关于要求追究被上诉人虚假诉讼责任并将本案移送公安机关处理的上诉主张，缺乏理据，不予支持。

综上所述，上诉人王某的上诉请求不能成立，应予驳回；一审判决认定事实清楚，适用法律正确，应予维持。

浙江省衢州市中级人民法院依照《中华人民共和国民事诉讼法》第一百七十七条第一款第一项规定，作出如下判决：

驳回上诉，维持原判。

【法官后语】

父母往往为提高成年子女特别是其婚后的生活质量，提供经济上的帮助，包括为子女及配偶购置不动产、大宗动产全部或部分出资，归还信用贷款或按揭贷款，或直接给付金钱由子女及配偶自行支配。在关系融洽时，碍于亲情，各方对于出资究竟是借款还是赠与往往不予明确。在子女与配偶关系恶化或父母与子女关系恶化后，父母为了保全自己的资金，对以上出资就会以民间借贷为由要求归还。被诉一方则主张系赠与性质，已完成交付，不存在任意撤销权，拒绝返还。

虽然个案情节不同，不应一概而论，但司法实践中不同的审判思路和裁判倾向可反映该问题仍存在争议，有必要从法律适用、司法理念、利益平衡等角度进行一一论证，统一裁判标准。

情况一：在出资时有“赠与”或“借款”的明确意思表示，如在转账记录中备注系“借款”，在微信、短信中明确“不要子女还的”等。在这种情况下，只要意思表示是真实的，就应该按照该意思表示确定出资的性质。

情况二：出资时无明确意思表示，但是子女及其配偶事后共同出具了借条。事后补的借条不影响借款的性质，司法实践中有很多先支付款项后出具借条的情况，只要借条和原告的出资一致，即可认定借贷合意成立，应认定出资系出借性质。

情况三：仅有转账凭证，而无其他证据进一步证明双方的意思表示。或仅有己方子女出具的借条。这是对出资性质存在争议的主要情形。应当认定为借贷性质，理由如下：

首先，仅有转账凭证能否认定存在借贷关系。根据《最高人民法院关于审理民间借贷案件适用法律若干问题的规定》第十六条规定，原告仅依据金融机构的转账凭证提起民间借贷诉讼，被告抗辩转账系偿还双方之前借款或者其他债务的，被告应当对其主张提供证据证明。被告提供相应证据证明其主张后，原告仍应就借贷关系的成立承担举证责任。据此，一方在仅有转账凭证的情况下，已经完成了初步举证责任，可主张民间借贷关系成立，而且在司法实践中，在被告未提供证据证明转账存在其他债务关系且双方无特别身份关系的情况下，原告的诉请一般也会得到支持。而会对借贷关系产生质疑的原因在于，原告与被告之间的特殊身份关系，即存在的姻亲关系。但姻亲关系不应作为上述规定中所指的被告抗辩借贷的证据，父母在子女成年后并无继续无偿提供资助的义务，以亲缘关系即推定赠与并无法律依据。

其次，关于赠与合同定义和认定标准。根据《中华人民共和国民法典》第六百五十七条规定，赠与合同是赠与人将自己的财产无偿给予受赠人，受赠人表示接受赠与的合同。根据《最高人民法院关于适用〈中华人民共和国民事诉讼法〉的解释》第一百零九条规定，当事人对欺诈、胁迫、得以串通事实的证明，以及对口头遗嘱或赠与事实的证明，人民法院确信该待证事实存在的可能性能够排除合理怀疑的，应当认定该事实存在，即法律要求对于赠与事实的证明须达到排除合理怀疑程度。法律就赠与事实的证明标准要求高于对一般事实的高度盖然性的证明标准，其原因在于赠与合同的无偿性对当事人的权益影响大，在认定为赠与时尤其必须慎重，特别是大金额的出资，需要当事人有明确的赠与的意思表示，其举证责任也应当由主张为赠与一方承担。赠与必须充分尊重其意思自治，必须在最大可能上追求客观真实，对主张赠与方赋予最高的证明标准才能让裁判者排除合理怀疑，方能在最大限度上彰显法律对该类行为的审慎认定，防范司法恣意。如赠与事实仅有受赠人的个人陈述，无法得到其他证据有效佐证，更无法达到排除合理怀疑的证明标准，则不能成立。

再次，如何理解《最高人民法院关于适用〈中华人民共和国民法典〉婚姻家庭编的解释（一）》第二十九条。该条款规定："当事人结婚前，父母为双方购置房屋出资的，该出资应当认定为对自己子女个人的赠与，但父母明确表示赠与双方的除外。当事人结婚后，父母为双方购置房屋出资的，依照约定处理；没有约定或者约定不明确的，按照民法典第一千零六十二条第一款第四项规定的原则处理。"《中华人民共和国民法典》第一千零六十二条规定："夫妻在婚姻关系存续期间所得的下列财产，为夫妻的共同财产，归夫妻共同所有：……（四）继承或者受赠的财产……"该规定是针对父母为双方购置房屋出资的情况，假设是出资为双方购置大宗动产如汽车等，在本质上并无区别，但并不在该条款规定的适用范围内，也不能认定为赠与，亦存在矛盾之处。

最后，司法对社会价值取向应有正确引导。父母对子女的帮助是出于亲情，但不应将这种帮助视为理所当然。父母在出资之时减轻了子女及其配偶经济负担，提高了他们的生活质量，增加了其夫妻共同财产，在房价不断上涨的今天，还会产生增值部分。将出资款项认定为借款性质，子女和其配偶完全可以在离婚时予以合理分担，子女或其配偶亦不会产生额外或其他重大损失，也有助于降低子女对通过婚姻取得巨额财富的预期，增强其自力更生的主动性。而一旦认定为赠与，则不再具有返还的可能性，父母出资少则几万元多则几十万元、上百万元，倾其大半辈子积蓄，也是下半生的主要依靠，轻易认定为赠与，将可能导致老年人老无所依，步入窘困之境，不利于保护老年人财富，需慎之又慎。

综上，父母在出资时未有明确赠与表示的情况下，应认定系对子女的临时性资金出借，子女负有偿还义务。至于事后父母是否要求子女偿还，系父母行使权利或放弃权利的范畴，与债权本身是否存在无关。另外，鉴于赠与合同的无偿性对当事人的权益影响大，在立法上对其生效要件能否再加以完善，如对赠与金额超过100000元的必须采取书面形式等，以明确意思表示，减少争议发生。

编写人：浙江省江山市人民法院　杨丽斯

6

合伙背景下资金往来构成借贷关系的认定

——赵某诉尹某民间借贷案

【案件基本信息】

1. 裁判书字号

山东省聊城市中级人民法院（2023）鲁15民终2696号民事判决书

2. 案由：民间借贷纠纷

3. 当事人

原告（被上诉人）：赵某

被告（上诉人）：尹某

【基本案情】

2020年8月10日，公某、尹某、吴某经协商三人合伙开办砂料厂，并签订《合作协议书》一份，该协议书内容为：一、公某负责承建厂房，提供项目用电设施车间的环保设施，负责进料的最低保障资金500000元，分得项目纯利润的45%。二、尹某负责石子加工的整套设备的购进、安装，并提供两台50T铲车及制砂设备一套，负责安排石子加工生产并在石头供应到位的前提下，加工毛石不低于50万吨，分得项目纯利润的45%。三、吴某负责项目的全部后勤工作，并提供相应资金，分得项目纯利润的10%。

2021年1月19日，尹某为公某书写借条一份，借条载明："今借现金伍万伍仟元正（55000元）今借现金壹拾万元（100000元）今借现金柒万元正（70000元）——尹某2021年1月19日"。在借条的左侧书写"今领现金贰万元——尹某2021年4月29日发工资　春节前打微信15000元——尹某"。借条中“春节前打微信 15000 元”为公某所书写。

尹某抗辩，借条中的 55000 元是交付的筛子定金，100000 元是交付的筛子货款；现金 70000 元是支付的工人工资等，是在提前告知公某有 70000 元需支付工人工资，通过微信报给了公某，公某微信已收到这个清单，支付清单金额 64970 元，是支付的涉案中的 70000 元。

公某于 2022 年 4 月 3 日去世。原告赵某与公某系夫妻关系，公某甲系公某之子，于某某系公某之母，公某甲、于某某就案涉借款作为继承人自愿放弃对该笔债权的继承。

【案件焦点】

尹某与公某之间的款项往来构成借贷还是合伙。

【法院裁判要旨】

山东省聊城市茌平区人民法院经审理认为：认定民间借贷法律关系真实成立需两个必要条件：一是需要证明双方有借贷合意；二是需要证明借贷款项已实际交付。《最高人民法院关于审理民间借贷案件适用法律若干问题的规定》第二条第一款规定：“出借人向人民法院提起民间借贷诉讼时，应当提供借据、收据、欠条等债权凭证以及其他能够证明借贷法律关系存在的证据。”本案中，原告赵某提起民间借贷纠纷之诉的依据是借条，用以证明公某和被告尹某之间有借贷合意的相关证据。原告主张案涉 260000 元是民间借贷的事实，被告认可收到以上款项，但是主张并不是借款，而是用于购买振动筛、皮带及其他砂料厂的开支。从原告提交的借条内容看，其中“今领现金贰万元——尹某 2021 年 4 月 29 日发工资”，已注明发工资，其用途清楚，不存在借款合意；“春节前打微信 15000 元——尹某”，既未说明该具体用途，也不存在借款合意。因此，原告主张这两笔为借款，被告虽认可收到，但否认是借款，原告没有提交其他证据证明存在借款合意，故不能认定为民间借贷关系。而借条中“今借现金伍万伍仟元正（55000 元）今借现金壹拾万元（100000 元）今借现金柒万元正（70000 元）”，均存在借款合意，被告也认可收到以上款项，因此，应认定原告主张被告借款 225000 元的事实成立。

山东省聊城市茌平区人民法院判决：

一、尹某于本判决书生效之日起十五日内偿还赵某借款 225000 元；

二、驳回赵某的其他诉讼请求。

尹某不服一审判决，提起上诉。山东省聊城市中级人民法院经审理认为：公民个人与他人在合伙经营期间享有合伙财产权益，但合伙关系之外仍可拥有相对独立的其他性质的财产权益和法律关系，上诉人向公某出具的借条中明确载明："今借现金伍万伍仟元正（55000 元）""今借现金壹拾万元（100000 元）""今借现金柒万元正（70000 元）"，内容明确具体，债权债务关系指向清楚。在上诉人出具的同一张借据中另外两笔均未出现"借"的字眼，说明上诉人对于借款的意义和后果是明知的，一审法院认定上诉人与公某之间系民间借贷关系，判决其偿还借款，并无不当。上诉人主张上述借款用于购买设备及支付工人工资，应由全体合伙人承担，未能提交充分证据证明，如果上诉人有证据证明上述款项发生在合伙期间用于合伙事务，上诉人偿还后仍可依据合伙协议另行主张权利。

山东省聊城市中级人民法院判决：

驳回上诉，维持原判。

【法官后语】

本案主要涉及如何根据双方举证情况对双方之间构成民间借贷和合伙进行正确认定的问题。

随着经济社会的发展，民间（除金融机构以外的自然人、法人之间）资金往来越来越频繁，当事人之间具有错综复杂的关系，尤其合伙人之间就合伙事务、合伙事务之外有大量的经济往来，因当事人所具备的法律知识、证据意识等多方面因素，如何界定是合伙纠纷还是民间借贷更加困难。对于合伙人之间起诉的民间借贷案件，承办法官需从证据的分析认定、当事人的说明逻辑、通常理解习惯等多角度实现内心确信，进而依据相关法律规定认定事实，作出最终裁判。就本案体现的典型性问题，应当根据以下审判思路予以正确把握。

一、在意思自治前提下厘清借贷及合伙关系内核

《中华人民共和国民法典》（以下简称《民法典》）第九百六十七条规定，合伙合同是两个以上合伙人为了共同的事业目的，订立的共享利益、共担风险的协议。在《民法典》通过以前，我国法律没有对合伙合同作出专门规定。《民法典》在合同编中将“合伙合同”规定为有名合同，对契约型合伙作出一般规定。《民法典》第六百六十七条规定，借款合同是借款人向贷款人借款，到期返还借款并支付利息的合同。根据上述法律规定来看，如一方主张双方是合伙关系，另一方则主张双方是借贷关系等。对此，应当依据是否存在合伙合同，是否各自提供资金、实物、技术，是否合伙经营，是否共享利润、共担风险，综合认定当事人之间的基础法律关系。对于借款合同与合伙合同的区分，二者最大的区别在于合伙人要共享利益、共担亏损。①

二、厘清名为合伙实为借贷关系

合伙人之间签订名为合伙的书面协议，以合伙协议为依据要求处理纠纷。对于此类案件，仍需审查各方权利义务是否属于个人合伙共同出资、共同经营、共同劳动、共担风险、共负盈亏的基本特征。王利明教授指出，共同经营并非合伙合同的特征性内容，共同劳动则就更不是了，只有共享利益、共担风险才是合伙合同的特征性内容，共同出资亦并不是合伙合同的必然内容，即便合伙合同约定了共同出资的义务，这通常也不过是合伙人共享利益、共担风险的一种表现形式而已。因此，如果各合伙人不共享利益，或者不共担风险，则此类合同不可能是合伙合同。实践中名为合伙实为借贷的案例，之所以被认定为借贷就是因为某方当事人只享有利益而不承担风险②。最高人民法院在《某科技公司、付某借款合同纠纷再审审查与审判监督民事裁定书》③中亦持此种观点，认为当事人签订的《投资合作协议》约定内容表明，付某所获收益以固定报酬

---

① 最高人民法院民法典贯彻实施工作领导小组编著：《中国民法典适用大全：合同卷（五）》，人民法院出版社2022年版。

② 王利明：《中国民法典评注合同编（四）》，人民法院出版社2021年版，第2059页。

③ 参见（2020）最高法民申7050号民事裁定书，载中国裁判文书网，2025年2月21日访问。

方式计算，无论公司经营如何，是否亏损，付某均按照标准获得收益。《投资合作协议》不具有共同经营、共同收益、共担风险的投资合作特征，案涉1300万元名为投资，实为借款。如果一方合同主体仅提供资金，不执行合伙事务、不对合伙事务进行监督、不承担亏损风险，仅收取固定的回报，则一般可以认定不属于合伙合同。

三、厘清合伙和借贷交叉情形

《最高人民法院关于审理民间借贷案件适用法律若干问题的规定》第十四条第一款规定，原告以借据、收据、欠条等债权凭证为依据提起民间借贷诉讼，被告依据基础法律关系提出抗辩或者反诉，并提供证据证明债权纠纷非民间借贷行为引起的，人民法院应当依据查明的案件事实，按照基础法律关系审理。一方当事人以民间借贷提起诉讼，双方存在合伙关系，在此情况下，存在两种情形：(1) 当事人事后对合伙关系通过借据、收据、欠条等债权凭证对债权进行了情况确认;[①] (2) 存在合伙人之间在合伙事务外进行借贷的情况。

对于第一种情形，当事人事后对合伙关系通过借据、收据、欠条等债权凭证对债权进行了情况确认：法院应当在审查认定双方当事人提交的证据的基础上查明案件事实，认定双方存在的基础法律关系，只有这样，才能够对当事人之间的债权债务关系加以准确认定和处理，但同时，对当事人之间通过意思自治变更债权债务关系也不能一概予以否定。对当事人通过借据对合伙财产分割处理在厘清法律事实的情况下予以认可。

对于第二种情形，合伙人之间在合伙事务外进行借贷情况：公民个人与他人在合伙经营期间享有合伙财产权益，但合伙关系之外仍可拥有相对独立的其他性质的财产权益和法律关系。当事人有证据证明双方之间存在借贷合意且支付款项，应对其主张民间借贷关系予以认可。本案中，公某和尹某存在书面合伙协议，当事人对合伙关系无异议。在双方存在合伙关系情况下，当事人提交借据“今领现金贰万元——尹某2021年4月29日发工资”，已注明发工资，其

---

① 参见最高人民法院民事审判第一庭编著：《最高人民法院新民间借贷司法解释理解与适用》，人民法院出版社2021年版。

用途清楚，不存在借款合意；“春节前打微信15000元——尹某”，既未说明该具体用途，也不存在借款合意。因此，原告主张这两笔为借款，被告虽认可收到，但否认是借款，原告没有提交其他证据证明存在借款合意，故不能认定为民间借贷关系。而借条中“今借现金伍万伍仟元正（55000元）今借现金壹拾万元（100000元）今借现金柒万元正（70000元）”，均存在借款合意，被告也认可收到以上款项，因此，应认定原告主张被告借款225000元的事实成立。在同一张借据中另外两笔均未出现“借”的字眼，说明当事人对于借款的意义和后果是明知的，法院根据对多笔款项往来之间的区别，认定部分款项往来构成民间借贷关系，不属于合伙事务资金。

综上，对于借贷和合伙关系区分，承办法官秉持以具体分析案件为基础，以抓准借贷与合伙核心区别为视角，综合运用证据规则认定和日常习惯逻辑标准，依据法律规定，合理分配举证责任，合理考量当事人各方陈述可信度，通过适用《民法典》关于借款合同的相关规定，《最高人民法院关于审理民间借贷案件适用法律若干问题的规定》等法律法规来确认民间借贷事实，通过《民法典》关于合伙合同的相关规定作出最终裁判。本案通过多笔款项的区别、借据和合伙协议约定的内容不同，结合日常生活经验，最终认定双方系合伙关系背景下的独立借款行为，既充分保障了借款人的抗辩权利，又依法维护了出借人的正当合法权益。

编写人：山东省聊城市茌平区人民法院　王霞

7

合伙投资款合意转化为借款的借贷关系认定，可引入“具体化责任转移”原理补充“合理说明”义务

——高某诉颜某民间借贷案

【案件基本信息】

1. 裁判书字号

福建省泉州市中级人民法院（2023）闽 05 民终 5749 号民事判决书

2. 案由：民间借贷纠纷

3. 当事人

原告（被上诉人）：高某

被告（上诉人）：颜某

【基本案情】

高某与颜某系朋友关系。2019 年 3 月，双方约定共同运营服装合伙项目，由高某出资，颜某负责项目具体运营事宜，高某与颜某的分红比例为 4∶6，亏损为各 50%。2021 年 7 月 24 日，高某与颜某达成合意，高某退出服装合伙项目，颜某退还高某投资款 926.46 万元。同日，颜某向高某出具借条，载明：“借款人颜某与出借人高某（身份证号：350……33）商定共同合伙做服装生意，截至借条签订日，出借人高某合计现金支付 926.46 万元（大写：玖佰贰拾陆万肆仟陆佰元整）投入到该合伙项目里，对该笔投入款项金额，借款人颜某已核对确认无误，无任何争议。今双方协商决定，颜某退还高某以现金投入的 926.46 万元，高某退出该合伙生意，该合伙项目盈亏及债务关系全部由借款人颜某接盘。双方约定该笔款项还款方式：（1）由于借款人颜某无法一次性支付

全部款项，所以签订该借条，约定分期付款，2年内还清；（2）付款方式为该借条签订之日起，第7个月至第24个月（共18期），按每月51.47万元人民币支付还款给出借人（即2022年2月24日为第一期还款，2023年7月24日为最后一期还款，每月24日为当月还款日）；（3）该借条签订之日起，第13个月起（即2022年8月24日），出借人向借款人按年化利率8%，按月额外收取余下所有未偿还借款的利息。若借款人未能按期还款，出借人有权要求借款人一次性付清全部借款，并追加由此给出借人带来的经济损失，同时由借款人承担因该经济纠纷带来的一切诉讼费用。双方约定如对本借款产生纠纷，均由厦门市中级人民法院管辖……"

截至起诉时，颜某分别于2022年7月31日偿还20万元、2022年8月25日偿还20万元、2022年9月25日（两笔）偿还20万元、2022年10月31日偿还20万元，合计80万元。截至起诉之日止，颜某未偿还剩余款项。高某于2023年2月22日向法院申请财产保全，法院依法作出裁定，冻结、查封、扣押被申请人颜某名下财产，金额以8883000.14元为限；颜某于2023年6月8日向法院提起司法会计审计鉴定申请，法院于2023年6月15日组织双方当事人对鉴定材料进行质证，经审查，因高某与颜某双方协商一致已将应退投资款转为借款，颜某已出具借条，故法院认为该委托鉴定事项不符合法律规定，依法不准许委托鉴定。

高某诉请：（1）颜某向高某返还借款8595472.58元及利息137527.56元（利息以8595472.58元为基数，自2022年10月31日起，按照年利率8%为标准，计算至款项实际还清之日止，暂计至2023年1月10日为137527.56元）；（2）颜某承担高某为维护合法权益支出的律师费15万元；（3）以上款项合计8883000.14元；（4）颜某承担本案的全部诉讼费用。

颜某主张实际流水为260万元左右，其之前已经支付80万元，确认金额为200万元，本案由投资款转为借款，应对未实际发生的借款金额部分依法不予支持，颜某对高某上述主张均不同意。

【案件焦点】

颜某是否应当偿还高某借款 8595472.58 元及利息。

【法院裁判要旨】

福建省安溪县人民法院经审理认为：首先，高某与颜某共同运营服装合伙项目，后期双方达成合意，确认高某退出合伙项目，颜某退还高某投资款，颜某出具借条确认尚欠高某 926.46 万元，颜某与高某之间存在投资关系，但经双方协商将应退投资款转为借款，该约定系双方当事人的真实意思表示，内容并不违反法律规定，应属合法有效，故双方间的借贷关系成立并生效，依法受法律保护。双方在借条中明确约定还款方式，颜某未按约定偿还借款本息，已构成违约，依法应承担继续偿还尚欠借款及依法支付利息的民事责任。高某请求颜某偿还借款本金 8595472.58 元及利息的主张，于法有据，予以支持（计算方式略）。其次，关于颜某是否应当承担律师费 15 万元。因双方未明确约定律师费承担方式，故高某请求颜某支付律师费的主张，缺乏事实依据，不予支持。综上所述，高某诉求有事实及法律依据的部分，法院予以支持。颜某关于双方未实际对账及实际投资金额不符的辩称，缺乏事实和法律依据，法院不予支持。

福建省安溪县人民法院依照《最高人民法院关于审理民间借贷案件适用法律若干问题的规定》第二十五条、《中华人民共和国民事诉讼法》第六十七条以及《最高人民法院关于适用〈中华人民共和国民事诉讼法〉的解释》第九十条规定，作出如下判决：

一、颜某应于本判决生效之日起 10 日内偿还高某借款本金 8595472.58 元及利息（利息以 8595472.58 元为基数，自 2022 年 10 月 31 日起按年利率 8%计算至还清款项之日止）；

二、驳回高某的其他诉讼请求。

颜某不服一审判决，提出上诉。福建省泉州市中级人民法院经审理认为：颜某出具的《借条》内容清楚，双方对于《借条》载明的事实均无异议。颜某出具《借条》后未能依约还款，2022 年 9 月 28 日高某在微信中发送《借条》向颜某催款时，颜某并没否认欠款的事实，反而表示只能先还一部分，希望能给点时间。因此，《借条》系颜某的真实意思表示，合法有效。颜某关于不能依据《借条》认定借款成立的主张，缺乏事实和法律依据，法院不予支持。综上所述，颜某的上诉请求不能成立，法院不予支持。一审判决认定事实清楚，适用法律正确，应予维持。

福建省泉州市中级人民法院依照《中华人民共和国民事诉讼法》第一百七十七条第一款第一项规定，作出如下判决：

驳回上诉，维持原判。

【法官后语】

自然人间合伙开办企业，退伙后将合伙企业投资款转为民间借贷借款的情况在实践中屡见不鲜，在该类纠纷发生时，主张支付尚欠借款的出资人往往无法提供借贷款项的支付凭证，仅依据借据、收据、欠条等债权凭证起诉借款人履行还款义务，被告则以款项性质系投资款且借款未实际交付为由进行抗辩，否认双方存在借贷关系。人民法院在审理该类纠纷时，往往面临存在资金流水审计困难、款项性质认定不清、资金账目混淆以及借贷行为实际发生的相关证据不足等问题，案件事实认定审理难度较大，但又是解决纠纷的关键所在。笔者认为，解决该类纠纷的应当依照“责任划分（转移）标准—证据证明力—明确不利后果—形成内心确信—作出裁判结果”这一递进式裁判思路，最关键的一环即“责任划分（转移）标准”，可以引入“具体化责任转移”原理，具体思路阐述如下：

一、对该类纠纷双方举证责任的规定及存在的漏洞

《最高人民法院关于审理民间借贷案件适用法律若干问题的规定》第十五条规定：“原告仅依据借据、收据、欠条等债权凭证提起民间借贷诉讼，被告抗辩已经偿还借款的，被告应当对其主张提供证据证明。被告提供相应证据证明其主张后，原告仍应就借贷关系的存续承担举证责任。被告抗辩借贷行为尚未实际发生并能作出合理说明的，人民法院应当结合借贷金额、款项交付、当事人的经济能力、当地或者当事人之间的交易方式、交易习惯、当事人财产变动情况以及证人证言等事实和因素，综合判断查证借贷事实是否发生。”该条

以列举方式对可能影响事实认定的判断因素作出了规定，通过对当事人双方证明责任的分配，为人民法院的事实认定和司法裁判提供普遍思路。

从该条规定可以得出，被告抗辩借贷行为尚未实际发生后的“合理说明”义务的履行，直接影响案件最终的裁判结果。但该“合理说明”的责任要求还不够明确，主要由法官结合列举的事实和因素进行经验认定，不足以解决个案处理的实际需求。从“合理说明”这一表述概念可以推知，不负证明责任的当事人承担的是一种较低的反驳义务，但这并不意味着被告就可因此“信口开河”或就此承担举证责任。如何准确界定这一概念的责任标准，是推动类案裁判、公正裁判的必由之路。实践中，“合理说明”作为一种评价性要件，与对事实性要件的“提供证据证明”的要求相比，其责任要求还不够细化、具体。笔者认为，可以结合“具体化责任转移”的法理概念对“合理说明”的责任标准进行适当补充，即在不负证明责任一方当事人履行积极否认义务时，如果其对提出的主张事实具备证明优势，则应当承担具体化责任，通过提供证据等方式达到“具体陈述”的要求，以此打消法官基于原告举证责任强制履行形成的内心确信；如果不具备证明优势，则应适当降低“具体陈述”的要求，认定承担过低的答辩义务，具体程度和要求应根据个案实际分析认定，若不负证明责任一方当事人未达到“具体化责任”标准，则应认定其未尽到“合理说明”义务，对其抗辩，不予采纳。

本案涉及合伙投资款转民间借贷款，争议焦点系借贷关系是否成立，出借人持借条主张债权，借款人抗辩款项未实际交付，借贷事实认定存在较大难度，通过“具体化责任转移”原理对借款人即本案被告的“合理说明”义务进行细化，较为顺利地解决本案争议焦点的分析认定，从而作出了公正裁判。

二、“具体化责任转移”法理基础、适用规则及不利后果

第一，法理基础。在民事诉讼领域司法实践中，具体化责任应用还处于初步探索阶段，不履行具体化责任的后果，即成立拟制自认这一裁判思路则较为成熟。拟制自认本质上是建立在违反当事人意思表示的情形下对不利后果作出的虚拟认定。一方当事人（被告）应当“对于另一方当事人（原告）主张的于

己不利的事实”详细发表意见，即不负证明责任的当事人应当承担具体陈述的责任，否则成立拟制自认。具体化，是指将一般的事实主张分解为数项部分主张。具体化责任，是指为了满足各部分事实主张的证明责任，当事人不能仅概括描述某项事实的存在或者概括争辩对方当事人的事实主张，而是需要对主张事实的基本特征和细节进行意见发表，否则将承担针对相关事实不进行证据调查的后果。具体化责任的法理基础在于当事人的真实义务，从起诉条件包含“具体的……事实”这一要求出发，原告在进行事实主张时负有具体化责任。

第二，适用规则。目前法学界普遍认为，具体化责任分配规则应当与证明责任的分配规则保持一致，依附于主张责任或陈述责任，具备“从属性”。但如果随着案件的发展，初始负证明责任的当事人基于信息、角色、地位等原因无能力对该部分事实承担进一步证明责任，而另一方当事人具有证据回应优势时，那么他所负担的真实义务不允许其以简单争辩或仅提供简要证据进行。此时，具体化责任应当与证明责任进行分离并转移，降低负证明责任的当事人的具体化责任，并转移至不负证明责任的当事人一方，其法理基础依据是真实完整的陈述义务。需要注意的是，转移的并非主张责任，而仅是具体化责任。转移的内容只是具体的要求。具体而言，如诉讼阶段，通常在立案之初原告需对诉求对应的事实要件承担主张具体化责任，被告则对其提出的变更、否定或妨害请求权的事实要件承担主张具体化责任，负证明责任的当事人一旦完成己方主张事实要件的具体化责任，另一方当事人原则上就应负有针对该主张进行真实完整陈述的义务，随着案情的进展，双方当事人会在各部分事实要件的交互中不断进行主张和陈述。此时，具体化责任在当事人之间不断发生转移。

第三，不利后果。具体化责任转移，究其本质是为了消除双方当事人因信息差距导致的证明困境。如果负证明责任一方当事人对初始主张事实已尽到真实陈述义务，另一方当事人所主张的抗辩事实一无所知或进一步陈述困难时，就应降低其所承担的具体化责任。不负证明责任但掌握更多证据的对方当事人不能只是简单辩称，而是应当承担第二位主张责任，否则对方当事人未充分具体化的事实主张应当视为拟制自认，承担不能履行具体化责任的不利后果。此后，如果不负证明责任的当事人对自己提出的抗辩事实要件履行了上述第二位主张责任，则该事实的具体化责任应由负证明责任的当事人承担，即承担继续反驳的义务；若最终仍真伪不明，由初始负证明责任的当事人承担举证不能的不利后果。具体化责任转移并不意味着证明责任转移，也不导致其举证责任倒置，其功能仅是尽量避免“一刀切”的证明责任裁判，使裁判结果公平公正。

本案中，原告高某诉请被告颜某返还借款及利息，并提交《借条》予以证明，《借条》内容清楚，详细记载出具时间、出具事由、投资金额、交付方式、还款时间及还款方式等内容，具有强证明力，并就合伙投资及退伙后转为借贷基本事实作了明确陈述，可以认定其已尽到真实陈述义务，完成其主张的双方基于退伙产生借贷法律关系，颜某尚欠其借款本金8595472.58元及利息事实要件的具体化责任。此时，原告完成合伙投资行为转为借贷行为的具体化责任，被告认同双方确实存在合伙投资服装项目，实际经营者为本人的事实，对此部分事实主张同样履行了真实陈述义务，双方未有异议，该部分事实得以确认。审理阶段中，颜某对原告所主张的借贷事实和借款金额在整体上提出异议，抗辩借贷行为并未实际发生，双方确实存在合伙投资项目，高某确实要求退伙后将投资款转民间借贷款，但应退投资款未进行对账结算，案涉借条金额存在“虚记本金”问题，实际借款本金应为260万元左右，即否定、妨害原告主张请求权的真实性和合法性，并提交与高某银行流水、颜某平安银行流水、李某银行流水往来等证据证明。据此，被告的抗辩致使本案原告诉讼之初创设的民间借贷法律关系存疑，那么，借贷关系成立事实由谁承担进一步证明责任？作为不负证明责任的被告颜某，否认双方借款实际交付，主张合伙项目账目不清、借款本金虚记，根据《最高人民法院关于审理民间借贷案件适用法律若干问题的规定》第十五条第二款的规定，被告若抗辩借贷行为尚未实际发生，应当作出“合理说明”。此时，借贷关系成立的事实的具体化责任转移到颜某。颜某作为企业实际经营者基于角色优势，对项目经营资金流水、财务账目管理明细等证据材料的提供具有绝对优势。因此，颜某应就双方未对账结算及投资金额未实际交付这一主张履行具体化责任，使其主张形成法官内心确信，才能认定为尽到“合理说明”的要求和标准。而本案颜某提交的资金流水无法证明双方未实际对账，对实际投资金额交付详情亦无法达到具体化责任，不能认定为完成“合理说明”义务，颜某应承担未完成该义务的不利后果。综合高某提交的微信聊天记录内容，2022 年 9 月 28 日高某在微信中发送《借条》向颜某催款时，颜某并没否认欠款的事实，反而表示只能先还一部分，希望能给点时间的回复，可以认定颜某辩称事实要件与客观真实并不相符，颜某对《借条》载明的事实并无异议。因此，应当认定《借条》系颜某的真实意思表示，合法有效，高某诉请的借贷关系及借款金额成立，颜某关于不能依据《借条》认定借款成立的主张，缺乏事实和法律依据，不予支持。

民事诉讼中，民间借贷纠纷数量多、事实认定和法律适用难度较大，尤其随着经济社会的发展，单一民间借贷法律关系不断发展为多元法律关系转化成民间借贷法律关系，此类“名实不符”案情进入诉讼程序后，往往在司法裁判时陷入事实认定的困境和难题，民间借贷关系的认定在司法实践中也较难把握。尽管为“统一裁判尺度，为司法实践提供指引”而出台了相关规定，但部分概念实践应用还较难把握，有待深入研究，逐步统一裁判规则。在涉及纠纷当事人对相关借贷事实的证明义务时先后应用了多种表述方式，基于法官司法实践审判经验和法理概念理解不同，裁判结果往往不一。比如，《最高人民法院关于审理民间借贷案件适用法律若干问题的规定》第十五条第二款规定的被告否认借贷行为实际发生的事实认定，应当作出“合理说明”的适用。不管对“合理说明”分配过高的证明责任，还是从附为过低的答辩义务，均无法消除此类案件审理时对事实调查各阶段证明责任无法合理分配的“类案不同判”风险。基于不同当事人和法官对“合理说明”的理解与适用的不同看法，笔者以该条款为基础，运用民事诉讼“具体化责任转移”的相关法理，对“合理说明”评价性因素和责任标准进行实践补充，以期清晰呈现“合理说明”在民间借贷案件事实认定适用的具体争辩内涵和真实陈述义务边界，促使法官准确理解和妥当运用这一概念，较好综合全案的相关事实和因素形成内心确信的认定，作出妥当的事实认定和公正裁判，该裁判思路对校正法官个体审判经验误差，统一裁判标准，为司法实践提供指引具有重要意义。

编写人：福建省安溪县人民法院　谢清琴　彭英容

8

经营性机构假借资质从事放贷行为的认定

——某咨询公司诉蔡某某债权转让合同案

【案件基本信息】

1. 裁判书字号

浙江省温州市中级人民法院（2023）浙03民终1253号民事判决书

2. 案由：债权转让合同纠纷

3. 当事人

原告（被上诉人）：某咨询公司

被告（上诉人）：蔡某某

【基本案情】

2022年2月14日，蔡某某与案外人某小贷公司签订《借款合同》一份，合同约定：借款金额100000元，借款月利率1.2%，借款期限自2022年2月13日至2022年3月15日等。合同签订当日，某小贷公司向蔡某某交付借款100000元，并与某咨询公司签订《债权转让合同》，将其对蔡某某的上述债权转让给某咨询公司，蔡某某在《债权转让通知》中签字确认。借款后，蔡某某合计还款18200元。故某咨询公司向法院起诉请求蔡某某偿还某咨询公司借款本金81800元及利息（从2022年2月14日起按月利率1.2%计算至实际履行完毕之日止）。

2022年2月18日，某咨询公司向某小贷公司汇款100010元。借款发生后，蔡某某于2022年2月15日开始每日向某咨询公司方转账1400元至2022年2月27日，共计18200元。蔡某某主张其是向某咨询公司借款，而非某小贷公司。某咨询公司陈述蔡某某同时签署了涉案《借款合同》及《债权转让合同》，《债权转让合同》是邮寄回去再让某小贷公司盖章的，某咨询公司与某小贷公司有长期合作关系。

【案件焦点】

经营性机构假借资质从事放贷行为应如何审查认定。

【法院裁判要旨】

浙江省瑞安市人民法院经审理认为：蔡某某与案外人某小贷公司之间形成的民间借贷关系合法有效，应受法律保护。案外人某小贷公司与某咨询公司签订《债权转让合同》，将其对蔡某某的债权转让给某咨询公司，故某咨询公司已取得某小贷公司对蔡某某《借款合同》的一切权利和义务。蔡某某陆续还款18200元，某咨询公司已作本金予以扣除，某咨询公司请求支付剩余借款本金81800元及按月利率1.2%计付利息，符合法律规定，予以支持。

浙江省瑞安市人民法院作出一审民事判决：蔡某某于本判决生效之日起十日内偿付某咨询公司借款本金81800元及利息（以81800元为基数从2022年2月14日起按月利率1.2%计算至实际履行完毕之日止）。

蔡某某不服一审判决，向浙江省温州市中级人民法院提起上诉。

浙江省温州市中级人民法院经审理认为：未经国务院银行业监督管理机构批准，任何单位和个人不得设立银行业金融机构或者从事银行业金融机构的业务活动。虽然涉案《借款合同》中的合同签署相对方系某小贷公司，但《借款合同》与《债权转让合同》签署于同一天；在某咨询公司支付所谓债权转让款前，某咨询公司方已经开始收取蔡某某的还款；且某咨询公司还与某小贷公司存在合作关系，长期受让某小贷公司的债权；另外，涉案《借款合同》虽然约定利息为月利率1.2%，但蔡某某自借款次日起即每日规律性地支付1400元，故本案还存在高利放贷规避审查的嫌疑。综合以上事实，可以认定某咨询公司与某小贷公司通过签订债权转让合同制造受让债权的假象，某咨询公司实质上系借用某小贷公司名义从事放贷业务，构成经营性机构放贷，依法应认定借款行为无效。因借贷行为无效，故蔡某某已经收取的借款应予以返还，同时应支付资金占用期间的利息损失。一审中某咨询公司已经将收取的款项均作本金扣减，故蔡某某应返还借款 81800 元，对某咨询公司主张的自 2022 年 2 月 14 日起按月利率 1.2%计算的利息不予支持，但某咨询公司有权主张利息损失，利息损失法院酌定自 2022 年 2 月 28 日起按年利率 6%计算。

浙江省温州市中级人民法院判决：

一、撤销浙江省瑞安市人民法院（2022）浙 0381 民初 11936 号民事判决；

二、蔡某某于本判决生效之日起十日内返还某咨询公司借款本金 81800 元并支付利息损失（以 81800 元为基数从 2022 年 2 月 28 日起按年利率 6%计算至实际履行完毕之日止）；

三、驳回某咨询公司的其他诉讼请求。

【法官后语】

《中华人民共和国银行业监督管理法》（以下简称《银行业监督管理法》）第十九条规定："未经国务院银行业监督管理机构批准，任何单位和个人不得设立银行业金融机构或者从事银行业金融机构的业务活动。"根据《中华人民共和国民法典》（以下简称《民法典》）第一百五十三条第一款的规定，违反法律、行政法规的强制性规定的民事法律行为无效。但是，该强制性规定不导致该民事法律行为无效的除外。《最高人民法院关于审理民间借贷案件适用法律若干问题的规定》第十三条亦规定，违反法律、行政法规强制性规定的，人民法院应当认定民间借贷合同无效。金融机构系国家特许经营业务，经营性机构放贷需要持牌经营，因此，若经营机构未取得国务院银行业监督管理机构批准进行银行业金融机构业务活动的，应认定其违反《银行业监督管理办法》等维护国家金融管理秩序的法律、法规，其行为应认定无效。

《民法典》第一百四十六条规定，行为人与相对人以虚假的意思表示实施的民事法律行为无效。以虚假的意思表示隐藏的民事法律行为的效力，依照有关法律规定处理。本案中表面上放贷主体是具有放贷资质的某小贷公司将款项借给蔡某某，某咨询公司与某小贷公司签订了《债权转让合同》约定将某小贷公司对蔡某某的涉案债权转让给某咨询公司，由某咨询公司向蔡某某主张权利。但从案件审理情况来看，《借款合同》与《债权转让合同》签署于同一天；在某咨询公司支付所谓债权转让款前，某咨询公司方已经开始收取蔡某某的还款；从某咨询公司向某小贷公司汇款的金额上看，双方仅为形式上的转让；且某咨询公司还与某小贷公司存在合作关系，长期受让某小贷公司的债权等情况。因此，可以认定某咨询公司与某小贷公司签订的《债权转让合同》是表面的"阳合同"，实质是某咨询公司未依法取得放贷资格，通过债权转让合同制造受让债权的假象，借用某小贷公司名义实质经营放贷业务变相从事放贷收息的金融活动，构成经营性机构无资质放贷，超越了规定的经营范围，应依法认定借贷行为无效。

编写人：浙江省温州市中级人民法院　李劼

9

"名股实债"类型的民间借贷纠纷应如何认定

——马某诉魏某、某公司民间借贷案

【案件基本信息】

1. 裁判书字号

山东省阳谷县人民法院（2023）鲁 1521 民初 1871 号民事判决书

2. 案由：民间借贷纠纷

3. 当事人

原告：马某

被告：魏某、某公司

【基本案情】

2018年12月13日，某公司（甲方）与魏某（乙方）、马某（丙方）签订了一份《投资入股分红协议》，约定丙方投资3000000元，共同收购组建某私立医院；马某拟定每年享有某公司净利润27%的分红权。协议签订后，2018年12月14日，马某分两次汇入被告魏某个人账户3000000元。2018年12月16日，魏某向马某出具一份借据，载明“个人借款：魏某于公历2018年12月14日借马某现金：人民币贰佰万元整。借款日期：壹年，借款年息百分之十，合计总还款贰佰贰拾万元整。借款人：魏某”，借款人处加盖某公司公章。其后，马某与魏某、某公司签订了四份补充协议，最终魏某、某公司承诺2020年7月底结清所有欠款，连本加息合计3500000元整。2020年7月31日，魏某向马某转账1138082.19元，附言载明“一百万借款本息已结清”；2020年9月26日，案外人曾某向马某转账1000000元，附言“代魏某偿还债务”。2021年2月10日，魏某向马某转账20000元，附言载明“偿还马某借款”。马某请求判令二被告偿还原告借款1760831元及利息。对于案涉款项，一审时魏某、某公司抗辩称原、被告之间没有达成过借贷合意，本案款项系投资入股款，不属于借款。

【案件焦点】

民间借贷纠纷中所涉款项系借款还是投资款的正确认定问题。

【法院裁判要旨】

山东省阳谷县人民法院经审理认为：关于案款性质问题，原告主张其与魏某及某公司之间系民间借贷关系，案涉款项系借款。根据其提交的借据、补充协议以及被告提交的银行还款凭证上的附言可以确定，魏某、某公司与马某之间存在借款合意。二被告以三方签订的投资入股分红协议进行抗辩，主张案涉款项系马某对某公司的出资款。对此，法院认为，根据《中华人民共和国公司法》之规定，首先，股东以货币出资的，应当将货币足额存入有限责任公司在银行开设的账号，但案涉款项系马某按照其与魏某的约定将钱款汇入魏某个人账号中；其次，某公司并未按照法律规定向公司登记机关办理变更登记，也未有证据证明其在收到马某的 3000000 元钱款后向其签发了出资证明书，并记载于股东名册；最后，被告方亦未证明马某实际参与了公司的经营管理，且马某仅收取固定的利息收益，并未实现利益共享、风险共担。综上所述，马某并不具备成为公司股东的形式和实质要件，故该笔款项不宜认定为出资款，法院对二被告的答辩意见不予认可。山东省阳谷县人民法院判决：被告魏某、某公司偿还原告马某借款本金 1398155. 45 元及相应利息（自 2020 年 9 月 26 日起至实际付清之日止，以本金 1398155. 45 元为基数，按照年利率 10%计算，扣除已偿还的 20000 元利息），于判决生效后十日内付清。

魏某、某公司不服一审判决，提起上诉，二审时因上诉人经传票传唤无正当理由未到庭参加诉讼，故按照撤回上诉处理。

【法官后语】

本案主要涉及如何根据现有证据、法律规定对案款性质作出正确界定的问题。

在经济生活中，商事主体与自然人之间的资金流动愈加频繁，形式也更多样，就此产生的纠纷亦具有普遍性、多样性和复杂性。正确界定往来账款的性质是案件的焦点，也是服判息诉的关键，需要承办法官结合当事人举证情况、法律法规的相关规定、社会经验法则等因素综合考量，作出裁判。就本案体现的典型性问题，应当依据以下审判思路予以正确把握。

明确借款与股权投资款的区别。首先，在权利义务上，作为投资款，投资人可以参与公司的经营管理，享有决策权、利润分配权，同时应当履行股东出资义务。而作为借款，其并不参与企业的日常经营管理，不共享公司利益，但有权要求借款企业按期履行偿还本息的义务。其次，在利益获取上，作为投资款，投资者收益主要与融资企业经营业绩挂钩，按照约定比例或投资比例分配收益。作为借款，除无偿借贷的情形外，借款人按照约定或法定利率收取利息。再次，在确定依据上，作为投资款，需要有较为繁杂且完整的公司内部文件，包括股东会（董事会）决议、股东会（董事会）纪要、出资证明书等材料作支撑，而作为借款，仅需要双方合意下形成借款凭证及资金融通明细即可。最后，就资金性质来说，投资款除了金钱外，还可以是有价证券、不动产、土地使用权等，出资后即成为公司资产，仅可通过股权转让、减资、清算等程序收回投资款，否则会有抽逃出资或虚假出资之嫌。作为出借款，出借人可要求借款人足额还本付息。

对于“名股实债”的常用认定规则。“名股实债”即以投资入股作为外在表现形式，而实质形成的民间借贷权利义务关系的民事行为。这在法律意义上属于一种“通谋的虚假意思表示”，需要法官采用“穿透式审判思想”来揭开表面无效的投资意思表示的面纱后，深挖隐藏于背后的借贷法律关系，并依据借贷的相关规定作出最终裁决。在司法实践中，法官认定“名股实债”的民事行为主要通过辨析以下几个方面：(1) 需要看双方达成的投资协议内容是否与共担风险、共享收益的投资本质相悖，如明确约定固定收益，且免担风险，则应排除投资入股关系。司法实践中常见的如股权回购协议，北京市高级人民法院的某置业公司等与某资本控股公司等股权转让纠纷二审民事判决书①显示，融资方（出让方）与投资方（受让方）签订《股权转让协议》，其明确约定出让方在回购交易中负有一定期间经过以后以固定价格买回协议标的物的义务，出让方对于是否买回并无选择的权利，而回购的价格也不考虑目标公司的经营状况，从合同当事人追求的效果意思来看，出让股权一方所追求的是获得融通资金，而受让一方所追求的是获得固定的本息回报，符合借贷关系的特征。(2) 需要看资金投入方是否实际直接参与了商事主体的经营活动。对此，法官应当审查资金投入方在商事主体中是否实际享有经营决策权、监督管理者权、收益权等实际参与经营的行为的相关证据。该种参与原则上应当具有直接性，但实际上公司经营过程复杂。最高人民法院的某资本管理公司、某基金公司股权转让纠纷二审民事判决书②显示，投资方虽然不直接参与公司日常经营，但

① 参见（2021）京民终 499 号民事判决书，载中国裁判文书网，2025 年 2 月 21 日访问。

② 参见（2019）最高法民终 355 号民事判决书，载中国裁判文书网，2025 年 2 月 21 日访问。

仍通过审查、审批、通知等方式一定程度上参与管理，显然不能以此否定其股东身份。故法官在审理类案中，应当结合双方提交的资金融通过程中形成的各种材料如协商函件、补充协议、各种决议等做出综合评判。(3) 需要看资金投入方是否实际入股。作为投资款，投资者应当严格履行法定出资程序，将其股东身份依法进行工商登记公示。对此，法官应当审查有无股东名册登记、工商登记、出资证明书等证明股东身份的证据。(4) 需要看双方是否在入股协议签订后又重新达成过债权债务确认补充协议，即对融通资金性质作出明确或变更，以确定当事人期待发生的真实效果意思。本案基本属于此类情况。(5) 在涉及股权回购的情况下，需要看双方达成的合同、协议中有无约定投资人在债权到期，融资方未履行回购义务时，投资方有无对股权的处分权，若有，则应考虑让与担保；若无，则应考虑"名股实债"。

综上，"名股实债"无统一的交易模式，在当事人就资金性质发生纠纷时，法官需要根据当事人的出资目的、实际权利义务等因素予以综合认定。双方若遵循共同经营、共享收益、共担风险的原则，则应当认定为股权投资，反之，若资金投出方的本意并非取得股权，亦不参与经营管理，仅是为了获得固定收益，则应当将其规制于借贷法律框架之下。本案中根据上述法律适用原则，通过对资金投入方的投资目的、权利义务关系、法定程序的表现形式、双方后续达成的债权债务协议等进行审查和考虑，最终确定案涉资金系借款，充分保障了当事人的正当合法权益。

编写人：山东省阳谷县人民法院　赵佳林

10

“名为投资，实为借贷”担保责任的认定

——某经济合作社诉某农场公司等民间借贷案

【案件基本信息】

1. 裁判书字号

广西壮族自治区博白县人民法院（2023）桂0923民初4352号民事判决书

2. 案由：民间借贷纠纷

3. 当事人

原告：某经济合作社

被告：某农场公司、罗某、王某某、白某

【基本案情】

2018年9月28日，某经济合作社与某农场公司签订《协议书》，协议书主要约定某经济合作社向某农场公司投资入股300000元的帮扶经费专项资金，用于公司茶叶种植等产业项目，资金使用期限自2018年9月28日起至2024年10月31日止，某农场公司每年需要给予固定投资回报，即以某经济合作社注入资金总额为基数，年均回报率不低于8%计付，协议期满后，如未续约，需将注入的资金全部归还某经济合作社，如无法依约履行，则需要向某经济合作社支付违约金，以某经济合作社投入资金为基数，按每日万分之六计付，某农场公司的股东罗某、王某某对上述债务承担连带保证责任。白某作为某农场公司的保证人在协议书上签字。签订协议后，于2018年10月2日，某经济合作社依约以银行转账方式向某农场公司转账300000元，某农场公司截至起诉前仅向某经济合作社支付了投资回报49000元，后未再依约支付投资回报。某经济合作

社因多次催讨无果，向法院起诉主张某农场公司承担违约责任，罗某、王某某、白某承担保证责任。

【案件焦点】

1.《协议书》是投资关系性质还是借贷关系性质；2. 罗某、王某某、白某是否应承担保证责任。

【法院裁判要旨】

广西壮族自治区博白县人民法院经审理认为：《协议书》合法有效，各方应当依约履行。（1）关于协议性质。依据协议约定，某经济合作社仅有提供投资款的义务和享受入股分红的权利，未实际参与生产经营活动，也不承担风险，其投资本金和收益的支付定期固定。故该协议书实质系借贷性质的合同。某农场公司构成违约，某经济合作社要求其还本付息的诉讼请求，予以支持。（2）关于保证责任。《协议书》第六条约定"乙方的股东对甲方投入的财政扶贫专项资金及违约金承担连带保证责任"，结合庭审中，王某某自认其同意该协议，并参与项目经营，自愿承担债务，而罗某作为某农场公司的法定代表人在协议上签字捺印，对其担保行为知悉，白某系案涉借款合同的保证人，故罗某、王某某、白某应对上述债务承担连带偿还责任。（3）关于律师费。某农场公司签收某经济合作社发出的催款告知书，并未提出异议，律师费系某经济合作社为实现债权而产生的费用，可以支持。（4）现某农场公司已停止营业，存在丧失或者可能丧失履行债务能力情形，已构成预期违约，故对某经济合作社诉请解除合同，予以支持。

综上，广西壮族自治区博白县人民法院依照《中华人民共和国公司法》第六十三条，《最高人民法院关于审理民间借贷案件适用法律若干问题的规定》第二十五条、第二十九条，《中华人民共和国民事诉讼法》第一百四十七条之规定，判决如下：

一、解除某经济合作社与某农场公司于 2018 年 9 月 28 日签订的《协议书》；

二、某农场公司偿还借款本金300000元及支付利息给某经济合作社（利息计算办法：以300000元为基数，自2018年11月2日起至2023年8月6日止，按年利率8%计算；自2023年8月7日起至本案债务实际清偿之日止，按2023年8月一年期贷款市场报价利率计算。已支付的49000元利息予以扣除）；

三、某农场公司支付律师费4000元给某经济合作社；

四、罗某、王某某对上述第二、三项债务承担连带清偿责任；

五、白某对上述第二项债务承担连带清偿责任。

宣判后，双方当事人均未上诉，一审判决生效。

【法官后语】

投资关系与借贷关系属于两种不同性质的法律关系。近年来，“名为投资，实为借贷”的情形在实践中时常发生，由此而引发的“性质”之争多不胜数。涉及担保责任认定的案件审理的核心在于，在正确认定主合同法律关系性质的基础上，哪些情形下担保人需承担责任。

一、“名为投资，实为借贷”的分析

根据《中华人民共和国民法典》第九百六十七条“合伙合同是由两个以上合伙人为了共同事业目的，订立的共享利益、共担风险的协议”的规定，投资合伙具有共享收益、共担风险的本质特征，而投资合伙行为，则是指特定民事主体通过处分其所有、占有、支配、管理的财产，作为进入营业领域的原始财产和经营基础的民事法律行为，具有民事财产处分行为和商事投资行为双重属性。《中华人民共和国民法典》第六百六十七条将借款合同定义为“借款人向贷款人借款，到期返款借款并支付利息的合同”，其本质特征为固定回报，不担风险。故投资行为和借贷行为在法律上属于两种性质完全不同的民事法律行为。

《中华人民共和国民法典》第一百四十六条规定：“行为人与相对人以虚假的意思表示实施的民事法律行为无效。以虚假的意思表示隐藏的民事法律行为的效力，依照有关法律规定处理。”通谋虚伪行为包含两个行为：一是虚假的意思表示行为；二是隐藏的意思表示行为，即虚假意思表示行为所掩盖的双方真实的意思表示的行为。在“名为投资，实为借贷”案件中，包含两种情形：一是双方认知明确，存在通谋虚伪行为。此种情形下，投资行为是虚假的意思表示，其所掩盖的双方真实意思表示行为是借贷行为。二是双方缺乏认知，不存在通谋虚伪行为，只是从法律关系行为性质上认定为“名为投资，实为借贷”。此种情形下，不能仅因抗辩而否认借贷关系的成立，换言之，法律规定不以个体的不知悉而对其无效，双方对于自身行为的错误认知并不能否认法律关系的真实属性，也不能免除法律层面的责任。

二、担保责任的认定

合同双方的投资协议认定为“名为投资，实为借贷”，应认定为借款合同关系，不应认定协议无效。在“名为投资，实为借贷”案件中，担保责任的认定需要厘清两个问题：一是主合同存在通谋虚伪行为，担保人对该行为是否知情；二是主合同不存在通谋虚伪行为，担保人提供担保的真实意思表示是什么。

如主合同存在通谋虚伪行为，则：其一，担保人对协议过程中存在通谋虚伪行为明知的，除有证据证明主合同协议存在恶意串通损害其利益情形外，并不能因协议的法律性质认定变化而主张免责。其二，担保人对协议过程中存在通谋虚伪行为不知情的，依据《中华人民共和国民法典》第六百九十五条“债权人和债务人未经保证人书面同意，协商变更主债权债务合同内容，减轻债务的，保证人仍对变更后的债务承担保证责任；加重债务的，保证人对加重的部分不承担保证责任。债权人和债务人变更主债权债务合同的履行期限，未经保证人书面同意的，保证期间不受影响”的规定，需判断隐藏意思表示与虚假意思表示相比，是否加重了担保人的负担。如主合同不存在通谋虚伪行为，则应判断合同性质的变更，是否直接影响担保人对担保的真实意思表示，继而认定担保人是否承担保证责任。

本案中，当事人之间签订的《协议书》虽不存在通谋虚伪行为，但《协议书》并不具有共同经营、共享收益、共担风险的投资合作特征，而是约定某经济合作社出资后，无论某农场公司经营情况如何，是否亏损，均按标准计算并享有固定投资收益，到期归还投资款，此种情形应认定双方之间法律关系的性质“名为投资，实为借贷”，《协议书》也不因此而无效。白某作为某农场公司的保证人在协议书上签字，对协议内容知情，其担保的真实意思表示是为某农场公司承诺向某经济合作社给予定期固定分红、到期归还投资款以及违约金等内容提供担保，而借款、借款期限、利息与投资款、投资期限、分红对比，未加重白某的负担，甚至等同或轻于，合同性质由“投资关系”变更为“借贷关系”并不直接影响白某对担保的真实意思表示，故白某应承担保证责任。

编写人：广西壮族自治区博白县人民法院　管青龙

11

棋牌室经营者现场向赌博人员出借款项不构成民间借贷不予返还

——王某某诉李某某民间借贷案

【案件基本信息】

1. 裁判书字号

重庆市垫江县人民法院（2024）渝0231民初820号民事判决书

2. 案由：民间借贷纠纷

3. 当事人

原告：王某某

被告：李某某

【基本案情】

王某某和李某某系朋友关系，王某某在其开设的副食店摆有麻将机供客人打牌赌博，李某某在王某某开设的副食店打麻将时，多次向王某某打牌借钱。从2022年2月19日至10月16日，王某某多次以“李某某打牌借币（上午）”

“李某某打牌借币（下午）”等名目自行记账，共记账 18 笔 12000 元，后王某某向李某某催收该笔款项未果，遂诉至法院，请求李某某返还借款 12000 元。

【案件焦点】

1. 王某某向李某某借款是否构成合法有效的民间借贷关系；2. 李某某是否应当向王某某返还案涉款项。

【法院裁判要旨】

重庆市垫江县人民法院经审理认为：当事人王某某、李某某均认可案涉款项系因赌博产生，在此情况下，王某某诉请李某某返还借款需另就借款形成的时间、地点、经过、借款资金来源及资金交付方式、约定的借款用途、还款期限、还款方式、利息、在场人等有关细节进行举证说明其合法有效性。现王某某未能就与李某某之间存在合法有效的借贷关系提供进一步证据证明，故王某某、李某某双方之间的民间借贷关系无效。李某某本应返还财产，但本案具有的特殊情形是，李某某系在王某某经营的副食店参与麻将赌博时多次借款，即使王某某陈述的李某某是以打牌的名义借款的说法成立，但王某某现场为李某某赌博多次提供资金，该资金在出借人向赌博人提供之时已经明确属于赌资，王某某对于赌博行为的实施具有参与性，故王某某的出借行为系不法行为，其“返还借款”请求权缺乏合法基础。

重庆市垫江县人民法院根据《中华人民共和国民法典》第八条、《最高人民法院关于审理民间借贷案件适用法律若干问题的规定》第十三条之规定，判决如下：

驳回王某某的全部诉讼请求。

判决宣告后，双方当事人均未上诉，一审判决生效。

【法官后语】

一般而言，自然人之间的借款合同是实践合同，在出借人提供借款、借款人收到借款后，借款合同就成立生效，双方当事人也应按照合同约定履行合同义务。本案的特殊之处在于出借人作为棋牌室经营者在赌博现场向借款人出借款项，此种民间借贷行为是否仍旧有效值得探讨。

本案所涉民间借贷行为无效。司法实践中，对于赌博借贷行为效力的质疑源自其与赌博的密切联系。众所周知，在中国除特许经营博彩的地区及行业所产生的债受法律保护程度与其他合法债务一致外，其他任何形式的赌博都是违法甚至是犯罪行为。《中华人民共和国刑法》以及《中华人民共和国治安管理处罚法》等法律法规均明文规定禁止赌博，此外，《最高人民法院关于审理民间借贷案件适用法律若干问题的规定》第十三条亦规定："具有下列情形之一的，人民法院应当认定民间借贷合同无效……（四）出借人事先知道或者应当知道借款人借款用于违法犯罪活动仍然提供借款的……"因此，对于赌博过程中当事人之间产生的直接用于赌博的债务以及赌博关系中当事人与第三人产生的直接用于赌博的债务两种赌债表现形式而言，司法实践中不认可其作为法律之"债"的性质，即"赌债非债"：赢家或出借人无请求"赌债"的权利，输家或借款人也无清偿"赌债"的义务，双方的民间借贷行为自始无效、当然无效。

案涉借款不能以民间借贷无效请求返还。如前所述，棋牌室经营者作为出借人在现场向赌博人员出借款项，双方之间的民间借贷行为无效。而合同无效的法律后果，《中华人民共和国民法典》除规定返还财产、折价补偿和赔偿损失外，还在原《中华人民共和国合同法》第五十八条的基础上，增加了"法律另有规定的，按照其规定"。[①] 对于明知出借款项给他人用于赌博，尤其是在赌博现场为他人赌博提供资金的，可认定为对赌博行为的参与，该资金在出借人向借款人提供之时已经属于赌资，而根据《中华人民共和国治安管理处罚法》，赌资应当予以收缴。因此，此种民间借贷合同无效的法律后果属于是其他法律

① 《中华人民共和国民法典》第一百五十七条规定："民事法律行为无效、被撤销或者确定不发生效力后，行为人因该行为取得的财产，应当予以返还；不能返还或者没有必要返还的，应当折价补偿。有过错的一方应当赔偿对方由此所受到的损失；各方都有过错的，应当各自承担相应的责任。法律另有规定的，依照其规定。"

另有规定的“除外”情形，应依法收缴赌资而非判决返还。

案涉借款不能以不当得利请求返还。司法实践中，存在部分法院裁判以不当得利支持返还借款本金，但我们认为不当得利构成要件“没有法律根据”并不等同于“不法原因”。不当得利作为债发生的一种原因，也应当遵循合法性这一债的基本属性。参照《德国民法典》《日本民法典》的相关规定以及理论通说，因不法原因而为给付，同样构成给付型不当得利请求权的排除。

综上，司法裁判具有价值示范引领作用，若不将现场向赌博人员借款的行为作否定性评价，将纵容赌博这种违法行为。因此，出借人现场向赌博人员出借款项的民间借贷行为无效，且不得根据合同无效或者不当得利诉请返还。

编写人：重庆市垫江县人民法院　刘磊

12

情侣恋爱期间的相互转账的性质认定

——潘某某诉倪某某民间借贷案

【案件基本信息】

1. 裁判书字号

安徽省歙县人民法院（2023）皖 1021 民初 1077 号民事判决书

2. 案由：民间借贷纠纷

3. 当事人

原告：潘某某

被告：倪某某

【基本案情】

潘某某与倪某某原系男女朋友关系，于 2022 年 3 月 16 日分手。自 2020 年

5月11日起至2022年12月27日，倪某某多次向潘某某表示要求借款，并承诺会还款。多次转账借款后，潘某某表示自有资金不足，倪某某便要求其通过银行信贷、网贷等渠道套现后向其转账，并承诺会偿还本金及贷款产生的利息。其间，双方相互转账上百次，转账数额从十元至上万元不等。

其中，潘某某以自有资金转账共计141735元，以贷款、信用卡等非自有资金转账469572元，共计611307元。潘某某自认，倪某某通过微信、支付宝分别向潘某某转账还款共计120707元。庭审结束后，倪某某向潘某某微信转账5000元。

2023年1月25日，双方对两人之间的债务情况进行核对，潘某某要求倪某某偿还总额共计520000元，但倪某某未予认可，后双方又多次协商，均未达成一致意见，以致成讼。

【案件焦点】

潘某某向倪某某转款的性质应如何认定。

【法院裁判要旨】

安徽省歙县人民法院经审理认为：本案中，潘某某与倪某某原系情侣关系，双方在恋爱期间及恋情结束后存在多次相互转账，数额从十元至上万元不等。从潘某某提供的转账记录及微信聊天记录可见，倪某某确系多次要求潘某某向其转账，并且在借款时或双方对账时表示会予以清账，由此可以认定双方之间存在借贷合意。但是，在双方长达两年半的相互转账过程中，二人仅进行过粗略对账，对于借款数额及还款数额未予以明确并达成最终结果。因此，法院认定在恋爱期间，小额的金钱往来是双方为维系感情的必要支出或者共同消费，双方未明确有借贷意思表示的小额转账不宜认为是借款。结合双方的恋爱期限、聊天记录及潘某某的经济能力等因素，酌定潘某某向倪某某单笔数额低于或等于500元的转账为恋爱关系中的赠与，共计5210元；在双方明确结束恋爱关系后，二人已经丧失维系感情的需要，故双方之间的小额转账均应列入借款、还款的范畴。

潘某某以其自有资金出借部分，双方之间的民间借贷合同成立，潘某某要求倪某某返还借款本金及自起诉之日按LPR利率计算利息有事实和法律依据，予以支持。关于潘某某套取金融机构贷款转贷部分，双方之间的民间借贷合同无效，潘某某要求倪某某承担信用卡及网贷分期利息的请求于法无据，不予支持；虽借款行为无效，但倪某某应返还取得的财产，且因倪某某占用该部分资金未及时返还，应向潘某某支付资金占用费。

安徽省歙县人民法院判决如下：

一、倪某某于本判决生效之日起十五日内支付潘某某借款本金8818元及利息（以8818元为基数，自2023年3月16日起，按照同期全国银行间同业拆借中心公布的一年期贷款市场报价利率3.65%计算至款清之日）；

二、倪某某于本判决生效之日起十五日内返还潘某某469572元及资金占用费（以未还款项469572元为基数，自2023年3月16日起，按照同期全国银行间同业拆借中心公布的一年期贷款市场报价利率3.65%计算至款清之日）；

三、驳回潘某某的其他诉讼请求。

一审宣判后，当事人均未上诉，一审判决生效。

【法官后语】

本案是一起当事人在情侣关系期间产生的民间借贷纠纷。根据原告诉讼主张及所举证据，可以确认原、被告间存在金钱给付关系这一基础事实，但本案的特殊性有以下几点：其一，双方之间的转账次数多而频繁，且横跨整个恋爱期间至恋情结束后的一段时间。其二，双方在大量相互转账的过程中数额从十元至上万元不等，在此期间，双方似乎达成了某种“默契”——被告倪某某要求原告潘某某转账后，原告就尽其所能向其转款，这导致双方大部分转账的同时无明显的意思表示以证明款项的性质，并且最终至原告起诉前，双方仍未就款项数额及性质达成一致意见。其三，原告向被告转账的款项中包含自有资金以及向多个金融机构贷款所取得的资金。

一、欠缺结算证据时法院的合意审查职责

鉴于原、被告之间转账次数多、欠缺书面结算凭据，且被告未参加庭审无法得知其真实意思表示的情况，法院应当对双方每一笔转账是否达成借贷合意进行审查，以确定案件基本事实。

根据举证责任分配的一般规则，应由原告对合同的订立和生效的事实承担举证责任，原告以借贷法律关系提起诉讼，而民间借贷合同具有实践性特征，合同的成立，不仅要有交付钱款的事实，还需双方当事人达成借贷合意。原告向法院提供转账记录及聊天记录。本案中，法院经逐一审查证据后发现，双方在绝大多数的情况下确实存在借贷的合意，被告亦多次表示会予以偿还。但在部分情况下，双方没有明确表示即进行转账往来。

二、生活经验法则和高度盖然性标准的运用

本案要合理运用证据规则中生活经验法则及高度盖然性标准，对借款数额进行综合认定。

数额上的区分认定：因为身份关系的特殊性，恋爱期间情侣间的相互转账如果没有明确的借贷的意思表示，数额较小的金钱往来一般认为是双方为维系感情的必要支出或者共同消费，不认为是借款。具体数额大小标准的确定应当参考当事人的工作收入、消费能力等进行综合判断。考虑到转账期间原告尚处于学校学习及刚刚参加工作的阶段，其收入水平、消费能力较低，故酌定单笔数额低于或等于500元的转账为恋爱关系中的赠与，不应认定为借款。

时间上的区分认定：不同于夫妻关系，情侣关系法律关系性质模糊，法律不应对其做过度评价。但结合社会现实，相较于完全陌生的两个人，基于恋爱情侣关系的双方在进行法律意义上的往来时存在较大区别。因此，在双方明确结束恋爱关系后，双方丧失了维系感情的需要，在原告对转账进行初步举证后即可认定借贷关系的成立，双方之间的小额转账均应列入借款、还款的范畴。

三、个案下借款合同无效后的法律后果之完善

其一，被告返还财产所基于的法律依据、责任来源的不同应在判项上予以分离。其中关于套取金融机构转贷部分财产的返还是依据《最高人民法院关于审理民间借贷案件适用法律若干问题的规定》第十三条第一项，以及《中华人民共和国民法典》第一百五十七条；而其中关于自有资金借款本金的返还则是

基于《中华人民共和国民法典》合同编关于违约责任和借款合同相关条款。在本案中，判项上的分离可以使当事人明确裁判内容的法律依据，亦使裁判内容明确具体、便于执行。

其二，在关于套贷转贷款项的资金占用费方面尚有讨论余地。一般情况下，资金占用损失计算标准应当参照 LPR 利率计算，但是金融贷款的利率通常高于 LPR 基准利率，按照 LPR 利率计算专用损失必然无法弥补出借人所受到的实际经济损失，反而借款人会因未按时履行还款义务而获得利益或减轻责任。在本案中，按照公平原则、诚信原则，似乎出借人从金融机构套取贷款利率来计算资金占用损失更为合理。但从裁判执行的角度来审视该种观点，存在债权人已经还完全部贷款，但债务人仍在以银行利率计算资金占用损失的情况。基于上述两种考量回到本案进行反思，原告基于特殊身份关系应被告要求进行贷款转贷的，且被告亦多次承诺由其承担银行贷款利息的，但当事人不应以违法行为获得额外利益，因此，笔者认为可以借鉴《最高人民法院关于审理买卖合同纠纷案件适用法律问题的解释》第十八条第四款的规定加计后计算，以求得法理与情理的平衡。

编写人：安徽省歙县人民法院　王族

13

套取金融机构资金出借，民间借贷关系不成立

——谭某诉彭某、某幼儿园民间借贷案

【案件基本信息】

1. 裁判书字号

广西壮族自治区玉林市中级人民法院（2023）桂 09 民终 2109 号民事判决书

2. 案由：民间借贷纠纷

3. 当事人

原告（上诉人）：谭某

被告（上诉人）：某幼儿园

被告（被上诉人）：彭某

【基本案情】

谭某和彭某为朋友关系，彭某为某幼儿园法定代表人。2022 年 3 月 18 日至 2022 年 7 月 15 日，彭某以投资建设幼儿园为由，多次向谭某借款，谭某共计借款 71.2 万元。具体借款情况如下：2022 年 3 月 18 日至 2022 年 3 月 21 日，谭某共计向彭某转账 30 万元，2022 年 3 月 21 日谭某与彭某就 30 万元借款签订了《借款合同》，载明借款主体为彭某、某幼儿园，彭某在借款合同的借款人处签名并加盖私人印章，某幼儿园在借款人处加盖法人印章，该笔借款的资金来源如下：16 万元为谭某自有资金，14 万元来源于金融借款。2022 年 3 月 23 日，谭某向彭某转账 30 万元，同日签订了《借款合同》，合同载明：某幼儿园、彭某向谭某借款 30 万元，按照投入资金比例对谭某进行分红，借款资金来源于某银行，该合同落款处，有时任某幼儿园法定代表人彭某的签名，并加盖有某幼儿园的公章，该公章与备案公章不一致。该笔资金流向如下：2022 年 3 月 23 日，彭某收到谭某借款后，向某幼儿园转账 15.4 万元，此后两日即 2022 年 3 月 24 日至 2022 年 3 月 25 日，某幼儿园将该款项用于购置教学玩具、日用品。2022 年 4 月 2 日至 2022 年 7 月 15 日，谭某分多次向彭某转账共计 11.13 万元，其中有 3 万元是谭某应彭某的要求向案外人黄某支付的某幼儿园的租金，其资金来源于谭某向他人借款。

另查明，彭某以及案外人唐某分多笔向谭某转账 15480 元。

【案件焦点】

谭某与某幼儿园、彭某是否成立民间借贷关系。

【法院裁判要旨】

广西壮族自治区兴业县人民法院经审理认为：根据《最高人民法院关于审理民间借贷案件适用法律若干问题的规定》第十二条第一项的规定，套取金融机构贷款转贷的，人民法院应当认为民间借贷合同无效。

2022 年 3 月 21 日签订的《借款合同》，彭某在借款合同的借款人处签名并加盖私人印章，某幼儿园在借款人处加盖法人印章，该印章与备案公章一致。其中的 16 万元来源于原告的自有资金，另外的 14 万元属于金融机构借款，故该借款合同部分有效。谭某与彭某、某幼儿园之间 16 万元的《借款合同》有效，成立民间借贷关系；谭某与彭某、某幼儿园之间 14 万元的《借款合同》无效，不成立民间借贷关系，民间借贷关系不成立的，只需承担返还本金义务。

2022 年 3 月 23 日签订的《借款合同》，其资金全部来源于金融机构，同理不成立民间借贷关系。该合同落款处，有时任某幼儿园法定代表人彭某的签名，并加盖有某幼儿园的公章，该公章与备案公章不一致。由于该公章与备案公章不一致，且无其他证据证明该笔借款与某幼儿园有关联，故认定该笔借款为谭某与彭某的资金往来，民间借贷不成立，彭某只需返还本金给谭某。

2022 年 4 月 2 日至 2022 年 7 月 15 日，谭某分多次向彭某转账共计 11.13 万元，该 11.13 万元资金来源于向他人借款，不是自有资金，不符合民间借贷关系成立的构成要件，不成立民间借贷关系，仅需将借款本金返还谭某。某幼儿园与谭某之间无借款的合意，亦无债务加入的意思，故对该笔借款不承担返还责任，谭某将借款转账给彭某后，彭某有权自由处分。对于 11.13 万元的借款，由彭某承担返还本金给谭某的责任。

关于彭某以及案外人唐某对谭某多次转账，共计 15480 元，结合案件查明事实予以处理。

广西壮族自治区兴业县人民法院判决如下：

一、彭某和某幼儿园共同偿还借款本金 16 万元以及利息（利息计算方法：以 16 万元为基数，自 2023 年 3 月 22 日起至清偿之日止，按一年期贷款市场报价利率标准计算）给谭某；

二、彭某和某幼儿园共同返还 14 万元借款本金给谭某；

三、彭某返还借款本金 395820 元给谭某；

四、驳回谭某的其他诉讼请求。

谭某、某幼儿园不服一审判决，提出上诉。广西壮族自治区玉林市中级人民法院经审理认为：2022 年 3 月 21 日签订的《借款合同》，一审法院认定事情清楚，适用法律正确。对于 2022 年 3 月 23 日签订的《借款合同》，该本金来源于金融机构，属于民间借贷无效的情形，只需承担返还责任。至于某幼儿园是否对该借款承担返还责任，法院认为，虽然落款处某幼儿园的盖章与备案公章不一致，某幼儿园亦应承担共同返还责任，理由如下：首先，就该借款合同文义解释的角度来看，该借款合同明确载明的是某幼儿园、彭某向谭某借款，并结合该合同中某幼儿园承诺向谭某分红的表述，即按投入资金比例向谭某分红，若系彭某个人借款，不可能出现此种分红的表述，从中可知，是彭某以法定代表人身份代表某幼儿园作出意思表示。其次，从法人代表制度来看，彭某时任某幼儿园的法定代表人，系幼儿园的法定代表机关，彭某作出的意思表示即为某幼儿园作出的意思表示，加盖公章与备案公章是否一致、加盖公章与否，皆不影响某幼儿园作出意思表示。再次，彭某收到谭某借款后，向某幼儿园转账 15.4 万元，此后两日即 2022 年 3 月 24 日至 2022 年 3 月 25 日，某幼儿园将该款项用于购置教学玩具、日用品。根据《最高人民法院关于审理民间借贷案件适用法律若干问题的规定》第二十二条，法定代表人以个人名义与出借人订立民间借贷合同，所借款项用于单位生产经营，出借人请求单位与个人共同承担责任的，人民法院应予支持。某幼儿园与彭某对谭某的 30 万元借款承担共同返还责任。关于该 30 万元资金占用费的问题，即使该借贷合同无效，为避免利息失衡，彭某、某幼儿园亦应向谭某支付资金占用费。

对于谭某向他人借款的 11.13 万元借款本金，玉林市中级人民法院认为，法律并不禁止向个人借款后转借，故该借款合同有效。该 11.13 万元借款中，3 万元是应彭某的要求用于支付某幼儿园的租金，可以证明该 3 万元是用于某幼儿园的生产经营，故某幼儿园与彭某对该 3 万元承担共同还款责任。对于剩余欠款无其他证据证明与某幼儿园有关，故法院认为，是彭某的个人借款。

彭某与案外人唐某给谭某的转款，认定为彭某偿还给谭某的本金。

广西壮族自治区玉林市中级人民法院依照《中华人民共和国民事诉讼法》第一百七十七条第一款第二项之规定，作出以下判决：

一、维持兴业县人民法院（2023）桂 0924 民初 580 号民事判决第一、二项；

二、撤销兴业县人民法院（2023）桂 0924 民初 580 号民事判决第三、四项；

三、某幼儿园、彭某返还 30 万元，并支付资金占用费（计算方法：以 30 万元为基数，自 2023 年 3 月 22 日起至实际清偿之日止，按同期一年期贷款市场报价利率计算）给谭某；

四、某幼儿园、彭某偿还借款 3 万元，并支付逾期利息（计算方法：以 3 万元为基数，自 2023 年 3 月 22 日起至实际清偿之日止，按同期一年期贷款市场报价利率计算）给谭某；

五、彭某偿还借款 65820 元，并支付逾期利息（逾期利息计算方法：以 65820 元为基数，自 2023 年 3 月 22 日起至实际清偿之日止，按同期一年期贷款市场报价利率计算）给谭某；

六、驳回谭某的其他诉讼请求。

【法官后语】

民间借贷是指自然人、法人与其他组织之间进行资金融通的行为。合法的民间借贷受法律保护，在认定借贷行为是否合法时应当严格审查借贷发生的原因、时间、地点、款项来源、交付方式、款项流向以及借贷双方的关系、经济状况等事实。本案中，谭某部分出借资金来源于金融机构，符合民间借贷无效认定的情形，因此本案谭某从某银行套取资金借给彭某不成立民间借贷关系。

一、民间借贷中的出借资金来源于金融机构则借款合同无效

根据《最高人民法院关于审理民间借贷案件适用法律若干问题的规定》第十三条第一项的规定，套取金融机构贷款转贷的，人民法院应当认定民间借贷

合同无效。通常认为套取金融机构贷款转贷，即指借款人以履行出借义务为目的，未按照其贷款用途使用贷款资金，并将从金融机构取得的贷款资金转借他人的行为。根据中国人民银行《贷款通则》第十九条的规定，借款人应当按照借款合同约定用途使用贷款。借款人在取得银行贷款后，又将贷款资金转借他人，明显不符合其贷款用途；而不符合贷款条件的人取得贷款资金，也将增加贷款资金无法收回的风险，扰乱正常的金融秩序，放大系统性风险。在司法实践中，就是否认定存在套贷转贷行为，关键在于对出借款项资金来源的认定。出借资金来源于自有资金的则借款合同有效，资金来源为金融机构的贷款则借款合同无效。

所谓金融机构，应当既包括银行类金融机构，也包括非银行金融机构，如小额贷款公司、融资租赁公司等。贷款的类型既包括信用贷款也包括担保贷款，根据《贷款通则》第九条的规定，贷款分为信用贷款、担保贷款和票据贴现。此次调整相较于原有规定，适度地扩大了适用的范围，更有利于填补规则漏洞，维护金融市场稳定。另外，在认定出借的资金来源是否为金融机构时，可以从审查该机构的金融业务从业资质着手，金融行业为特许经营行业，该机构需取得相应证照，若资金来源机构符合金融从业的机制，则可作出认定。

二、合同无效后借款人应当返还占用出借人的资金

合同无效或者被撤销后，因该合同取得的财产，应当予以返还；不能返还或者没必要返还的，应当折价赔偿。有过错的一方应当赔偿对方因此所受到的损失，双方都有过错的，应当各自承担相应的责任。在此类案件中，“套贷转贷”行为因违反法律法规的强制性规定，借款合同无效，借款关系中虽然出借人实际履行了自己的出借义务，但资金来源于金融机构，构成过错。借款人未能履行还款的义务，亦有过错。为避免利息失衡，出借人能够就自己所受实际经济损失向借款人主张赔偿，即资金占用损失。

三、从金融机构套取资金转贷可能构成犯罪

套取金融机构贷款的转贷行为属于违法行为。套取金融机构的转贷行为违反了我国相关金融法律法规的规定，既增加了融资成本，也扰乱了金融秩序。

套取金融机构贷款转贷是我国严厉打击的行为，如果违法所得数额较大，有可能构成高利转贷罪。

在司法实践中，出借人通过金融机构套取资金转贷的现象越发频繁，由于借贷双方当事人多数为自然人，其资金偿付和风险承受能力十分有限，借款方逾期还款后产生的连锁反应导致金融机构追偿压力和难度不断增强，对其他市场主体的正常融资行为造成的不良影响，严重扰乱了金融秩序。“套贷转贷”民间借贷合同无效的规定，扩大了民间借贷合同无效的范围，更有利于司法对规避金融监管、制度套利等破坏金融市场秩序行为的打击，填补原有的制度缺失和法律漏洞；更有利于发挥法律对社会行为的引领示范作用，降低借款人的融资成本，疏导金融市场结构性风险；对维护社会稳定、市场安宁起到积极作用。

编写人：广西壮族自治区兴业县人民法院　田诗咏

14

虚拟货币流通的法律行为认定

——白某诉李某民间借贷案

【案件基本信息】

1. 裁判书字号

广西壮族自治区北海市海城区民法院（2023）桂0502民初6406号民事判决书

2. 案由：民间借贷纠纷

3. 当事人

原告：白某

被告：李某

【基本案情】

2022 年 5 月 13 日李某因急用资金买币向白某借 200USDT（约合人民币 1400 元）。约定还款日期为一周，并有微信借款文字凭证及转款记录。还款日期到后，李某未及时归还借款。直到 2023 年 6 月初白某多次向被告催讨借款，李某说手头没钱无法按时归还借款。2023 年 6 月至 2023 年 7 月白某多次催讨未果，以致涉诉。

USDT，中文名称“泰达币”，是一种加密的虚拟货币。

【案件焦点】

1. 虚拟货币是否受法律保护；2. 原告要求被告还款是否于法有据。

【法院裁判要旨】

广西壮族自治区北海市海城区人民法院经审理认为：虚拟货币不具有与法定货币等同的法律地位。泰达币等虚拟货币具有非货币当局发行、使用加密技术及分布式账户或类似技术、以数字化形式存在等主要特点，不具有法偿性，不应且不能作为货币在市场上流通使用。任何法人、非法人组织和自然人投资虚拟货币及相关衍生品，违背公序良俗的，相关民事法律行为无效，由此引发的损失由其自行承担。白某转给李某的 200USDT 系虚拟货币，原、被告之间就泰达币所进行的民事法律行为，违背了公序良俗，为无效的民事行为，相应的损失自行承担，因此原告的诉讼请求没有法律依据。

广西壮族自治区北海市海城区人民法院判决如下：

驳回原告白某的诉讼请求。

宣判后，双方当事人均未上诉，一审判决生效。

【法官后语】

2021 年 9 月 15 日，中国人民银行、中央网信办、最高人民法院、最高人民检察院、工业和信息化部、公安部、市场监管总局、银保监会、证监会、外汇局十部门联合发布的《关于进一步防范和处置虚拟货币交易炒作风险的通知》规定：(一) 虚拟货币不具有与法定货币等同的法律地位。比特币、以太币、泰达币等虚拟货币具有非货币当局发行、使用加密技术及分布式账户或类似技术、以数字化形式存在等主要特点，不具有法偿性，不应且不能作为货币在市场上流通使用。(二) 虚拟货币相关业务活动属于非法金融活动。开展法定货币与虚拟货币兑换业务、虚拟货币之间的兑换业务、作为中央对手方买卖虚拟货币、为虚拟货币交易提供信息中介和定价服务、代币发行融资以及虚拟货币衍生品交易等虚拟货币相关业务活动涉嫌非法发售代币票券、擅自公开发行证券、非法经营期货业务、非法集资等非法金融活动，一律严格禁止，坚决依法取缔。对于开展相关非法金融活动构成犯罪的，依法追究刑事责任。(三) 境外虚拟货币交易所通过互联网向我国境内居民提供服务同样属于非法金融活动。对于相关境外虚拟货币交易所的境内工作人员，以及明知或应知其从事虚拟货币相关业务，仍为其提供营销宣传、支付结算、技术支持等服务的法人、非法人组织和自然人，依法追究有关责任。(四) 参与虚拟货币投资交易活动存在法律风险。任何法人、非法人组织和自然人投资虚拟货币及相关衍生品，违背公序良俗的，相关民事法律行为无效，由此引发的损失由其自行承担；涉嫌破坏金融秩序、危害金融安全的，由相关部门依法查处。

对虚拟货币的投资、交易、提供服务等行为，属于从事非法金融活动，违背公序良俗，相关民事法律行为无效，由此引发的投资风险及损失均由投资者自行承担，法律不予保护。“泰达币”等虚拟货币具有非货币当局发行、使用加密技术及分布式账户或类似技术、以数字化形式存在等主要特点，不具有法偿性，不应且不能作为货币在市场上流通使用。任何法人、非法人组织和自然人投资虚拟货币及相关衍生品，违背公序良俗的，相关民事法律行为无效，由此引发的损失由其自行承担。

编写人：广西壮族自治区北海市海城区人民法院　宋梦瑶

15

职业放贷人的认定及职业放贷借款合同的效力

——莫某某诉梁某某等民间借贷案

【案件基本信息】

1. 裁判书字号

广西壮族自治区崇左市中级人民法院（2023）桂 14 民终 1378 号民事判决书

2. 案由：民间借贷纠纷

3. 当事人

原告（被上诉人）：莫某某

被告（上诉人）：梁某某、刘某某、韦某某、滕某某

【基本案情】

梁某某与刘某某系夫妻关系，韦某某与滕某某系夫妻关系。莫某某与梁某某、韦某某已认识多年。梁某某等四人以生产经营所需向莫某某借款，双方于 2018 年 2 月 13 日签订《借款协议书》，约定由莫某某向梁某某等四人出借本金 550 万元用于生产经营。《借款协议书》载明梁某某等四人借款用于林木投资生产经营，借款期限自 2018 年 2 月 13 日起至 2018 年 5 月 13 日止，借款利息为月息 3%。《借款协议书》签订当日，莫某某通过银行转账将 250 万元借款转入梁某某个人银行账户，另 300 万元借款转入韦某某个人银行账户，梁某某、韦某某当日共同给莫某某出具一张《借条》，梁某某、韦某某在《借条》上确认已收到莫某某借款 550 万元。梁某某等四人收到借款后，韦某某于 2018 年 2 月 13 日应莫某某要求向莫某某银行账户转入 16.5 万元作为预付 1 个月的利息，从

2018 年 3 月 22 日起至 2019 年 6 月 8 日止，梁某某自行向莫某某银行账户转入 142 万元，梁某某委托案外人陈某某向莫某某银行账户转入 78.5 万元，莫某某以每月利息为 16.5 万元为由转回给梁某某 6 万元，应认定梁某某偿还了 72.5 万元，梁某某等四人合计偿还了莫某某 231 万元。2020 年 5 月 13 日，梁某某、韦某某与莫某某核对尚欠借款本息后，共同向莫某某出具一张《借款声明》，载明至 2020 年 5 月 13 日，尚欠莫某某借款本息 620 万元，并同意延期借款利息按月息 3%计付。梁某某、韦某某出具《借款声明》后借款本金及利息一直未予偿付，为此成讼。诉讼中，梁某某、刘某某、韦某某、滕某某提出反诉请求：（1）判决莫某某与梁某某、刘某某、韦某某、滕某某于 2018 年 2 月 13 日签订的《借款协议书》无效；（2）判决莫某某返还梁某某、刘某某、韦某某、滕某某 45.5 万元；（3）本案本诉及反诉诉讼费由莫某某负担。

另查明，梁某某曾以莫某某涉嫌非法经营罪向扶绥县公安局报案，扶绥县公安局作出不予立案通知书，以认为没有犯罪事实为由决定不予立案；梁某某对该决定不服申请复议，扶绥县公安局作出复议决定书，决定维持原决定。莫某某因为本诉及反诉支付律师费用 205975 元。

【案件焦点】

1. 梁某某等四人与莫某某的民间借贷关系是否成立；2. 梁某某等四人反诉要求莫某某归还 45.5 万元是否有事实和法律依据。

【法院裁判要旨】

广西壮族自治区扶绥县人民法院经审理认为：关于梁某某、刘某某、韦某某、滕某某与莫某某的民间借贷关系是否成立，莫某某出借的借款本金应为多少，莫某某的诉讼请求是否有事实和法律依据的问题。本案中，梁某某、刘某某、韦某某、滕某某提出莫某某是职业放贷人，应认定双方的借款合同关系无效的答辩主张，但莫某某亦提出其出借借款的对象均系其朋友和多年的生意伙伴，其出借资金系其从事木材经营和林地经营几十年累积下来的资本的答辩主张，扶绥县公安局作出的不予立案通知书及复议决定书，均认为莫某某没有犯罪事实。梁某某、刘某某、韦某某、滕某某主张莫某某系职业放贷人，但其提供的材料难以证明莫某某以放贷为常业或以此为其主要收入来源，梁某某、刘某某、韦某某、滕某某主张莫某某存在长期、经常性向社会不特定对象提供资金以赚取高额利息等行为，但莫某某也提供证据证实其出借的对象均为多年认识的朋友或一起合作多年的生意伙伴，梁某某、刘某某、韦某某、滕某某又没有其他证据加以佐证，现有证据不宜认定莫某某为职业放贷人，其出借行为不宜认定违反相关法律规定。在庭审中，梁某某、刘某某、韦某某、滕某某与莫某某均确认，梁某某、刘某某、韦某某、滕某某与莫某某之间的所有资金往来均通过银行转账的方式，没有现金交付。莫某某出借的借款本金总额，应以莫某某通过银行转账的方式出借的借款本金来认定，莫某某通过银行转账的方式将250万元借款转入梁某某个人银行账户，300万元借款转入韦某某个人银行账户，合计为550万元，因《借款协议书》借款人处有梁某某、刘某某、韦某某、滕某某亲笔签名捺印，法院确认莫某某出借给梁某某、刘某某、韦某某、滕某某的借款本金为550万元。梁某某、刘某某、韦某某、滕某某与莫某某之间的民间借贷合同合法有效，民间借贷债权债务关系清楚，对梁某某、刘某某、韦某某、滕某某请求判令莫某某与梁某某、刘某某、韦某某、滕某某的民间借贷合同无效的诉讼请求不予支持，当事人应当按照约定全面履行自己的义务。虽然《借款协议书》约定的利息按照年利率36%计付，但按照相关法律规定，从2018年2月13日起至2020年8月19日止，按年利率24%计付利息，从2020年8月20日起，利息按中国人民银行授权全国银行间同业拆借中心公布的同期一年期贷款市场报价利率的4倍即年利率15.4%计付，计算方式如下：以莫某某出借给梁某某、刘某某、韦某某、滕某某的借款本金550万元为基数，逐笔计付利息，以及将梁某某、刘某某、韦某某、滕某某的还款按照先息后本的原则，还款先用于还清借款本金法定利息，多余款项再偿还借款本金。经计算，截至2019年6月8日，梁某某、刘某某、韦某某、滕某某共偿还借款本金710501.29元，共支付利息1599498.71元，尚欠借款本金4789498.71元。扶绥县人民法院认定，梁某某、刘某某、韦某某、滕某某应向莫某某偿还借款本金

4789498.71元，梁某某、刘某某、韦某某、滕某某应向莫某某支付的利息，以借款本金4789498.71元为基数，从2019年6月9日起至2020年8月19日止，按照年利率24%计付利息，2020年8月20日起按照年利率15.4%计付利息。

关于梁某某、刘某某、韦某某、滕某某在反诉中要求莫某某向梁某某、刘某某、韦某某、滕某某归还45.5万元是否有事实和法律依据的问题。《中华人民共和国民事诉讼法》第六十七条第一款规定："当事人对自己提出的主张，有责任提供证据。"也就是说，当事人对自己提出的诉讼请求所依据的事实或者反驳对方诉讼请求所依据的事实有责任提供证据加以证明。梁某某、刘某某、韦某某、滕某某在本案中提出反诉要求莫某某向梁某某、刘某某、韦某某、滕某某归还45.5万元，有责任对其主张提供证据予以证实，不能提供证据证实该主张的，依法应自行承担举证不能的法律后果。扶绥县人民法院认为，梁某某、刘某某、韦某某、滕某某提交的证据不足以认定莫某某为职业放贷人，梁某某、刘某某、韦某某、滕某某要求莫某某向梁某某、刘某某、韦某某、滕某某归还45.5万元的诉讼请求没有事实和法律依据，不予支持。

关于梁某某、刘某某、韦某某、滕某某是否应承担律师费用，若承担应承担多少的问题。《借款协议书》明确约定，若因梁某某、刘某某、韦某某、滕某某逾期未偿还借款本息，梁某某、刘某某、韦某某、滕某某应支付莫某某起诉产生的律师费，现莫某某因本诉支付的律师费用为18.5万元，虽然梁某某、刘某某、韦某某、滕某某不予认可，但莫某某提供的证据足以证明其确实支付了律师费18.5万元，梁某某、刘某某、韦某某、滕某某应承担相应的律师费，现莫某某起诉标的金额系610万元（依据梁某某、韦某某于2020年5月13日出具的借款声明），而以借款本金4789498.71元为基数，按照年利率24%计付利息，从2019年6月9日起计算至2020年5月13日止，应支付利息1070748.2元。莫某某因反诉支付的律师费用因双方没有约定，不予支持。

广西壮族自治区扶绥县人民法院依照《中华人民共和国民法典》第六百七十五条、第六百七十六条，《中华人民共和国民事诉讼法》第六十七条，《最高人民法院关于审理民间借贷案件适用法律若干问题的规定》第二十五条、第二十六条、第二十七条、第二十八条、第三十一条规定，判决：

一、梁某某、刘某某、韦某某、滕某某于本判决生效之日起十日内向莫某某偿还借款本金 4789498.71 元及支付利息（利息计算方法：以借款本金 4789498.71 元为基数，从 2019 年 6 月 9 日起至 2020 年 8 月 19 日止，按照年利率 24%计付利息，2020 年 8 月 20 日起按照年利率 15.4%计付利息计至借款本金清偿之日止）；

二、梁某某、刘某某、韦某某、滕某某于本判决生效之日起十日内向莫某某支付律师费 177711 元；

三、驳回莫某某的其他诉讼请求；

四、驳回梁某某、刘某某、韦某某、滕某某的反诉诉讼请求。

梁某某、刘某某、韦某某、滕某某不服一审判决，提出上诉。

广西壮族自治区崇左市中级人民法院经审理认为：

关于本案借款合同的效力问题。本案《借款协议书》签订于 2018 年 2 月 13 日，应适用当时的法律、行政法规及司法解释等的相关规定。《中华人民共和国合同法》第五十二条规定："有下列情形之一的，合同无效：（一）一方以欺诈、胁迫的手段订立合同，损害国家利益；（二）恶意串通，损害国家、集体或者第三人利益；（三）以合法形式掩盖非法目的；（四）损害社会公共利益；（五）违反法律、行政法规的强制性规定。"《中华人民共和国银行业监督管理法》第十九条规定："未经国务院银行业监督管理机构批准，任何单位或者个人不得设立银行业金融机构或者从事银行业金融机构的业务活动。"根据查明的事实，莫某某提供的证据证实莫某某除本案借款外，还向梁某甲、黄某某、钟某某、叶某某、梁某乙、杨某、韦某乙、曾某等多人提供借款。此外，根据莫某某提交的证据《韦某某、韦某甲 2020 年 9 月 25 日〈借条〉》，证实除本案借款外，莫某某于 2018 年 11 月 30 日、2019 年 12 月 7 日、2020 年 9 月 25 日分别向韦某某出借 100 万元、20 万元、60 万元。根据梁某某提交的证据 2019 年 6 月 10 日《借条》，证实莫某某除本案借款外，还于 2019 年 6 月 10 日向梁某某出借 500 万元。上述事实足以证明莫某某出借款项系社会不特定对象，且借款约定月利息3%，出借行为具有反复性、经常性，借款目的具有营利性。虽然莫某某主张其出借的对象都是多年的朋友或生意伙伴，但其向这些人员出借的借款金额每笔都是十几、几十万元以上，甚至是五八百万元，数额特别巨大，或者出借给同一借款人的借款次数具有多次性，且均约定高额利息，并不属于偶然的、互助式的借款模式。综上，多年来，莫某某出借借款的对象主体众多，通过向社会不特定对象提供资金以赚取高额利息，出借行为具有反复性、经常性，出借目的也具有较为明显的营业性质，属于从事非法金融业务活动。《中华人民共和国银行业监督管理法》直接关系国家资金秩序和资金安全，事关社会公共利益，属于效力性强制性规定，涉案《借款协议书》违反了该强制性规定，应认定为无效，故莫某某要求梁某某等四人支付高额利息的诉讼请求，没有法律依据，不予支持。

关于本案借款本金、尚欠借款本金以及利息应如何认定的问题。梁某某等四人与莫某某签订的《借款协议书》约定的利息为月利率3%，即借款人每月需支付利息16.5万元，莫某某于签订协议书当日分别向梁某某、韦某某账户转款后，韦某某亦于当日向莫某某回转16.5万元。《最高人民法院关于审理民间借贷案件适用法律若干问题的规定》第二十六条规定："借据、收据、欠条等债权凭证载明的借款金额，一般认定为本金。预先在本金中扣除利息的，人民法院应当将实际出借的金额认定为本金。"韦某某于收到借款当日即向莫某某账户转回的16.5万元，因借款人并未能实际使用该款，该款应认定为预先在本金中扣除利息，故本案借款本金应为533.5万元（550万元-16.5万元）。如前所述，扣除韦某某偿还的16.5万元外，梁某某等四人实际还款数额为214.5万元（231万元-16.5万元）。鉴于借款实际发生，法院酌定支持借款本金于2020年8月19日前按照年利率6%计算资金占用期间的利息，2020年8月20日到借款清偿之日按照全国银行间同业拆借中心发布的一年期贷款市场报价利率计算资金占用期间的利息。经计算，本案借款截至2019年6月8日累计偿还本金1787931.45元，累计偿还利息357068.55元，尚欠本金3547068.55元（计算略）。一审法院认定上述借款本金以及偿还本金、累计偿还利息、尚欠本金数额均有误，二审法院予以纠正。至于梁某某、刘某某关于其与韦某某、腾某某系分别向莫某某借款，应各自承担还款义务的上诉主张，如前所述，梁某某等四人共同签署《借款协议书》，具有共同借款的意思表示，对外梁某某等四人应共同承担偿还本案借款尚欠本金、利息的责任，对内应由梁某某等四人另行协商解决。

关于本案律师费用的负担问题。经查，一审庭审中，莫某某当庭增加判令梁某某等四人承担本案本诉及反诉产生的律师费的诉讼请求。因此，一审法院依法判决律师费用负担并无不当。一审法院未在判决书中列明莫某某增加该项诉讼请求欠妥，崇左市中级人民法院予以纠正。莫某某起诉标的金额为610万元（依据梁某某、韦某某2020年5月13日出具的借款声明），而以尚欠借款本金3547068.55元为基数，按照年利率6%计付利息，从2019年6月9日起至2020年5月13日止共339天，应支付的利息为197664.04元（3547068.55元×6%÷365天×339天）。故梁某某等四人应承担的律师费为113569.76元［185000元×（3547068.55元+197664.04元）÷610万元］。

广西壮族自治区崇左市中级人民法院依照《中华人民共和国合同法》第五十二条、《中华人民共和国银行业监督管理法》第十九条、《最高人民法院关于适用〈中华人民共和国合同法〉若干问题的解释（二）》第十四条、《中华人民共和国民事诉讼法》第一百七十七条第一款第二项规定，判决如下：

一、撤销广西壮族自治区扶绥县人民法院（2022）桂1421民初2882号民事判决；

二、驳回梁某某的诉讼请求。

【法官后语】

本案争议焦点梁某某等四人与莫某某的民间借贷关系是否成立，涉及莫某某是否构成职业放贷人的问题。一审法院认为，莫某某出借借款的对象均为多年认识的朋友或一起合作多年的生意伙伴，且公安机关未认定莫某某构成非法经营罪，因此莫某某不属于职业放贷人，双方之间形成的民间借贷行为有效。二审法院认为，多年来，莫某某出借借款的对象主体众多，通过向社会不特定对象提供资金以赚取高额利息，出借行为具有反复性、经常性，出借目的具有较为明显的营业性质，属于从事非法金融业务活动，构成职业放贷人，民间借贷关系不成立。两级法院出现不同的观点，主要是对职业放贷人的认定不一致。对此，笔者分析如下：

一、关于职业放贷人的认定

《最高人民法院、最高人民检察院、公安部、司法部印发〈关于办理非法放贷刑事案件若干问题的意见〉的通知》（以下简称《意见》）第一条规定，违反国家规定，未经监管部门批准，或者超越经营范围，以营利为目的，经常性地向社会不特定对象发放贷款，扰乱金融市场秩序，情节严重的，依照《中华人民共和国刑法》第二百二十五条第四项的规定，以非法经营罪定罪处罚。2019年《全国法院民商事审判工作会议纪要》第五十三条规定，同一出借人在一定期间内多次反复从事有偿民间借贷行为的，一般可以认定为是职业放贷人。可见，职业放贷人是指未经批准，以经营性为目的，通过向社会不特定对象提供资金以赚取利息，擅自从事经常性贷款业务的法人、非法人组织和自然人。为此，是否构成职业放贷人，应从金融从业资格、营利为目的、放贷行为的经常性、放贷对象的不特定性等方面予以分析认定：

关于金融从业资格的认定。根据《意见》第一条第一款的规定，以及《最高人民法院关于审理民间借贷案件适用法律若干问题的规定》第十三条规定："具有下列情形之一的，人民法院应当认定民间借贷合同无效……（三）未依法取得放贷资格的出借人，以营利为目的向社会不特定对象提供借款的……"法人、非法人组织和自然人从事金融业务必须经过监管部门的批准或在监管部门批准的经营范围内经营。本案中，莫某某经常性向社会不特定对象提供资金以赚取高额利息，属于变相从事经常性的贷款业务，没有经过审批，不具备放贷资格。

关于营利性的认定。通常出借人只要收取利息或资金占用费等即可认定为营利，并不以收取高额利息作为营利认定的条件。本案中，莫某某放贷均收取了高额利息，具有营利性目的。

关于放贷行为的经常性认定。《全国法院民商事审判工作会议纪要》第五十三条规定，同一出借人在一定期限内多次反复从事有偿民间借贷行为的，一般可以认定为职业放贷人。具体标准可由高级人民法院或者经其授权的中级人民法院根据本地区的实际情况制定。根据该规定，“经常性”应为同一个出借人在一定期限内多次反复出借的行为。至于“一定期限”和“多次反复”的认定，则可由高级人民法院或者经其授权的中级人民法院根据本地区的实际情况认定。本案中，莫某某于 2018 年至 2020 年多次向梁某某、韦某某出借款项，此外还向梁某甲、黄某某、钟某某、叶某某、梁某乙、杨某、韦某乙、曾某等多人提供借款，符合放贷行为的“经常性”。

关于放贷对象的不特定对象的认定。《意见》第四条规定，仅向亲友、单位内部人员等特定对象出借资金，不得适用本意见第一条的规定定罪处罚。该规定明确了亲友、单位内部人员等不属于社会不特定人员。该规定是非法放贷行为是否入罪的评价条件之一，但非法放贷行为不一定就构成犯罪。因此，不能将该规定限制的对象作为不构成非法放贷，即不能认为出借人只要向亲友等对象放贷就必然不构成职业放贷中的“不特定对象”。民间借贷本质上是一种出借人与借款人之间的“互助”行为，但如果超过社会公众对“互助”的理解，应当认定为非法民间借贷行为。本案中，莫某某多次向梁某某、韦某某出借款项，此外还向梁某甲、黄某某、钟某某、叶某某、梁某乙、杨某、韦某乙、曾某等多人提供借款，且借款都是收取超过法律规定的民间借贷最高利率的保护上限，属于高额利息，明显缺乏“互助性”。因此，莫某某的放贷行为符合职业放贷的“对象不特定性”。

综上所述，莫某某未经批准，以经营性为目的，通过向社会不特定对象提供资金以赚取高额利息，擅自从事经常性贷款业务，构成职业放贷人。

值得注意的是，非法放贷行为不必然构成犯罪行为，公安机关认定放贷人不构成非法经营罪，不能以此认定不构成民事诉讼中的职业放贷人。因此，我们在审判实践中一定要严格区分《意见》中入罪的评价条件“不特定对象”。一审法院认定莫某某不构成非法经营罪并以此认定莫某某不成立职业放贷人是错误的。

二、职业放贷借款合同效力

《中华人民共和国民法典》第一百四十四条、第一百五十三条、第一百五十四条及第一百五十五条对合同无效的情形作了规定。《中华人民共和国银行业监督管理法》第十九条规定："未经国务院银行业监督管理机构批准，任何单位和个人不得设立银行业金融机构或者从事银行业金融机构的业务活动。"本案中，莫某某属于职业放贷，违反了法律的强制性规定，其与梁某某之间的民间借贷行为因违反了法律的强制性规定而无效。借款合同无效后，借款人应当返还借款，同时应当支付资金占用期间的利息损失，一般应当按照贷款市场报价利率确定损失的数额，不应支持合同中约定的高额利息。

编写人：广西壮族自治区扶绥县人民法院　吴鸿亮

16

转化型民间借贷的法律适用及认定标准

——周某诉杨某民间借贷案

【案件基本信息】

1. 裁判书字号

广西壮族自治区合浦县人民法院（2023）桂 0521 民初 3914 号民事判决书

2. 案由：民间借贷纠纷

3. 当事人

原告：周某

被告：杨某

【基本案情】

2021年，周某经朋友介绍向杨某购买车辆，双方口头约定购车款为48000元，由周某先支付部分购车款38000元，待车辆过户后再支付剩余购车款10000元。周某按约定向杨某支付购车款38000元。同年8月，杨某将车辆交付给周某。因车辆维修需要，周某支出维修、保养费4000元左右。因杨某未能及时配合周某办理车辆过户手续，2021年11月18日，双方协商由杨某向周某返还购车款及维修、保养费共计42000元，因未能立即将该款项返还给周某，杨某便向原告出具一份《借条》，载明杨某向周某借到42000元，利息每月1.5%，借款人承诺于2023年1月1日前还清本息，若有违约愿承担相应的法律责任。2022年10月，周某将车辆返还给杨某。双方自认杨某在出具《借条》后向周某支付了1100元和1200元。后因杨某未能按照约定偿还周某款项，周某主张杨某偿还42000元并支付资金占用利息。

【案件焦点】

基于基础法律关系重新出具的借条是否形成新的借贷关系。

【法院裁判要旨】

广西壮族自治区合浦县人民法院经审理认为：根据周某的诉讼请求及庭审查明的事实，本案的基础法律事实虽然是车辆买卖，但从双方协商由杨某返还周某购车款及维修、保养费共42000元，周某向杨某返还车辆的事实来看，双方之间的买卖合同法律关系实际上已经终止，而本案《借条》是双方在买卖合同法律关系终止后针对杨某应返还给周某的款项进行结算所达成的合意，符合《最高人民法院关于审理民间借贷案件适用法律若干问题的规定》第十四条“原告以借据、收据、欠条等债权凭证为依据提起民间借贷诉讼，被告依据基础法律关系提出抗辩或者反诉，并提供证据证明债权纠纷非民间借贷行为引起的，人民法院应当依据查明的案件事实，按照基础法律关系审理。当事人通过调解、和解或者清算达成的债权债务协议，不适用前款规定”规定中“当事人通过清算达成债权债务协议”的情形，故本案定性为民间借贷纠纷并无不当。

周某提交了由杨某签名并捺印的《借条》，足以证实双方对于经结算所形成的欠款经协商后转化为借款的合意系双方当事人的真实意思表示，不违反法律、法规的强制性规定，构成合法的民间借贷关系，依法应受法律保护。杨某尚欠周某借款本金42000元，经周某催告，杨某至今未清偿借款本息，故周某请求杨某偿还42000元及支付相应利息符合法律规定，应当予以支持。关于资金占用利息，法院结合案件查明的事实予以处理。

广西壮族自治区合浦县人民法院判决如下：

一、杨某应偿还周某借款本金42000元并支付利息（利息以借款本金42000元为基数，按年利率15.4%，自2023年1月1日起计至实际清偿之日止，扣除杨某已偿还的利息1200元）；

二、驳回周某的其他诉讼请求。

宣判后，双方当事人均未上诉，一审判决生效。

【法官后语】

近年来，民间借贷案件在审判实践中呈高发态势，不少民间借贷与其他法律关系融合在一起，法院在审理过程中发现当事人之间存在民间借贷之外的其他行为形成的基础法律关系（如买卖、租赁、劳务、合伙、损害赔偿等），在事后通过借据、收据、欠条等债权凭证对债权债务进行确认，在这种情况下，如何在审判中准确把握转化型民间借贷的认定标准，是本案中值得研究探讨的问题。

一、关于转化型民间借贷的法律适用及法理依据

《最高人民法院关于审理民间借贷案件适用法律若干问题的规定》第十四条规定："原告以借据、收据、欠条等债权凭证为依据提起民间借贷诉讼，被告依据基础法律关系提出抗辩或者反诉，并提供证据证明债权纠纷非民间借贷行为引起的，人民法院应当依据查明的案件事实，按照基础法律关系审理。当事人通过调解、和解或者清算达成的债权债务协议，不适用前款规定。"根据该司法解释，当事人协商一致以借据、收据、欠条等形式将双方因基础法律关系形成的债权债务达成新的债权债务协议，属于当事人的真实意思表示，在不

违反法律、行政法规强制性规定的前提下，法院应当查明基础法律事实，按照当事人合意内容确定各方的权利义务。转化型民间借贷的法理依据是司法裁判权应充分尊重当事人之间的意思自治。民事法律行为是民事主体实现意思自治的最重要手段和工具，当事人在转化型民间借贷关系设立的过程中均需要通过意思表示体现双方的合意，对双方真实合意的审查是认定成立转化型民间借贷关系的核心。

二、关于转化型民间借贷的认定标准

转化型民间借贷纠纷案件审理的主要难点在于对案件事实的认定，在证据不完整、不充分的情况下，原则上只能以书面材料记载的事项予以确定，可能使得基础法律事实与案件的客观事实产生偏差。结合实践中争议较大、裁判尺度不统一的具体案例，应当从以下两个方面把握转化型民间借贷的认定标准。

（一）严格审查当事人对债权债务转化的合意

在转化型民间借贷纠纷案件中，人民法院应当充分尊重当事人之间的意思自治，审查当事人对债权债务转化的真实合意时宜采取理性人标准，综合借款合同的订立过程及书面债权凭证的原因及行为、当事人陈述等因素进行判断，只有当事人提供充足证据并作出合理解释，达到高度盖然性之标准，才能依法确认债权债务的转化属于当事人的真实意思表示。本案中，根据当事人的陈述和举证，周某与杨某之间确实存在车辆买卖的基础法律关系，但杨某向周某出具案涉《借条》的行为，在无相反证据足以推翻的情形下，应当认定为系当事人通过和解方式对各自的权利义务达成了一致意见，从而形成新的债权债务协议。该债权债务协议是当事人意思自治的结果，法院按照民间借贷关系审理并无不当。

（二）严格审查基础债权债务关系的正当性、合法性

基础债权债务关系转化为新的借贷关系，原债权债务关系应具备正当性、合法性的前提和基础。法院应当依法全面、客观地审核当事人提交的证据，从证据与案件事实的关联程度、各证据之间的联系等方面进行综合审查判断，查明真实的基础法律关系，严格审查原债权债务的正当性、合法性，违背公序良

俗和用于犯罪活动等严重违反法律、行政法规规定等行为引起的原债权债务关系，因不具备正当性、合法性，均不符合基础债权债务关系转化为民间借贷的基本要件，不应按民间借贷关系进行审理。这意味着在债权人仅依据债权凭证主张还款责任时，法院仍需对原基础法律关系中的交易进行审查，以印证债权凭证项下的欠款数额及利息等事项是否存在合法性基础，否则有可能滋生以买卖等合法形式转为民间借贷掩盖高利贷行为。

更值得注意的是，转化型民间借贷的有效成立条件不同于传统型民间借贷的实践性特征，其往往不发生款项交付的事实，原则上以借据、收据、欠条等债权凭证予以确定，在当事人意图通过民间借贷掩盖其他不具备正当性、合法性的交易类型时更具有隐蔽性，当事人在转化型民间借贷纠纷案件中提起虚假诉讼的可能性更大于传统型民间借贷。因此，人民法院应当在转化型民间借贷纠纷案件中重点审查基础法律事实，防范虚假诉讼，对债权人与债务人之间的关系、原债权债务产生的原因及经过、债务人的经济状况、债权人基于何种信任和利益回报达成转化合意等情形进行审慎审查，防止该制度成为当事人通过伪造基础债权债务关系后利用转化型民间借贷实现非法利益的漏洞。

编写人：广西壮族自治区合浦县人民法院　顾能凤　韩鑫如

17

自然人与法人之间投资行为与借贷行为的辨析

——蒋某某诉某投资公司民间借贷案

【案件基本信息】

1. 裁判书字号

广西壮族自治区兴安县人民法院（2023）桂0325民初3442号民事判决书

2. 案由：民间借贷纠纷

3. 当事人

原告：蒋某某

被告：某投资公司

【基本案情】

某投资公司于2012年4月18日经工商注册登记成立，股东名录登记的股东为廖某某（持有公司55%的股份）、刘某某（持有公司35%的股份）、范某某（持有公司10%的股份）三人。某投资公司在获取“某某物流园”项目的开发后，吸收了部分投资人对该项目进行投资。2014年年初，蒋某某与某投资公司口头协商，约定蒋某某向“某某物流园”项目投资1660000元，蒋某某于2014年1月17日通过其银行账户向某投资公司转账支付了800000元（电汇凭证的附加信息及用途栏注明为投资款）、于2014年2月28日通过其银行账户向某投资公司转账支付了310000元（电汇凭证的附加信息及用途栏注明为投资款）、于2014年8月20日通过其银行账户向某投资公司转账支付了550000元（电汇凭证的附加信息及用途栏注明为投资款），某投资公司收到上述款项后于2014年1月17日出具了一张《收据》，该收据载明了收到蒋某某投资款1600000元（备注为：其中蒋某某转800000元、李某某转800000元），某投资公司于2014年8月20日出具了《收据》一份，载明收到蒋某某投资款550000元，并于2014年8月20日向蒋某某出具了上述二张《收据》。某投资公司在收到蒋某某于2014年2月28日转账支付的310000元投资款后，于2014年2月28日向李某某出具了一张《收据》，该收据载明收到李某某投资款310000元（备注为：“以蒋某某名义”）。至此，蒋某某共向某投资公司开发的“某某物流园”项目投资1660000元。蒋某某认为双方之间实际形成民间借贷的法律关系，并主张要求某投资公司返还借款本金并支付利息。

【案件焦点】

蒋某某通过银行账户转账支付某投资公司的1660000元是借款还是投资款。

【法院裁判要旨】

广西壮族自治区兴安县人民法院经审理认为：由于双方未能签订书面合同，如何确定蒋某某通过银行账户转账支付某投资公司的 1660000 元是借款还是投资款问题需从如下几个方面来综合考虑：（1）当事人双方的真实意思表示；（2）双方是否存在对蒋某某的投资款重新约定为借款的情形；（3）蒋某某是否能提供证实双方之间民间借贷关系成立的证据；（4）是否存在“名为投资，实为借贷”的情形。经审查，双方的真实意思表示为蒋某某作为投资人对某投资公司开发的“某某物流园”项目进行投资；双方没有对原告的投资款重新进行过约定，亦没有将原告的投资款转化为借款的情形；蒋某某除提供了三张银行转账支付凭证及两张《收据》外，没有提供其他能证实双方之间民间借贷关系成立的证据；蒋某某的投资款是计入李某某的投资款总额当中的，而李某某是“某某物流园”项目的管理人之一，双方未能对蒋某某的投资款是否存在不承担风险、享有固定收益、到期回本等进行约定，且某投资公司投资的项目即“某某物流园”项目的主体工程已基本完工，只是部分附属工程没有完工，故蒋某某的投资款不符合“名为投资，实为借款”的认定情形。综上，蒋某某与某投资公司之间从始至终均不存在借款合意，蒋某某的诉讼请求，证据不足，理由不充分，不予支持。广西壮族自治区兴安县人民法院判决：

驳回蒋某某的诉讼请求。

宣判后，双方当事人均未上诉，一审判决生效。

【法官后语】

投资行为是指投资人为了获取预期收益将某种有价值的资产投入某个企业、项目或经济活动中的商业行为。借贷行为是指借款人向贷款人借款，到期返还借款并支付利息的经济行为。投资行为和借贷行为是两种不同的法律行为，其产生的法律效果不同，法律对相关款项的处理规则亦不相同，准确区分自然人和法人之间的投资行为和借贷行为，对于保护双方当事人的合法权益，正确处理纠纷具有十分重要的意义，审判实践中，应当注意：

一、当事人双方的真实意思表示

审查合同目的和实际履行情况表明双方真实意思表示是借贷还是投资。投资以获取经济收益为目的，而借贷的目的多样，如不收取利息的无偿借款并不带有获取经济收益的目的，并且出借人给付借款后不参与借款人公司的经营管理。可以审查转账时是否备注为投资款或借款，以及聊天记录或合同约定等体现双方借贷或投资意思表示的证据。

本案某投资公司吸收投资人的目的是对该项目进行投资，而非是某投资公司向他人借款用于投资该项目；蒋某某在起诉状中自述“2014年期间，蒋某某与某投资公司方口头协商，蒋某某向某投资公司投资”，且蒋某某三次向某投资公司转账支付款项的同时在《电汇凭证》上均备注为“投资款”，而某投资公司在出具给蒋某某的两张《收据》上亦写明了所收到款项为“投资款”，因此，双方的真实意思表示为蒋某某作为投资人对某投资公司开发的“某某物流园”项目进行投资。

二、投资者的参与程度

本案需综合考虑投资者是否参与经营管理，是否承担经营风险，是否约定投资者享有固定收益或回报等。投资一般为收益共享、风险共担，而借款一般为固定回报，不担风险。若为借款，当事人给付款项后到期收取本金和利息，不参与经营管理行为，若当事人在给付款项后可以以投资人身份参与具体事务，那么所涉款项为投资款。

本案双方由于没有签订书面协议对相关权利义务进行约定，蒋某某提出其不是某投资公司的股东，未享有公司股东的权利义务，且未参与投资项目的管理，其转账支付某投资公司的“投资款”是借贷的主张，因某投资公司是2012年4月18日成立，股东名录登记的股东为廖某某、刘某某、范某某三人，蒋某某的投资款是用于投资某投资公司开发的“某某物流园”项目，而非具有意图成为某投资公司股东的目的，其投资款不能视为某投资公司的入股股金。蒋某某未能参与投资项目的管理，是因为某投资公司单方将蒋某某的投资款计入李某某的投资款总额当中，而李某某是“某某物流园”项目的管理人之一，双方未能对蒋某某的投资款是否存在不承担风险、享有固定收益、到期回本等进行约定，故蒋某某的投资款不符合“名为投资，实为借款”的认定情形。

三、当事人是否有充分证据证明双方的借贷或投资关系

根据《最高人民法院关于审理民间借贷案件适用法律若干问题的规定》第十六条“原告仅依据金融机构的转账凭证提起民间借贷诉讼，被告抗辩转账系偿还双方之前借款或者其他债务的，被告应当对其主张提供证据证明。被告提供相应证据证明其主张后，原告仍应就借贷关系的成立承担举证责任”的规定，本案蒋某某应当对双方之间民间借贷关系的成立负有举证责任，但蒋某某除提供了三张银行转账支付凭证及两张《收据》外，没有提供其他能证实双方之间民间借贷关系成立的证据。

四、投资款与借款的性质也可以相互转化

虽然当事人给付款项起初的目的可能为投资或借贷，但基于双方真实意思表示，双方可以通过后续协商沟通的方式转化给付款项的性质，需结合全案证据审查双方是否存在对款项重新约定的情形。本案中，从双方各自陈述的案件事实和各自提供的证据来看，双方没有对蒋某某的投资款重新进行过约定，亦没有将蒋某某的投资款转化为借款的情形。

综合以上四点，蒋某某要求某投资公司承担返还借款并支付利息责任的诉讼请求不应得到支持。

编写人：广西壮族自治区兴安县人民法院　沈建文

二、夫妻共同债务认定

18

夫妻之间借款的认定标准

——冯某诉时某、陈某民间借贷案

【案件基本信息】

1. 裁判书字号

北京市第三中级人民法院（2023）京03民终12539号民事判决书

2. 案由：民间借贷纠纷

3. 当事人

原告（上诉人）：冯某

被告（被上诉人）：时某、陈某

【基本案情】

冯某、时某于2016年6月6日登记结婚，2017年1月5日生育一子小冯。陈某系时某之母。

2017年12月19日，冯某诉至北京市朝阳区人民法院，要求与时某离婚。北京市朝阳区人民法院于2019年9月28日作出判决：冯某与时某离婚，小冯由时某抚养。冯某对该判决不服，上诉至北京市第三中级人民法院。2020年6月10日，北京市第三中级人民法院作出二审判决书：驳回上诉，维持原判。

冯某认为 2019 年 2 月 14 日、2 月 28 日、6 月 1 日，时某、陈某因买房事宜多次向冯某借款共计 170 万元。后时某先后于 2019 年 3 月 8 日、3 月 29 日、6 月 5 日向冯某偿还 40 万元、30 万元、10 万元，尚欠 90 万元未偿还。冯某请求判令时某、陈某偿还借款本金 90 万元及利息。

冯某陈述的给付时某的 170 万元借款包含：2019 年 2 月 14 日冯某转给时某 15 万元，2 月 28 日冯某转给时某 50 万元，2 月 28 日 14 时 52 分 10 秒冯某甲（冯某之父）转给时某 50 万元，2 月 28 日案外人王某转给时某 40 万元，2019 年 6 月 1 日冯某转给时某 15 万元。时某认可收到了上述 170 万元，但不认可上述款项系借款，而认为是冯某为表达挽回婚姻诚意的赠与行为；王某账户转出的 40 万元，双方均认可是时某用于周转，2019 年 3 月 8 日，便将 40 万元转给冯某，让冯某还给王某；时某认可 2019 年 2 月 28 日收到的 140 万元中的 90 万元作为购房款支付给了某置业公司；170 万元中剩余 40 万元，双方在 2019 年 1 月至 2019 年 8 月共同出游、给子女投保 10 万元及共同生活的开销。冯某认可双方曾共同出游、子女投保 10 万元，但认为 10 万元不应由自己负担，而应由时某个人负担。

时某认为除王某账户转出的 40 万元外，其余 130 万元均为夫妻共同财产，理由是冯某在婚姻关系存续期间与朋友共同经营公司，公司盈利，冯某甲账户转出的 50 万元也是冯某先转给冯某甲，冯某甲再转给时某。冯某则认为 170 万元均不是夫妻共同财产，理由是自己在婚姻关系存续期间与朋友共同经营的公司并未赚钱，全靠其父冯某甲接济，王某账户转出的 40 万元也是其父冯某甲偿还的。

冯某与时某均认可：（1）未就案涉借款签订过书面协议；（2）双方未约定过婚后财产分别所有；（3）经法院判决离婚后，未进行过夫妻共同财产分割；（4）从某置业公司购买的某府×-×-101 号房屋，至今未办理产权登记。

【案件焦点】

夫妻之间未订立书面借款协议是否成立民间借贷法律关系。

【法院裁判要旨】

北京市密云区人民法院经审理认为：《最高人民法院关于适用〈中华人民共和国民法典〉时间效力的若干规定》第一条第二款规定，民法典施行前的法律事实引起的民事纠纷案件，适用当时的法律、司法解释的规定，但是法律、司法解释另有规定的除外。本案的法律事实发生于民法典施行前，故应适用当时的法律。

根据《中华人民共和国婚姻法》第十七条、第十八条，《中华人民共和国合同法》第一百九十六条，《最高人民法院关于适用〈中华人民共和国民事诉讼法〉的解释》第九十条、第九十一条、第一百零八条，鉴于案涉王某账户转出的40万元双方均认可已在冯某与时某婚姻关系存续期间处理完毕，法院认定冯某主张的90万元中不包括该40万元，“还款”中亦不包括2019年3月8日时某转给冯某的40万元，故本案对该笔款项的性质不予涉及，仅对2019年2月14日、2019年2月28日、2019年6月1日冯某账户转出的共计80万元及2019年冯某甲账户转出的50万元，合计130万元（以下简称案涉130万元）款项性质进行认定。冯某欲证明其主张成立，需举证证明案涉130万元系其个人财产，或能够认定冯某与时某之间订立了借款协议，以二人共同财产出借给时某，时某从事个人经营活动或用于其他个人事务。

法院认定案涉130万元均为夫妻共同财产。理由如下：冯某与时某对于夫妻财产应适用法定财产制，结合对冯某名下某银行账户交易记录的分析，二人婚姻关系存续期间，从冯某账户转出的80万元应认定为夫妻共同财产。另外50万元虽非出自冯某账户，但该款项亦系当日冯某先行转入冯某甲账户，冯某甲在30分钟之内便转入了时某账户，实际仍出自冯某。冯某未能举证证明：案涉130万元均系其个人财产，来源于其父冯某甲，其在婚姻关系存续期间无收入来源，而且从冯某名下某银行账户的交易记录中亦不能得出上述结论，故法院对冯某的该项主张不予采信。

至此，就本案而言，能否认定二人之间存在借贷关系，具体还在于，能否认定二人有借贷合意，同时能否认定案涉130万元用于从事个人经营活动或用于其他个人事务。首先，对案涉 130 万元中 2 月 14 日及 6 月 1 日出自冯某账户的共计 30 万元进行分析。一方面，现有其他证据不足以证明该款项时某用于个人经营活动或其他个人事务；另一方面，结合双方共同出游等事实，该部分款项亦不宜认定为借款，故法院认定就此 30 万元双方之间借贷关系不成立。其次，对案涉 130 万元中 2 月 28 日出自冯某账户及冯某甲账户的共计 100 万元款项进行分析。虽时某仅认可其中 90 万元作为购房款支付给了某置业公司，但从时某名下某银行 2 月 28 日的转账记录及当日的收款收据来看，2 月 28 日时某向某置业公司转款超过 100 万元，故法院将该 100 万元均认定为时某用于支付房款。时某虽将冯某给付的 100 万元用于还房贷，但因房屋尚未办理产权登记，双方也未进行夫妻共同财产分割，无法认定此项事务是否为时某的个人事务，故 100 万元是否为借款，尚不能确定，待办理了房屋产权证登记，双方可另行解决。根据本案已查明并认定的案件事实、证据，冯某主张由陈某共同承担还款责任，于法无据，法院亦不予支持。

北京市密云区人民法院判决如下：

驳回冯某的全部诉讼请求。

冯某不服一审判决，提出上诉。北京市第三中级人民法院经审理认为：原判决认定事实清楚，适用法律正确，予以维持。北京市第三中级人民法院依照《中华人民共和国民事诉讼法》第一百七十七条第一款第一项之规定，作出如下判决：

驳回上诉，维持原判。

【法官后语】

本案虽然适用的是民法典实施之前的法律规定，但相关规定沿用至民法典实施后。如何在审判中准确把握婚姻关系存续期间夫妻之间未签订借款协议时借贷关系的相关认定标准，是本案中值得研究探讨的重点问题。

一、我国关于婚内夫妻之间借款的立法沿革①

在《最高人民法院关于适用〈中华人民共和国婚姻法〉若干问题的解释（三）》出台之前，我国关于民间借贷方面的法律依据主要是《中华人民共和国民法通则》第一百零八条及《中华人民共和国合同法》等法律以及相应的司法解释，根据上述法律及司法解释的规定，夫妻之间婚姻关系存续期内产生的借款事实其实质仍是借贷关系，《中华人民共和国合同法》未禁止有夫妻身份的自然人作为借款合同的主体，并且《中华人民共和国婚姻法》第十九条也明确规定，夫妻在婚姻关系存续期间可以约定财产归各自所有，也可以将个人的财产分属个人所有，而不算夫妻共同财产。

理论界对于婚内借款效力的观点大致有以下两种：第一，认为婚内的借款行为无效，因双方婚姻关系尚存，此时的财产为夫妻共有，一方拥有债权，另一方拥有债务，两者相互抵销，不存在返还问题。第二，认为婚内的借款行为有效，因为拥有夫妻身份的自然人完全可以作为借款合同的主体，且《中华人民共和国婚姻法》第十九条也明确规定夫妻关系存续期间可以实行财产分别制，因此婚内借款合同有效。为了弥补《中华人民共和国婚姻法》对此种借款关系的认定盲区，解决离婚诉讼时关于婚内借款问题的处理难题，《最高人民法院关于适用〈中华人民共和国婚姻法〉若干问题的解释（三）》第十六条应运而生。该条明确规定："夫妻之间订立借款协议，以夫妻共同财产出借给一方从事个人经营活动或用于其他个人事务的，应视为双方约定处分夫妻共同财产的行为，离婚时可按照借款协议的约定处理。"

我国民法典的相应司法解释沿用了上述规定，即《最高人民法院关于适用〈中华人民共和国民法典〉婚姻家庭编的解释（一）》第八十二条"夫妻之间订立借款协议，以夫妻共同财产出借给一方从事个人经营活动或用于其他个人事务的，应视为双方约定处分夫妻共同财产的行为，离婚时可按照借款协议的

① 因叙述立法沿革的需要，本案例【法官后语】引用了已经失效的《中华人民共和国合同法》《中华人民共和国婚姻法》《中华人民共和国民法通则》《最高人民法院关于适用〈中华人民共和国婚姻法〉若干问题的解释（三）》。

约定处理。”

二、未订立书面借款协议的情况下，婚内夫妻之间借款的认定标准

《最高人民法院关于适用〈中华人民共和国民法典〉婚姻家庭编的解释（一）》第八十二条并未规定单独以民间借贷纠纷起诉时如何处理，如认为依据该条，只能在离婚共同财产分割中处理，这无疑剥夺了当事人的选择权。因此，单独以民间借贷起诉，仍应进行实体审理。此时的处理原则应为：调整一般借款关系的法律规范同样适用于夫妻之间以夫妻共同财产为标的订立的借款协议。

根据《中华人民共和国民法典》第六百六十七条、《最高人民法院关于适用〈中华人民共和国民法典〉婚姻家庭编的解释（一）》第八十二条的规定，婚内夫妻之间成立借款，需满足民间借贷的相关认定标准，还要结合夫妻财产制度的相关规定。另外，起诉还需发生在离婚时或离婚后借款未处理的情况下。需要注意的是，第八十二条规定的“夫妻之间订立借款协议”，是否意味着双方必须订立书面的借款协议？显然，此规定并未明确双方必须订立书面借款协议。换言之，口头协议亦可。那么，在一方不认可款项性质为借款的情况下，如何认定双方存在借贷关系，也是本案的难点之一。

本案结合民间借贷法律关系的认定标准及夫妻财产制度的相关规定，对两种情况进行了分析：(1) 一方出借的款项系其个人财产而非夫妻共同财产的情况；(2) 在以夫妻共同财产作为出借款项的资金来源的情况下，二人之间是否存在借款合意，借款人是否将款项用于从事个人经营活动或用于其他个人事务。

笔者认为，夫妻之间借款诉讼应明确：(1) 出借款项的资金来源是出借方的个人财产还是夫妻共同财产；(2) 款项的用途；(3) 借款纠纷发生时双方是否对夫妻共同财产进行了分割。秉持“有约定从约定，无约定依法定”的原则，区分不同情况予以认定：(1) 在夫妻双方实行分别财产制时，适用一般的借贷法律规范。在法定财产制和一般共同财产制下，除负有举证义务的一方有证据证明该款系夫妻一方个人财产外，应推定借款来源于夫妻共同财产；在限定共同财产制下，除负有举证义务的一方有证据证明该款系夫妻共同财产外，

应推定为借款来源于个人财产。(2) 对于借款是否用于个人经营活动，可以参考以下情形加以判断：投资的财产是否属于一方个人所有；双方是否明确约定经营活动完全由一方负责；实际的经营过程中是否完全由一方进行经营管理，另一方或者家庭其他成员是否参与经营管理；投资开办的经营主体是法人的，其财产是否与夫妻共同财产混同。对借款的用途是否为除经营活动外的其他个人事务可以运用排除法加以判断，即是否属于夫妻应尽的法定义务（如赡养父母、抚养子女等），或者是否属于为共同生活所进行的事务（如装修共同居住的房屋等）。如果属于上述两种情形，则一般不属于个人事务。

编写人：北京市密云区人民法院　肖凤特

19

婚姻关系解除后，作为出借人的夫妻一方就共有债权对善意第三人作出的免息承诺及于全部债权

——陈甲诉某运输公司民间借贷案

【案件基本信息】

1. 裁判书字号

广西壮族自治区柳州市中级人民法院（2023）桂02民终1598号民事判决书

2. 案由：民间借贷纠纷

3. 当事人

原告（上诉人）：陈甲

被告（被上诉人）：某运输公司

第三人：陈乙

【基本案情】

陈甲与陈乙原系夫妻，2014年10月8日协议离婚，二人离婚后财产纠纷经柳州市鱼峰区人民法院判决，陈乙在某运输公司的40万元债权及利息归陈甲、陈乙共同所有，双方各占50%份额。陈乙上诉后，柳州市中级人民法院于2016年9月9日作出二审判决：驳回上诉，维持原判。

陈乙系某运输公司员工，2011年度陈乙将可获得某运输公司领导超利奖282700元转为借款。陈乙出具笔录确认2016年起借款停止计息，借款利息计算至2015年12月底。

2019年6月25日，陈甲收到某运输公司归还陈乙的借款30万元。2021年7月30日，陈乙确认收到某运输公司归还的借款本金30万元，本息已结清。

【案件焦点】

陈乙所作的放弃利息的承诺是否有效。

【法院裁判要旨】

广西壮族自治区柳州市柳南区人民法院经审理认为：关于借款停止计息的问题，本案的出借人陈乙系某运输公司的领导人员，与一般的借款相较而言具有身份上的特殊性，且用于出借的本金大部分来自某运输公司向其发放的领导奖金。因某运输公司经营遇到困难，陈乙作为领导人员同意放弃2016年后借款的利息，并在笔录中认可此事，符合情理。综上，广西壮族自治区柳州市柳南区人民法院判决：

驳回原告陈甲的全部诉讼请求。

陈甲不服，提起上诉。

广西壮族自治区柳州市中级人民法院经审理认为：一审法院利息计算正确，但对于免息承诺，本院认为某运输公司作为用人单位，并不一定知晓其所有员工个人家庭情况，陈甲未举证证明某运输公司知晓二人离婚的事实，且案涉借款出借人系陈乙，某运输公司在陈乙处分行为中属于善意第三人，故应采信某运输公司主张2016年后无利息的抗辩。

广西壮族自治区柳州市中级人民法院判决：

驳回上诉，维持原判。

【法官后语】

夫妻在婚姻关系存续期间所得的工资、奖金、投资的收益均为夫妻的共同财产，归夫妻共同所有。夫妻对共同财产，有平等的处理权。近年来，家庭财产的投资形式日趋多元化，亦导致婚姻关系解除时涉财产分割纠纷多发。

本案涉及的即为婚姻关系解除后，夫妻一方对作为共有财产的债权作出的免息承诺是否有效的问题。对此，实践中裁判观点并不一致。有的观点认为，婚姻关系解除后，在共有财产分割完成前，夫妻仍作为共有人享有连带债权，任意一方对该连带债权作出的法律行为效力及于其他共有人；有的观点认为，根据合同相对性原则，合同仅在特定当事人之间发生效力，如只有夫妻中的一方为合同当事人，则合同当事人中的夫妻一方作出的法律行为对合同相对方具有完全效力，非合同当事人中的夫妻一方作出的法律行为对合同相对方不发生效力；还有的观点认为，夫妻一方作出的法律行为仅对自己享有的份额具有完全效力，对另一方享有的份额属于无权处分行为。

本案主要从以下两个方面进行了审查：第一，行为本身是否符合常理，即该行为是否是民间借贷的交易习惯和民事活动中的普遍现象或一般规则。在该借贷关系中，合同当事人为陈乙与某运输公司，陈乙作为出借人与作为借款人的某运输公司之间存在款项上的特殊性和身份上的特殊性。陈乙借款的本金系某运输公司应当向陈乙支付的奖金，属于劳动报酬的一部分。陈乙作为某运输公司的领导人员，其身份不同于一般的借款人。因此，该借贷行为与一般的借贷并不完全一致，在该借贷关系中，基于出借人与借款人之间的身份的特殊性，陈乙作出的免息承诺考虑的不仅仅是双方的借贷关系，还有身份关系。故陈乙作为某运输公司的领导人员，在某运输公司经营困难时作出免除部分债务的意思表示，属于民事活动中的普遍现象，符合常理，故应当认定其有效，以保护交易的稳定。第二，相对人是否存在恶意。所谓恶意是指知道或者应当知道实施某一行为会造成对他人利益的损害，仍实施该行为，最终导致损害结果发生。

认定恶意的前提是知道或者应当知道。民法中因存在恶意导致法律行为效力受到影响的包含恶意串通、恶意磋商、不当得利、无权处分。本案中，陈甲与陈乙离婚的事实，属于二人的生活隐私，并不属于某运输公司必须知晓的事实，除非原告可以举证证实某运输公司知晓该事实。本案原告未能举证，故无法认定某运输公司存在恶意，则无论原告是以恶意串通还是以无权处分主张陈乙的免息承诺对其不发生效力，均没有法律依据。

婚姻关系已经解除，但共有财产尚未分割完成，属于一个非常尴尬的节点。对该节点发生的法律行为效力的分析应立足于该案件的法律事实，追求法律事实无限接近于客观事实，真正体现司法公正性。

编写人：广西壮族自治区柳州市柳南区人民法院　覃珊珊

20

民间借贷关系的认定与夫妻共同债务的认定

——王某某诉叶某某、陆某某民间借贷案

【案件基本信息】

1. 裁判书字号

福建省厦门市集美区人民法院（2023）闽 0211 民初 6068 号民事判决书

2. 案由：民间借贷纠纷

3. 当事人

原告：王某某

被告：叶某某、陆某某

【基本案情】

叶某某、陆某某系夫妻关系。王某某与叶某某双方之间存在共同投资的公

司——某运动用品公司。

2022 年 1 月 15 日，叶某某以为其妻陆某某检查身体为由向王某某借款 100000 元。该笔 100000 元款项来源于案外人许某某个人账户。许某某确认系王某某向其借款并通过王某某指示转入叶某某银行账户。

2023 年 3 月 15 日，叶某某、陆某某夫妇以治疗疾病为由，由陆某某经手向王某某借款 100000 元。该笔 100000 元款项分别来源于王某某和案外人许某某、林某某。

王某某诉称，上述借款 200000 元属于叶某某、陆某某夫妻共同债务，叶某某、陆某某应共同归还。经催告，上述款项至今未归还。王某某认为，叶某某、陆某某的行为已严重侵害了王某某的合法权益。为维护自身合法权益，王某某向法院提起诉讼，请求法院：（1）判令叶某某、陆某某立即归还王某某借款 200000 元及利息（利息以 200000 元为基数，按同期全国银行间同业拆借中心公布的贷款市场一年期报价利率 LPR 计付，自起诉之日 2023 年 9 月 27 日起计至实际全部清偿之日止）；（2）判令叶某某、陆某某承担本案的诉讼费、保全费、保全保险费等费用。

叶某某抗辩其系向某运动用品公司借款而非王某某个人。

【案件焦点】

1. 出借人的认定；2. 夫妻共同债务的认定。

【法院裁判要旨】

福建省厦门市集美区人民法院经审理认为：本案争议焦点之一是出借人可否认定为王某某。（1）关于叶某某 100000 元借款的问题。2022 年 1 月叶某某借款的出借人可否认定为王某某。叶某某抗辩系向某运动用品公司借款而非王某某个人；王某某主张系向其个人借款。法院认为，因双方没有签订书面借条，该笔款项出借人认定应结合款项来源等综合判断。其一，该笔 100000 元款项来源于案外人许某某个人账户，许某某本人也确认系王某某个人向其借款并通过王某某指示转入叶某某银行账户；其二，叶某某与王某某双方之间存在共同投资公司，彼此之间也应有其他款项往来，该笔款项系着急给陆某某治病所借，彼此没有就向公司还是个人出借进行特别明确说明。现叶某某无证据证明该笔款项来源于双方合作公司，应可确定该笔借款属于叶某某个人向王某某所借款项。（2）关于 2023 年 3 月陆某某经手的 100000 元借款问题。根据陆某某与王某某的微信聊天记录以及款项分别来源于王某某和案外人许某某、林某某的事实，可确认该笔借款系陆某某向王某某个人借款。

本案争议焦点之二是该两笔借款可否定性为夫妻共同借款。依照《中华人民共和国民法典》第一千零六十四条第一款规定："夫妻双方共同签名或者夫妻一方事后追认等共同意思表示所负的债务，以及夫妻一方在婚姻关系存续期间以个人名义为家庭日常生活需要所负的债务，属于夫妻共同债务。"本案两笔借款均为给陆某某治病所借款，属于为家庭日常生活需要所负债务，属于夫妻共同债务，应承担共同偿还责任。

借款后，叶某某、陆某某经催告未还款，已构成违约。因双方未约定借款利息，现王某某要求叶某某、陆某某偿还借款 200000 元及逾期利息（以 200000 元为基数，自起诉之日即 2023 年 9 月 27 日起，按当时全国银行间同业拆借中心公布的贷款市场一年期报价利率计付至实际偿还借款之日止）依法予以支持。

另，关于王某某主张的保全保险费，因双方并未约定且非必须支出，法院对该主张不予支持。

福建省厦门市集美区人民法院依照《中华人民共和国民法典》第六百七十五条、第一千零六十四条，《最高人民法院关于审理民间借贷案件适用法律若干问题的规定》第二十八条，《中华人民共和国民事诉讼法》第六十七条第一款规定，判决如下：

一、叶某某、陆某某应于本判决生效之日起十日内偿还王某某借款 200000 元及逾期利息（以 200000 元为基数，自 2023 年 9 月 27 日起，按该时全国银行间同业拆借中心公布的贷款市场一年期报价利率计付至实际偿还借款之日止）；

二、驳回王某某的其他诉讼请求。

如果未按本判决指定的期间履行给付金钱义务，应当依照《中华人民共和国民事诉讼法》第二百六十四条之规定，加倍支付迟延履行期间的债务利息。

宣判后，双方当事人均未上诉，一审判决生效。

【法官后语】

随着经济的发展，资金往来日益频繁，这促使借贷关系也变得愈发活跃。符合贷款条件的借款人往往倾向于前往银行进行融资，而对于那些发生在金融机构之外，涉及自然人、法人等金融主体之间的资金借贷行为——我们通常称之为民间借贷——由于其事实与证据的复杂性和多变性，其性质的认定确实存在一定难度。民间借贷是民间资本的一种流通方式，其本质上是一种金融行为模式，也应受到法律法规的约束。根据《最高人民法院关于审理民间借贷案件适用法律若干问题的规定》第一条第一款，民间借贷是指“自然人、法人和非法人组织之间进行资金融通的行为”。民间借贷的成立往往有以下几个步骤：借款人有借款的意思表示，出借人有出借款项的承诺，双方达成合意后，出借人向借款人交付出借款项，借款人书写借款凭证。

一、借贷关系的认定条件

（一）需要主体适格

基于借贷主体的不同，具体可以分为以下几种形式：一是发生在自然人之间的借贷；二是发生在自然人与经济组织之间的借贷；三是发生在经济组织之间的借贷，前述经济组织又包括法人及非法人组织。

主体认定是区分民间借贷与其他法律关系的首要环节。明确具体的法律关系才能更好地把握案件的定性，进而作出合法合理的裁判。发生在熟人之间的借贷往往比较容易查证。熟人之间的资金往来一般有迹可循，结合相应的借款时间及资金流动，可作出认定。但现实生活中还会发生借款人向出借人以外的第三人借款，再由该第三人向出借人支付借款的情形，对于这种情形，应如何认定？笔者认为可以从审查出借人、借款人、第三人之间的身份关系来进行基础认定：审查出借人、借款人、第三人之间是否存在朋友、亲戚关系，若存在上述关系，基于信任出借人有将借款经第三人之手转借给借款人的可能性，结合相关证据（如微信聊天记录、款项到达借款人的时间、转账凭证等），可以认定出借人的出借行为及其债权人的地位。但上述认定需要警惕“名为出借人、实为职业放贷人”的情形，对于一年内同一出借人在同一基层法院内民事诉讼10件以上且借条格式统一的民间借贷案件，需要进行关联性审查，确认是否属于职业放贷人。若发现出借人的行为涉嫌刑事犯罪的要及时移送公安、检察机关。

（二）需要出借人与借款人之间达成借贷的合意

借款人要有向出借人借款的意思表示，出借人亦要有向借款人出借款项的承诺，双方意思表示真实有效才能形成借贷的合意。

（三）需要出具借款凭证

常见的借款凭证是“借条”。借条虽然是民间借贷关系成立的重要证据之一，但并不是唯一证据。民事上的证据既要合乎法律范畴内的要件，又要合乎日常生活习惯、交易习惯及常理。

《最高人民法院关于审理民间借贷案件适用法律若干问题的规定》第二条第一款规定：“出借人向人民法院提起民间借贷诉讼时，应当提供借据、收据、欠条等债权凭证以及其他能够证明借贷法律关系存在的证据。”第十六条规定：“原告仅依据金融机构的转账凭证提起民间借贷诉讼，被告抗辩转账系偿还双方之前借款或者其他债务的，被告应当对其主张提供证据证明。被告提供相应证据证明其主张后，原告仍应就借贷关系的成立承担举证责任。”在审查借款合同、借条等债权凭证时，不仅要审查证据形式上的真实性、合法性、关联性，还应当根据证据的取得方式、证据的形成方式、证据提供者与案件的关联性等，对证据的证明效力进行全面的审查和判断。日常生活中，人们在对待不同的借贷金额时，采取的注意程度往往存在着差异。对于借贷金额不大的，在资金交付及借款凭证的出具上随意性较强，在这类案件的审查上，如果出借人主张借款是通过现金方式支付给借款人的，在审查借条等债权凭证后，若借款人没有相反的证据来推翻借贷关系，则可以认定借款事实。日常生活中对于较大金额的借贷，出借人一般不会采用现金交付的方式，而通常采取银行转账、第三方支付平台转账等方式。对于这类借贷，应当结合出借人银行资金往来、出借人经济实力等因素综合判断。

（四）需要证明出借款项的交付

对于出借款项交付的审查，一般应当对交付的方式、交付时间、交付地点、交付情形等进行综合认定。如果是借贷金额较小、出借人主张现金交付的，结合借条等证据可以认定已完成实际交付。对于出借人主张以现金交付的方式出借较大金额款项的，则应通过对出借人的经济实力审查、出借人银行流水明细分析、借条出具时间、有无相关证人证言等情形进行全面审查，进而认定借款是否实际交付。

借贷款项的实际交付是民间借贷关系成立的最后一步，若只有借款凭证而没有完成实际交付，则无法认定民间借贷关系的成立。虽然司法实践中发生过仅凭借条等债权凭证就起诉并胜诉的案件，但这种案件往往需要法官对案件事实及案件细节进行深挖，探寻案件的真相，不能仅凭一纸借条就草草结案。

二、民间借贷审查中证据规则的运用

《最高人民法院关于民事诉讼证据的若干规定》第八十五条规定："人民法院应当以证据能够证明的案件事实为根据依法作出裁判。审判人员应当依照法定程序，全面、客观地审核证据，依据法律的规定，遵循法官职业道德，运用逻辑推理和日常生活经验，对证据有无证明力和证明力大小独立进行判断，并公开判断的理由和结果。"

对于出借人仅依据转账凭证提起的民间借贷案件，是否存在借贷合意应遵循以下举证顺序：首先，由出借人提交转账凭证，证明款项已经实际交付给借款人；其次，若借款人提出抗辩，则由借款人对抗辩事由提供相应的证据；最后，出借人进一步证明存在借贷合意。

对于出借人仅凭"借条"等债权凭证提起的民间借贷案件，出借人是否完成款项的交付应遵循以下举证规则。首先，核实出借人的资金能力，结合借条出具的时间查看出借人银行账户、第三方交易平台账户等各类资金账户在借条载明的时间内是否有出借款项的流出；其次，结合交易习惯、交易方式等来认定款项是否已到达借款人账户，从而认定出借人完成了实际出借义务。

三、民间借贷认定条件之外的审查

（一）注意区分民间借贷与合伙关系

在笔者参与办理的多起民间借贷案件中，出现了一方当事人主张出借的款项是借款，双方应当是民间借贷关系，一方当事人主张出借的款项是股金或者合伙资金，双方应当是合伙关系的情形。对于如何区分民间借贷关系和合伙关系，笔者认为，应从以下几个方面来综合分析：首先，判断当事双方之间形成的是借贷的合意还是合伙的合意。合伙关系一般会共同出资、有共同的经营项目、有参与合伙经营的行为，且双方会签订合伙协议，有就合伙关系成立的沟通协商。其次，审查支付款项的性质。如果是民间借贷，支付的款项在到达一方当事人时即完成了支付行为，后续借款人对出借款项的支配多发生在自己与亲朋好友之间，或者是偿还贷款、进行消费等行为。如果是合伙关系，在支付的款项到达一方当事人后，该款项往往会流入特定的账户，如合伙经营账户、固定投资的股票债权账户、特定的第三人等。最后，合理分配举证责任。如果当事人持有借条、转账证明等证据，出借人并未参与实际经营，也不享受分红等利益分配，则认定当事人之间成立民间借贷关系。如果当事人持有书面的合伙协议、投资协议、投资转账等证据，在综合审查合伙金额与支付款项金额是否一致、时间是否吻合等情况后，则可以认定当事人之间成立合伙关系。但有些情形应认定为民间借贷：一是当事人之间签订合伙协议是为了保证债权的实现。这种情形下当事人之间真实的法律关系是债权债务关系，而不是合伙关系，应认定为民间借贷。二是当事人之间虽然签订了合伙协议，但合伙协议中约定出资人不参与实际经营，只分红而不承担亏损风险。这种情形属于用合伙的形式掩盖借贷关系，应认定为民间借贷。

（二）注意民间借贷中的虚假诉讼行为

《最高人民法院关于审理民间借贷案件适用法律若干问题的规定》第十八条规定："人民法院审理民间借贷纠纷案件时发现有下列情形之一的，应当严格审查借贷发生的原因、时间、地点、款项来源、交付方式、款项流向以及借贷双方的关系、经济状况等事实，综合判断是否属于虚假民事诉讼：（一）出借人明显不具备出借能力；（二）出借人起诉所依据的事实和理由明显不符合常理；（三）出借人不能提交债权凭证或者提交的债权凭证存在伪造的可能；（四）当事人双方在一定期限内多次参加民间借贷诉讼；（五）当事人无正当理由拒不到庭参加诉讼，委托代理人对借贷事实陈述不清或者陈述前后矛盾；（六）当事人双方对借贷事实的发生没有任何争议或者诉辩明显不符合常理；（七）借款人的配偶或者合伙人、案外人的其他债权人提出有事实依据的异议；（八）当事人在其他纠纷中存在低价转让财产的情形；（九）当事人不正当放弃权利；（十）其他可能存在虚假民间借贷诉讼的情形。”民间借贷中的虚假诉讼行为是指在民间借贷案件中，当事人之间恶意串通，采取虚构借贷关系、捏造借贷事实提起民事诉讼，侵害他人合法权益、谋取非法利益的行为。对于这类案件首先要核查各方当事人之间的关系，如果当事人之间存在关联关系或人员混同的情形，可以认定当事人之间存在恶意串通虚假诉讼；其次，审查出借款项的流出是否存在“出借人-借款人-出借人”的情形，如果存在这种情形，也可以认定当事人之间存在恶意串通虚假诉讼；最后，加强出借人的举证责任，出借人要对出借资金的来源、出借时间地点、出借前的沟通等情形举证，还要对存在合理怀疑的证据进一步举证。通过上述方法来验证借贷事实是否存在、是否合理、前后是否有逻辑矛盾，能否构建起唯一的证据链，进而来认定是否存在虚假诉讼。

综上，在进行资金流转的过程中，各方当事人需要提升风险防范意识，提高自己的证据意识，妥当保存好相关凭证等证据，切实维护自身合法权益。

编写人：福建省厦门市集美区人民法院　李科研

21

配偶一方基于意思表示对夫妻共同债务追认的认定

——王某某诉游某某、周某某民间借贷案

【案件基本信息】

1. 裁判书字号

福建省厦门市中级人民法院（2023）闽 02 民终 3180 号民事判决书

2. 案由：民间借贷纠纷

3. 当事人

原告（被上诉人）：王某某

被告（上诉人）：周某某

被告：游某某

【基本案情】

2020 年 11 月 16 日，游某某向王某某借款 300 万元，周某某与游某某系夫妻关系。后王某某向周某某多次催款，但至今二人未归还欠款。

2020 年 11 月 16 日，王某某与游某某签订一份《借款合同》，约定：游某某向王某某借款 300 万元，月利率 1.5%，自 2020 年 11 月 16 日起至 2021 年 5 月 15 日止。王某某为实现债权所产生的全部费用（包括但不限于律师费、诉讼费、保全费等）均由游某某承担。

2020 年 11 月 16 日，王某某通过银行贷款 300 万元支付至游某某尾号 9208 的银行账户。王某某确认案涉 300 万元来源于银行贷款，资金占用费按借款合同签订时一年期 LPR 即年利率 3.85%计算。

2019 年 9 月 24 日，游某某和周某某登记结婚。

王某某与周某某微信聊天记录如下：

2021年1月8日，王某某：周太太，怎么说呢，能想办法把钱还我了吗？我现在太难了。或者能把上个月利息先给我吗？周某某：我去想想办法。2021年1月9日，王某某：那300万元是我的全部，是基于对你们的信任才借的，无论如何得想办法解决一下，感谢。2021年1月10日，王某某：周总怎么样了，明天可以先还我一部分吗？快急死了。周某某：房子已经挂出去了。2021年1月13日，王某某：那要多久，能先给我一点吗？我一个月要一二万元利息。哪怕先给个一二十万元我也能挺一阵子。周某某：我房子卖了拿到定金就给你。

王某某请求法院判令：游某某、周某某向王某某支付借款300万元及利息（按合同签订时一年期LPR的四倍即年利率15.4%，从2020年11月16日计至实际清偿之日止）、律师费、保全费等诉讼费用。

【案件焦点】

案涉债务是否为夫妻共同债务。

【法院裁判要旨】

福建省厦门市思明区人民法院经审理认为：案涉借款发生于游某某与周某某夫妻关系存续期间，周某某在微信中对于案涉借款具有共同还款的意思表示，视为事后追认，故案涉款项应视为夫妻共同债务，由周某某和游某某共同向王某某清偿。福建省厦门市思明区人民法院判决：

一、游某某、周某某应于判决生效之日起十日内向王某某偿还300万元并支付资金占用费（以300万元为基数，按合同签订时一年期LPR的四倍即年利率15.4%，自2020年11月16日起计算至实际还款之日止），并支付律师费60000元、保全费5000元、保险费4800元；

二、驳回王某某的其他诉讼请求。

周某某不服一审判决，提出上诉。福建省厦门市中级人民法院经审理认为：周某某与王某某微信聊天记录显示，王某某多次询问周某某能否偿还借款，周某某表示“我去想想办法”“房子已经挂出去了”“我房子卖了拿到定金就给你”，王某某要求周某某还款，周某某从未提出异议并承诺将房产买卖所得定金用于偿还案涉债务，一审法院据此认定案涉债务发生于周某某与游某某夫妻关系存续期间且周某某进行事后追认，认定案涉债务为夫妻共同债务并无不当，予以维持。福建省厦门市中级人民法院依照《中华人民共和国民事诉讼法》第一百七十七条第一款第二项规定，判决如下：

驳回上诉，维持原判。

【法官后语】

事后追认型夫妻共同债务（以下简称追认型共债）是指夫妻一方先以个人名义负担债务，其配偶事后追认形成的夫妻共同债务。实践中追认行为具有复杂的实施形态，本文将结合具体案情，对配偶一方事后追认行为认定的相关法律问题及类案审理方法进行分析探讨。

一、为家庭带来增益并非追认型共债的构成要件

追认型共债的请求权基础为《中华人民共和国民法典》第一千零六十四条第一款之规定，夫妻双方共同签名或者夫妻一方事后追认等共同意思表示所负的债务，以及夫妻一方在婚姻关系存续期间以个人名义为家庭日常生活需要所负的债务，属于夫妻共同债务。追认型共债与共签型共债共同组成了共同意思表示型夫妻共同债务。由于夫妻在婚后均可单独实施民事法律行为，无须征得对方同意，夫妻双方作为单独的民事主体，满足《中华人民共和国民法典》第一千零六十四条规定的共同意思表示，则构成共同债务。当夫妻各自的意思表示出现时空差异时，即产生适用追认型共债的条件。

共意型共债的法理基础是私法自治，夫妻双方之所以对债务承担连带清偿责任是因为他们愿意构建这一关系，并且法律也承认这一关系。然而，追认型共债关注的是追认行为本身，而并非行为所指向的目的，即是否为家庭生活需要、共同生产经营等不影响追认型共债的成立。因此，追认型共债具有独立的请求权基础，而是否为家庭带来增益并非追认型共债的构成要件。

二、事后追认的具体判断

（一）单纯知情沉默不构成事后追认

实践中存在诸多类似情形，即现有证据只能表明配偶对债务知情，但欠缺配偶作出的共同清偿之意思表示。知情沉默能否推定为事后追认？由于沉默推定一般应用于法律规定、当事人约定、交易习惯及诚信原则的场景之中，而对夫妻共债而言，一般只能诉诸诚信原则予以解释适用。知情并不意味着同意。一方面，由于债权人并非基于配偶事后会追认债务而实施法律行为，并无相应的信赖投入，因此不存在债权人信赖利益的保护问题。另一方面，若强加配偶提出异议的义务，将使得夫妻会因其配偶缔结法律行为产生的债务而承担不可预期、不可防控的责任。因此，诉诸诚信原则这样的概括条款处理知情沉默问题，可能引发法的不安定性，必须十分谨慎。故，对于配偶的单纯知情沉默行为，原则上来讲不推定为事后追认。

（二）承诺清偿的意思须包括以自身为承担债务的主体

配偶承诺清偿是认定事后追认的主要情形，但由于承诺的方式多种多样，所产生的法律效果也不尽相同。但配偶的承诺表示无外乎以自己名义承诺、以举债方或家庭名义承诺、以个人或家庭财产承诺清偿这几种主要情形。由于夫妻双方各自的人格不因婚姻关系的缔结而消解，双方各自在婚后仍然具有独立实施民事法律行为的能力。因此，若配偶的承诺没有为自己与债权人之间设定权利义务，则其承诺清偿的行为就因欠缺为自身负担债务的效果意思而不构成追认。例如，配偶表示“我让他去想想办法”“他已经在筹钱了”等，均不属于对债务的追认。

追认型共债要求配偶承诺清偿的意思须包括以自身为承担债务的主体，如配偶表示“我们”“我会”偿还或想办法偿还，以“我”“我们”的名义与债权人确认债务和还款方案，则构成事后追认。本案中，虽然配偶表达为“我去想想办法”，实际上表达的意思是“我”去想办法“偿还”，要点在于以配偶自身“我”的名义承诺偿还债务，而不是以举债方作为承诺的主体，故其意思构成事后追认债务。

判断追认型共债的关键是配偶一方是否具有为自身创设负担的意思表示。在缺乏负担的效果意思时，不应否认夫妻在婚后的各自独立的人格，对追认行为的认定应回归到意思表示本身，从而判断是否符合《中华人民共和国民法典》第一千零六十四条规定的追认型共债。

编写人：福建省厦门市中级人民法院　许莹

福建省厦门市集美区人民法院　王明康

22

事后追认型夫妻共同债务的正确认定

——姚某诉位某民间借贷案

【案件基本信息】

1. 裁判书字号

山东省聊城市茌平区人民法院（2023）鲁1503民初1084号民事判决书

2. 案由：民间借贷纠纷

3. 当事人

原告：姚某

被告：位某

【基本案情】

姚某与耿某（已死亡）系同学关系，位某与耿某原系夫妻关系。耿某生前曾向姚某借款，借款时耿某之妻位某并未参与且耿某并未向姚某告知借款用途。姚某于2022年通过银行转账方式向耿某出借资金20万元。因耿某未偿还案涉债务，姚某曾两次去耿某家中催要，位某均在家，但是没有直接向位某索要过。第二次催要是2023年1月，当时姚某在耿某家中待了1个多小时。姚某与耿某谈话一段时间后，位某参与进来，姚某开始录音。

位某说："如果真是说俺手里有钱不给你，你可以随便去调查。"姚某说："嫂子，你给我说这个条哪块不合理。"位某说："我没看很明白，如到期未还清，你意思是说如果还不清，就要起诉是吧?"姚某说："俺意思是说，到期还不清还是按照那个利息。"位某说："律师费、差旅费是咋回事?"当天，耿某向姚某出具借条一张，载明"今借到姚某人民币贰拾万元整，月息1分，借款人：耿某"。出具该借条时位某不在现场。

姚某主张案涉债务为耿某、位某的夫妻共同债务。位某对此不予认可，其主张对该借款不知情，直到姚某上门讨债才知道欠款的存在，其未在借条上签字，案涉借款并没有用于家庭生活经营。位某称，在姚某第二次来要账时，其听到争吵声，方才过去替耿某表态。

【案件焦点】

姚某主张案涉债务系夫妻共同债务是否成立。

【法院裁判要旨】

山东省聊城市茌平区人民法院经审理认为：根据《中华人民共和国民法典》第一千零六十四条"夫妻双方共同签名或者夫妻一方事后追认等共同意思表示所负的债务，以及夫妻一方在婚姻关系存续期间以个人名义为家庭日常生活需要所负的债务，属于夫妻共同债务。夫妻一方在婚姻关系存续期间以个人名义超出家庭日常生活需要所负的债务，不属于夫妻共同债务；但是，债权人能够证明该债务用于夫妻共同生活、共同生产经营或者基于夫妻双方共同意思表示的除外"之规定，结合本案实际情况，法院认为，无法认定姚某主张的案涉债务系夫妻共同债务。第一，案涉借条中仅有耿某签字，没有位某签字，不存在共同签名的事实。第二，至于是否存在事后追认的事实，根据姚某提交的谈话录音，并不能直接认定为位某对于案涉债务的事后追认，位某并未作出认可该债务为夫妻共同债务的明确意思表示，且姚某自述之前并没有向位某索要过案涉款项，而位某也对谈话内容做出解释——在姚某第二次来要账时，其听到争吵声，方才过去替耿某表态。根据现有事实，无法认定位某存在事后追认的事实，姚某也未提交其他证据予以佐证其主张的事实，依法承担不利法律后果。第三，案涉债务明显超出家庭日常生活需要，原则上不属于夫妻共同债务，除非债权人姚某能够证明该债务用于夫妻共同生活、共同生产经营或者基于夫妻双方共同意思表示。但是，根据各方当事人的陈述，耿某借款时并未说明具体借款用途，借款时位某并未参与且借条出具时位某并不在场。综上，姚某以案涉债务为夫妻共同债务为由要求位某对案涉债务承担还款责任的诉讼请求，缺乏事实与法律依据，予以驳回。

山东省聊城市茌平区人民法院判决：

驳回原告姚某的诉讼请求。

判决后，双方当事人均未提起上诉，本判决已发生法律效力。

【法官后语】

本案主要涉及事后追认型夫妻共同债务的认定问题。

《中华人民共和国民法典》第一千零六十四条的规定："夫妻双方共同签名或者夫妻一方事后追认等共同意思表示所负的债务，以及夫妻一方在婚姻关系存续期间以个人名义为家庭日常生活需要所负的债务，属于夫妻共同债务。夫妻一方在婚姻关系存续期间以个人名义超出家庭日常生活需要所负的债务，不属于夫妻共同债务；但是，债权人能够证明该债务用于夫妻共同生活、共同生产经营或者基于夫妻双方共同意思表示的除外。"共债共签，已经成为审理涉夫妻共同债务的裁判理念，也是直接认定夫妻共同债务的最有效证据。但是，由于法律理念的缺失或者人情因素的影响，借条仅有夫妻一方签字的情况比比皆是。然而，债权人在主张权利时，常常将夫妻二人共同起诉。在这种情况下，债权人以夫妻一方的行为系对案涉债务的事后追认为由要求其承担共同还款责任。

首先，夫妻一方事后追认，属于可认定为夫妻共同债务的法定情形。追认系夫妻一方作出的认可其配偶所欠某债务属于夫妻共同债务的意思表示，产生夫妻双方对该债务承担共同还款责任的法律后果。追认的意思表示可以在诉前，也可以在诉中，甚至可以是诉后。涉及事后追认的案件，债权人所主张的债务数额通常超出家庭日常生活需要，属于大额债务范畴。若夫妻一方无异议，无须多言；若夫妻一方有异议，追认事实的查明与认定，就需要债权人来提交充分有效的证据。

其次，夫妻一方事后追认的方式有很多种，当事人举证不局限于单种方式，证据可以是多方面的。比如，书证方面，债权人可以要求夫妻一方书写一份认可债务或加入债务的承诺书或者提供连带责任担保的保证书；视听资料方面，债权人可以通过电话录音、谈话录音及录像的方式要求夫妻一方追认该债务为夫妻共同债务；电子数据方面，微信、短信、QQ等聊天的内容，可以是债权人维权的有效证据；证人证言方面，债权人可以申请证人出庭作证，但是该证据证明力较低。

最后，司法审判中，对于夫妻一方事后追认的认定应当视情况谨慎处理。案件审理时，应把握以下原则：（1）追认需本人追认。只有当事人本人作出的意思表示才对其具有约束力，追认必须是本人真实意思表示。（2）追认的意思表示是明确的。追认要有夫妻一方同意共同清偿债务的言行。追认，有主动追认，也有被动追认；有明示追认，也有默示追认；有直接追认，也有间接追认。或是口头方式，或是书面方式，无论哪种情形下的追认，根据证据综合分析，均应达到高度盖然性的证明标准，才可视为事后追认。（3）追认仅是就案论案。个案中的追认只是对个案有约束力，不推及其他，当事人在他案中的追认与本案审理无关联。本案中，最初借款时，位某对此不知情，债权人姚某向借款人耿某催要债务时，虽然位某在场且与姚某就债务问题进行谈话，但是法庭经综合审查认为，位某的言行并不构成对案涉债务系夫妻共同债务的事后追认，依法驳回债权人诉求。

综上，事后追认型属于夫妻共同债务认定的法定情形，在司法实践中也是债权人向债务人夫妻双方主张权利的有效途径。案件审理中，应遵循“谁主张，谁举证”的原则和高度盖然性的民事证明标准，对夫妻一方的言行是否系对夫妻共同债务的事后追认作出合理裁判。

编写人：山东省聊城市茌平区人民法院　邢成

23

运用穿透式审判思维认定夫妻共同债务

——汪某某诉蒋某民间借贷案

【案件基本信息】

1. 裁判书字号

福建省厦门市中级人民法院（2024）闽02民终1536号民事判决书

2. 案由：民间借贷纠纷

3. 当事人

原告（上诉人）：汪某某

被告（被上诉人）：蒋某

【基本案情】

2019年8月12日，汪某某作为出借人、耿某某作为借款人、蒋某作为保证人，三方签署《借款协议》，载明：借款金额1700000元；借款期限自2019年8月15日至2021年8月14日，借款人应于2021年8月14日前采用分期（每期不低于200000元）或一次性方式归还上述借款；借款用途为个人用途；借款利息按照年化12%计算，利息随本金归还同时支付；逾期还款，则应当根据延期的天数按照借款总额每日0.05%向出借人支付违约金；本协议项下借款由保证人提供担保，保证范围为依据本协议产生的借款本金及利息。

耿某某与蒋某系夫妻关系。

2022年10月17日，汪某某就案涉借款起诉耿某某、蒋某，要求其双方共同偿还案涉借款本金及利息。2022年11月24日，汪某某当庭撤回对蒋某的起诉，并在本院的主持下与耿某某达成调解，本院作出民事调解书，载明：(1) 汪某某与耿某某共同确认：耿某某尚欠汪某某借款本金 1700000 元、利息 205534.25 元、逾期付款违约金（截至 2022 年 11 月 30 日的违约金为 373720.55 元；此后以 1700000 元为基数，自 2022 年 12 月 1 日起，按照同期全国银行间同业拆借中心公布的一年期贷款市场报价利率的四倍计至实际还款之日止)。(2) 耿某某支付汪某某款项 2279254.79 元以了结本案。该款项分 5 期支付……

因耿某某未依约还款，2023 年 4 月 6 日，汪某某依据民事调解书向法院申请执行。2023 年 5 月 10 日，法院向汪某某作出执行情况告知书，告知“本院于 2023 年 4 月 10 日冻结被执行人名下银行账户、网络资金账户和公积金账户，余额不足；此外，未发现有可供执行的财产”“逾期未能提供或提供的财产线索不明确无法执行，本院将裁定终结本次执行程序”。

【案件焦点】

案涉借款是否属于蒋某与耿某某的夫妻共同债务。

【法院裁判要旨】

福建省厦门市湖里区人民法院经审理认为：《中华人民共和国民法典》第一千零六十四条规定，夫妻双方共同签名或者夫妻一方事后追认等共同意思表示所负的债务，以及夫妻一方在婚姻关系存续期间以个人名义为家庭日常生活需要所负的债务，属于夫妻共同债务。夫妻一方在婚姻关系存续期间以个人名义超出家庭日常生活需要所负的债务，不属于夫妻共同债务；但是，债权人能够证明该债务用于夫妻共同生活、共同生产经营或者基于夫妻双方共同意思表示的除外。《借款协议》载明的借款人系耿某某，保证人系蒋某，不属于“共债共签”。《借款协议》载明的借款用途为个人借款，汪某某无法证明案涉借款系用于夫妻共同生活或共同生产经营。综上所述，汪某某主张案涉借款属于蒋某与耿某某的夫妻共同债务，证据不足，法院不予采信。因此，汪某某主张蒋某对案涉《借款协议》项下的债务承担还款责任，缺乏事实和法律依据，法院不予支持。

福建省厦门市湖里区人民法院判决如下：

驳回汪某某的全部诉讼请求。

汪某某不服一审判决，提出上诉。福建省厦门市中级人民法院经审理认为：汪某某的上诉请求缺乏充分的事实与法律依据，不能成立，应予驳回。一审判决认定事实清楚，适用法律正确，应予维持。

福建省厦门市中级人民法院依照《中华人民共和国民事诉讼法》第一百七十七条第一款第一项规定，判决如下：

驳回上诉，维持原判。

【法官后语】

夫妻共同债务的认定是夫妻债务制度的核心内容，事关夫妻双方特别是未举债一方与债权人合法权益的保护，也关涉婚姻家庭的稳定和市场交易的安全。当意思表示未明确责任承担方式时，裁判者在意思表示解释中的价值判断就起到了关键作用。那么，在何种情况下可以将非举债方的行为或单纯的沉默解释为共同举债的意思表示，就体现了裁判者的价值取向。

一、意思表示的类型

（一）明示的意思表示

在某些交易中，债权人往往会要求举债方配偶以“配偶”或“财产共有人”的名义签字。以“配偶”或“财产共有人”的名义签字是否当然导致该债务属于夫妻共同债务？针对此种对责任承担方式未予明确的意思表示，法院有三类解释方案。第一类方案认为，以保证人配偶身份签字并不代表举债的共同意思，该签字行为仅能证明非举债方“对其配偶提供保证的行为知情，但知情并不等于愿意承担责任”，因而此种签字不属于《中华人民共和国民法典》第一千零六十四条所规定的“共同意思表示”，该债务也不属于夫妻共同债务。第二类方案认为，尽管配偶一方以“共有人”身份在担保合同上签字不会导致其作为共同担保人承担连带保证责任，但依据合同条款，该签字行为属于“认可保证债务为夫妻共同债务”，应以夫妻共同财产为限承担共同清偿责任。而第三类方案认为，以“配偶或授权代理人”身份签字将导致该保证合同产生的债务属于夫妻共同债务，签字人应对债务承担连带责任。

（二）默示的意思表示

事后追认可以发生非举债方共同承担债务的法律效果。追认不仅包括书面或口头形式对债务的明确追认，也可能包括以行为进行的默示追认。何种行为可以被解释为“追认”，需要进行价值判断。有的观点认为，以个人银行账户向债权人还款的行为，可以被认为是“有事后追认债务”且“共同承担债务的意思表示”。还有的观点认为，非举债方为案涉债务提供担保，也是对债务的事后追认。

二、本案中如何运用穿透式审判思维认定夫妻共同债务

作为非举债方的配偶以保证人的身份签字，是否构成共同借款的意思表示，是否足以认定案涉借款属于夫妻共同债务，需要裁判者充分运用穿透式审判思维即从借款合同的主体、借款的用途、借款金额、催讨借款的方式四个方面入手，综合认定夫妻共同债务。

首先，从案涉《借款协议》的形式上看，《借款协议》载明的借款人系耿某某，蒋某系作为保证人签字，即案涉借款不符合法律规定的“共债共签”的形式要件。

其次，从内容上看，案涉《借款协议》载明的借款用途为个人借款，且借款金额巨大，明显不符合日常生活常理，即汪某某无法证明案涉借款系用于夫妻共同生活，亦未能举证证明该借款用于共同生产经营。

最后，在本案的诉讼过程中，汪某某在立案时起诉的是蒋某和耿某某，后在案件调解时又撤回对蒋某的起诉，仅起诉耿某某，可以推断汪某某亦认为其与蒋某之间并无借款合意。

综上所述，汪某某主张案涉借款属于蒋某与耿某某的夫妻共同债务，证据不足，不予采信。

编写人：福建省厦门市湖里区人民法院　洪华娇

24

对共同生产经营型夫妻共同债务的认定

——唐某诉肖某、陈某民间借贷案

【案件基本信息】

1. 裁判书字号

广西壮族自治区柳州市中级人民法院（2023）桂 02 民终 1766 号民事判决书

2. 案由：民间借贷纠纷

3. 当事人

原告（被上诉人）：唐某

被告（上诉人）：陈某

被告：肖某

【基本案情】

唐某与肖某经协商达成了共同合伙经营奶茶店的合意，并由唐某向肖某转账支付了合伙款共计 270000 元。2017 年 11 月 30 日，唐某与肖某合伙经营的奶茶店经工商注册成立，但其注册的个体经营者为陈某。之后，唐某与肖某合伙终止，其双方就唐某上述已支付的合伙款如何处置签订了一份《借款协议》，约定：(1) 肖某因经营奶茶店之需要向唐某借款 270000 元；(2) 还款期限分别为 2018 年 8 月 31 日前还款 110000 元，2018 年 12 月 31 日还清余款 160000 元，借款期间无利息。

唐某以肖某在签订上述协议后仅还款 100000 元，至今仍尚欠本金 170000 元未还为由起诉至法院，请求判令：(1) 肖某、陈某共同归还唐某借款本金

170000元；（2）肖某、陈某支付唐某逾期利息共计28021.67元。

另查明，涉案债务发生在肖某与陈某的婚姻关系存续期间内。

诉讼中，陈某认为用其名义作为开设奶茶店的经营者是肖某与唐某商量后确定的，其对此并不知情且涉案债务并未用于夫妻或家庭共同生活，故不属于夫妻共同债务。

【案件焦点】

涉案债务是否属于肖某与陈某用于夫妻共同生产经营的夫妻共同债务。

【法院裁判要旨】

广西壮族自治区柳州市柳南区人民法院经审理认为：虽然陈某没有在唐某与肖某签订的《借款协议》中签字确认，亦未对该涉案债务进行事后追认，但是经查上述协议所涉的借款本金270000元系唐某与肖某在合伙终止后达成合意由肖某应退还唐某投入涉案奶茶店的合伙款转变而来，而结合唐某举证的工商营业执照证实涉案奶茶店工商注册的个体经营者为陈某，虽然陈某辩称其对此并不知情，但是显然陈某该辩解不符合日常生活经验法则，因为对于夫妻共同生产经营的认定并不苛求于夫妻双方均实际参与了共同生产经营，现涉案奶茶店系以陈某个人名义办理工商注册，其该提供身份证件用于办理程序性事务的行为对肖某的生产经营活动起到了积极作用，故应予认定陈某该行为构成夫妻共同生产经营，并且陈某在本案中所举证的证据亦不足以证实其辩解成立，相应举证不能的后果应由陈某承担，由此该院认定唐某在本案中支出的270000元已经用于陈某与肖某的夫妻共同生产经营，该涉案债务属于陈某与肖某的夫妻共同债务。

广西壮族自治区柳州市柳南区人民法院依照《最高人民法院关于适用〈中华人民共和国民法典〉时间效力的若干规定》第一条第二款，《中华人民共和国合同法》第八条、第二百零六条、第二百零七条，《最高人民法院关于审理民间借贷案件适用法律若干问题的规定》第二十八条、第三十一条，《最高人民法院关于审理涉及夫妻债务纠纷案件适用法律有关问题的解释》第三条，

《最高人民法院关于适用〈中华人民共和国民事诉讼法〉的解释》第九十条之规定，作出如下判决：

一、被告肖某向原告唐某归还借款本金170000元；

二、被告肖某向原告唐某支付逾期利息25111.12元；

三、被告陈某对被告肖某上述所负债务承担共同给付责任。

陈某不服一审判决，提出上诉。广西壮族自治区柳州市中级人民法院经审理认为：虽陈某辩称是肖某使用其身份证找代办公司办理涉案奶茶店的营业执照，其对此不知情，但一方面陈某并未提交有效证据佐证其前述主张，另一方面根据一般生活常理，即便涉案奶茶店的营业执照系委托他人代办，亦需陈某出具授权委托书明确代办人的办理权限及提供其身份证复印件，故陈某的前述主张缺乏事实依据，不能成立。

广西壮族自治区柳州市中级人民法院依照《中华人民共和国民事诉讼法》第一百七十七条第一款第一项之规定，作出如下判决：

驳回上诉，维持原判。

【法官后语】

本案的难点在于对“共同生产经营”型夫妻共同债务的认定。《中华人民共和国民法典》第一千零六十四条沿用了《最高人民法院关于审理涉及夫妻债务纠纷案件适用法律有关问题的解释》第三条之规定，将用于夫妻共同生产经营的债务规定为夫妻共同债务，但未对“共同生产经营”的概念及认定标准进行明确，也未出台相关司法解释。各地法院在审理此类案件时没有形成统一的观点，出现了“类案不同判”的情况。为了确保法律适用标准统一，故有必要厘清此类案件的认定规则。

一、“共同生产经营”的性质

司法实践中，夫妻的共同生产经营债务与共同生活或家庭日常生活债务容易发生混淆，故应当界定两者边界。共同生产经营的基本特征是夫妻基于共同意志以营利为目的从事的增益创收行为，可见其与日常的“衣、食、住、行”等生活消费领域存在区别。

二、关于具体的认定标准

结合《中华人民共和国民法典》第一千零六十四条之规定，司法实践中对夫妻共同生产经营债务的认定应当主要审查以下两个要素：

（一）“共同”要素。“共同”要素即生产经营是否基于夫妻的共同意志。司法实践中对“共同”要素成立的判断存在两种不同观点。一种观点认为，不仅要有夫妻共同生产经营的外观还要有夫妻均实际参与了共同生产经营。另一种观点则认为，只要具有夫妻共同生产经营的外观即可，至于是否实际参与共同生产经营在所不论。

笔者同意上述的第二种观点。理由为：一是对于夫妻而言，其在家庭中无论分工如何，其共同意志都是为了创造美好的家庭生活，并且一方生产经营的收入也是家庭生活和资产形成的主要来源，若以一方未实际参与共同生产经营即认为不构成夫妻共同生产经营则是对夫妻上述共同意志的否定；二是“共同”的意思表示既可以明示作出，亦可以默示作出，故若夫妻共同决定生产经营活动或一方认可另一方的生产经营活动或一方通过协助另一方办理相关事务对生产经营活动起到积极作用或有共同受益均可以认定是基于夫妻的共同意志。由此，对于“共同”要素的审查不宜过于狭隘，而应当作广义理解。

（二）“用于”要素。“用于”要素即涉案款项的用途是否为夫妻共同生产经营。司法实践中，对“用于”要素的审查存在两种不同做法。一种做法对涉案款项的用途仅进行形式上的审查，甚至是模糊性审查，如仅是从形式上查看涉案字据上是否有约定用途为共同生产经营，或仅是依据举债方、债权人的单方陈述，又或是根据法官的惯例模式进行推定。另一种做法则坚持对涉案款项的用途进行实质性审查，如债权人举证不足以证实涉案款项实际用于共同生产经营则不予认定。

笔者同意上述第二种做法。既然《中华人民共和国民法典》已明文以涉案款项的实际用途作为判断是否为夫妻共同债务并明确该举证责任由债权人承担，故若不对涉案款项的用途进行实质性审查则与法律规定的本意相悖，并且亦会变相减轻或免除债权人应负的举证责任。

综上，对夫妻共同生产经营债务的认定，应当以上述两要素是否同时满足作为认定标准，同时应当兼顾夫妻在共同生产经营中的地位与作用进行综合认定。另外，司法实践中还应当注意审查涉案债务是否发生在夫妻分居、离婚诉讼等婚姻关系不安宁期间，若债权人对发生于该不安宁期间的债务无充分证据证明非举债方知晓或受益的，则不宜认定为夫妻共同生产经营债务。

具体到本案中，首先涉案款项系源于奶茶店经营的合伙欠款，故可以认定该涉案款项用于生产经营；其次陈某同意提供其身份证件用于办理其丈夫肖某与唐某之间合伙经营奶茶店的工商登记事项并最终将该个体工商户登记于陈某名下，故陈某具有夫妻共同生产经营的外观，并且经二审进一步查明陈某就涉案奶茶店的经营亦曾提出自己的意见，足以说明对涉案奶茶店的经营系陈某与肖某夫妻的共同意志，以上已满足了认定夫妻共同生产经营债务所需的“共同”要素和“用于”要素，又因本案无证据证实涉案债务系发生于陈某与肖某的婚姻关系不安宁期间，故应当认定涉案债务属于陈某与肖某用于夫妻共同生产经营的夫妻共同债务。

编写人：广西壮族自治区柳州市柳南区人民法院　阮锋

25

对“受益型夫妻共同债务”的认定

——罗某诉某管理公司等民间借贷案

【案件基本信息】

1. 裁判书字号

湖北省宜昌市中级人民法院（2023）鄂 05 民终 2912 号民事判决书

2. 案由：民间借贷纠纷

3. 当事人

原告（被上诉人）：罗某

被告（上诉人）：朱某某

被告：某管理公司、刘某某、聂某

【基本案情】

2022年6月23日，刘某某以某管理公司需要购买展车等为由，通过微信向罗某提出借款2000000元。2022年6月23日、7月4日，罗某通过其180××××××××54236的账户分三次向某管理公司820×××××××××50840的账户转款1000000元、500000元、500000元。2022年7月4日，刘某某、聂某向罗某出具《借条》、《收据》。《借条》载明：借款人刘某某（身份证号：421××××××××18）、聂某（身份证：420×××××××××18）为公司经营周转需要，今向出借人罗某借到人民币2000000.00元（大写：贰佰万元整）。还款时间为：2023年1月4日，还款时间延长至2023年6月4日。《收据》载明：今收到罗某（身份证号420420×××××××××813），交来借款贰佰万元整，人民币（大写）贰佰万元整，转账到某管理公司尾号0840账户。2022年10月10日罗某向刘某某提出月息为一分，免除两个月利息。某管理公司于2022年10月10日、11月4日共计向罗某支付两个月的利息4万元。上述借款到期后，某管理公司未按约偿还借款本息。

刘某某与朱某某于2014年1月20日登记结婚，刘某某称其与朱某某已于2023年6月21日办理离婚登记。2021年11月至2023年4月，某管理公司共计向朱某某62×××××××××69账户转入4153735元，朱某某62×××××××××69账户向某管理公司转回2027940.26元。

某管理公司分别于2022年4月8日、5月14日、6月13、7月7日、8月8日、9月9日、10月17日、11月18日、12月14日向朱某某62×××××××××71账户转入1888.02元、5888.02元、9855.34元、16730.85元、11669.36元、6828.94元、11290.27元、11553.66元、11543元。某管理公司分别于2023年1月19日、2月27日、3月19日向朱某某62×××××××××71账户转入6703.66元、8643.66元、8643.66元。以上合计111283.44元。

朱某某称其系家庭主妇，没有参加工作没有收入，其所有的花销全部来源于刘某某。刘某某、朱某某申请证人刘某出庭作证，刘某称其系某管理公司的出纳人员，朱某某并未在公司担任任何职务，未参与公司经营活动。朱某某农商行62××××××××69的银行卡和网上银行借给某管理公司在使用。朱某某没有实际领取该公司的工资，显示领取的工资是公司应向刘某某发放的工资，实际发放到朱某某的账户用于朱某某挂靠社保。

另查明，某管理公司于2018年11月20日成立，主要成员为刘某某和聂某，刘某某职务为执行董事兼总经理、财务负责人、法定代表人，最终受益股份为24.3984%。聂某为监事，最终受益股份为13.1376%。

【案件焦点】

案涉的债务是否为被告刘某某与朱某某的夫妻共同债务。

【法院裁判要旨】

湖北省宜昌市西陵区人民法院经审理认为：被告某管理公司的法定代表人刘某某因该公司经营需要向原告罗某借款2000000元，原告罗某向该公司账户转入2000000元，双方已形成民间借贷关系。借款期限届满后被告某管理公司未按约偿还借款本息，被告某管理公司应对上述借款承担还款责任。被告某管理公司认可月利率为1%，并已按该标准向原告罗某支付两个月的利息40000元，原告罗某同意免除两个月的利息，根据《最高人民法院关于审理民间借贷案件适用法律若干问题的规定》第二十八条之规定，被告某管理公司应以借款本金200万元为基数，自2022年11月5日起至实际清偿之日止按月利率1%的标准向原告罗某支付利息。被告刘某某、朱某某主张已支付180000元利息，但未提交充分的证据予以证明，且原告罗某不予认可，故对被告刘某某、朱某某已支付180000元利息的抗辩意见法院不予采纳。被告刘某某作为公司的法定代表人以借款人的名义向原告罗某出具借条，根据《最高人民法院关于审理民间借贷案件适用法律若干问题的规定》第二十二条的规定，被告刘某某应对上述借款承担共同还款责任。被告聂某作为公司的监事在借条上以借款人的名义签字，其应为共同借款人，对上述借款亦应承担共同还款责任。证人虽称朱某某未参与公司经营，其62××××××××69的账户系被告某管理公司借用，但扣除朱某某已转回公司的2027940.26元，对剩余2125794.74元款项的去向朱某某并未举证，另该公司自2022年4月至2023年3月共计向朱某某62××××××××71的另一账户转入111283.44元，证人称上述款项系本应发放给刘某某的工资但转入了朱某某的账户用于朱某某在公司挂靠社保，不论上述款项系朱某某本人收取还是用于公司帮其挂靠社保，朱某某已从该公司或从刘某某经营该公司的收入中实际受益，且朱某某称其所有花销全部来源于刘某某，故刘某某在与朱某某婚姻关系存续期间经营该公司所负的上述债务应视为夫妻共同债务，被告朱某某应对上述债务承担共同还款责任。

湖北省宜昌市西陵区人民法院判决：

一、被告某管理公司、刘某某、聂某、朱某某共同偿还原告罗某借款本金2000000元，并以2000000元为基数，自2022年11月5日起至实际清偿之日止按月利率1%的标准向原告罗某支付利息；

二、驳回原告罗某的其他诉讼请求。

被告朱某某不服一审判决，提出上诉。

湖北省宜昌市中级人民法院同意一审裁判意见，判决：

驳回上诉，维持原判。

【法官后语】

一、关于夫妻共同债务认定规则的历程

（一）“夫妻共同债务共担”的认定规则

夫妻共同债务认定的规则最早可以追溯至1980年修订的《中华人民共和国婚姻法》第三十二条，其确定了夫妻共同债务共担的基本原则。直至2001年，《中华人民共和国婚姻法》再次修订，其第四十一条关于夫妻共同债务的认定规则删除了个人债务个人承担的补充原则，最终对于夫妻共同债务的承担仅保留了夫妻共同债务共担原则，但该条款中并没有对夫妻一方举债的认定作出规定，导致在司法实践中出现了较多夫妻一方以自己对另一方债务不知情为由，规避向债权人履行偿还债务的义务，甚至通过离婚恶意转移财产给另一方以此逃避债务的情形。

（二）向债权人倾斜的认定

为了保护债权人的合法权益，最高人民法院于2003年12月出台了《最高人民法院关于适用〈中华人民共和国婚姻法〉若干问题的解释（二）》（现已失效），其中第二十四条明确了关于夫妻共同债务推定的认定规则，即债权人就婚姻关系存续期间夫妻一方以个人名义所负债务主张权利的，应当按夫妻共同债务处理。但夫妻一方能够证明债权人与债务人明确约定为个人债务，或者能够证明属于《中华人民共和国婚姻法》第十九条第三款规定情形的除外。根据上述规则，夫妻任何一方在婚姻关系存续期间所负的债务首先将被推定为夫妻共同债务，只有在提供足够的证据证明该债务为个人债务或者债权人借款时知道夫妻财产约定时才能免除非举债方的还款义务。由于加大了对债权人的保护力度，导致司法实践中出现了夫妻另一方被迫共同承担虚假债务、非法债务的极端个案。

（三）虚假或非法债务不受法律保护的认定规则

最高人民法院于2017年2月公布的《最高人民法院关于适用〈中华人民共和国婚姻法〉若干问题的解释（二）的补充规定》（现已失效），在《最高人民法院关于适用〈中华人民共和国婚姻法〉若干问题的解释（二）》第二十四条的基础上增加了两款条文，排除了一方与第三方串通、虚构的债务以及从事赌博、吸毒等违法犯罪活动中所负债务由未举债一方共同承担的认定规定。

（四）"共债共签共同受益"的认定规则

2018年1月，《最高人民法院关于审理涉及夫妻债务纠纷案件适用法律有关问题的解释》（现已失效）除了明确夫妻共同债务的认定以及共债共签共同受益基本原则，同时对一方的负债可以被认定为夫妻共同债务的条件限制在通过事后追认、家事代理权以及共同受益的范围内，进一步平衡了对债权人与未举债一方合法权益的保护。

（五）《中华人民共和国民法典》进一步明确夫妻共同债务的认定规则

夫妻双方共同签字确认的债务应当属于夫妻共同债务。如果负债时由夫妻一方签字，但事后另一方以追认等共同意思表示认可该债务的，应当认定为夫妻共同债务。

如果债务为夫妻一方在婚姻关系存续期间以个人名义为家庭日常生活需要所负的债务，则无论另一方是否签字认可或事后追认，均应当认定为夫妻共同债务。

夫妻一方在婚姻关系存续期间以个人名义超出家庭日常生活所负的债务推定为不属于夫妻共同债务。只有在债权人有证据证明该债务被用于夫妻共同生活、共同生产经营或者夫妻双方认可的情况下，才能认定为夫妻共同债务。

二、关于受益型夫妻共同债务的认定

夫妻一方以个人名义在婚姻关系存续期间对外负债（超出家庭日常生活范围），因案涉借款用于夫妻中举债一方所经营的企业，在债权人已举证夫妻中非债一方从该生产经营中受益的，应认定为夫妻共同经营所负债务，夫妻中非举债一方应对共同债务承担共同偿还责任。

涉及夫妻共同债务案件在强调债权人举证责任的同时，夫妻非举债一方应证明其经济来源且具有与其消费相匹配的支出能力，通过综合审查夫妻主要财产分配、生活消费支出及非举债一方主要经济来源等情况，判断非举债方在何种程度上受益于举债方的生产经营活动，甄别是否存在恶意逃债企图，从而合理、准确界定属于夫妻共同债务。

本案关于朱某某对案涉借款承担责任的认定，朱某某从其配偶刘某某经营公司的收入中实际受益，且朱某某并无其他经济来源，其生活支出来源于其配偶刘某某，因此认定刘某某和朱某某双方财产并非独立，且有共同经营、经营收入用于夫妻共同生活的事实基础，朱某某能从共同生产经营的事业中受益，该债务属于受益型夫妻共同债务，朱某某应对案涉借款承担共同还款责任。

编写人：湖北省宜昌市西陵区人民法院　付腊梅

26

夫妻共同借款的合意推定

——黄某诉王某某、齐某某民间借贷案

【案件基本信息】

1. 裁判书字号

四川省乐山市中级人民法院（2023）川11民终1579号民事判决书

2. 案由：民间借贷纠纷

3. 当事人

原告（上诉人）：黄某

被告（上诉人）：齐某某

被告（被上诉人）：王某某

【基本案情】

王某某、齐某某原系夫妻关系，已于2020年9月7日离婚。备注名为“老齐”的微信账号，系王某某本人身份注册，绑定王某某的甲银行卡，但该微信和银行卡的真正使用人系齐某某。

2020年年初，黄某通过他人介绍认识齐某某，应齐某某的请求，黄某分别于2020年7月16日向备注名为“老齐”的微信账户转款两笔合计2万元、7月18日转款5万元、7月20日转款3万元、7月27日转款3万元。同样，2020年7月28日，黄某指使其朋友张某向王某某账户转款10万元，以上共计转款23万元。齐某某于2020年7月18日通过备注名为“老齐”的微信账户向黄某转款3万元，后又于同年10月21日、11月12日、12月18日、12月24日分别转款1万元，五笔合计7万元。关于此7万元，王某某在一审中陈述：“王某

某受齐某某委托退了黄某共7万元，齐某某和王某某是前夫妻关系，所有款项都是转账到齐某某账上，包括退款也是受齐某某的委托。另，黄某自认收到齐某某指使他人向黄某转款的1万元。直至黄某起诉时，齐某某还欠15万元未予返还。黄某认为案涉款项系借款，属于王某某、齐某某夫妻关系存续期间的共同债务，应由王某某、齐某某共同返还。齐某某认为该笔款项系请托款，王某某只是代收款项，与王某某无关。

【案件焦点】

1. 黄某和齐某某之间就案涉转款是否成立民间借贷关系；2. 王某某是否应对本案诉争的款项承担共同还款责任。

【法院裁判要旨】

四川省峨眉山市人民法院经审理认为：黄某仅依据微信与银行转账凭证，主张与齐某某存在借贷关系，齐某某认可收款事实，但对双方之间存在借贷关系予以否认，齐某某并未就其抗辩主张提供证据予以证明，应当承担举证不能的不利后果。本案中，与黄某达成借款合意的主体系齐某某，而非王某某，故确认黄某与齐某某之间的借贷关系成立，黄某要求被告齐某某偿还借款的诉讼请求，依法予以支持。

关于王某某共同还款责任问题，该笔款项虽系王某某、齐某某夫妻关系存续期间，齐某某使用王某某身份注册的微信和银行卡收取的，但是黄某陈述该笔款项为齐某某急需工程款而出借，不属于王某某、齐某某夫妻关系存续期间因家庭日常生活需要所负的债务，黄某也未举证证明该笔借款用于王某某、齐某某共同生活、共同生产经营，因此，该笔借款不能认定为夫妻共同债务，对黄某主张王某某承担共同还款责任的请求，依法予以驳回。

四川省峨眉山市人民法院判决如下：

一、齐某某于本判决生效之日起十日内偿还黄某借款本金15万元；

二、驳回黄某的其他诉讼请求。

黄某、齐某某不服一审判决，提起上诉。四川省乐山市中级人民法院经审理认为：黄某和齐某某之间的民间借贷关系成立，一审判决齐某某应偿还黄某剩余借款符合法律规定，依法予以维持。关于本案是否成立夫妻共同债务，王某某在与齐某某婚姻关系存续期间，将以自己名义注册并绑定了个人甲银行卡的微信和乙银行卡交给齐某某使用，齐某某使用该微信和乙银行卡收取黄某的借款，王某某知晓微信和银行卡的存在及持有状态，应认定王某某对齐某某的案涉借款明知且同意。结合王某某在一审中的陈述，王某某对齐某某借款不仅知情且实际参与，应视为与齐某某具有共同借款的意思表示，案涉借款应为夫妻共同债务，王某某应与齐某某共同偿还。一审判决认为该债务不能认定为夫妻共同债务不当，依法予以纠正。

综上，四川省乐山市中级人民法院判决如下：

一、维持四川省峨眉山市人民法院（2023）川1181民初1940号民事判决第一项，即“齐某某于本判决生效之日起十日内偿还黄某借款本金15万元”；

二、撤销四川省峨眉山市人民法院（2023）川1181民初1940号民事判决第二项，即“驳回黄某的其他诉讼请求”；

三、王某某对本判决第一项债务承担连带清偿责任。

【法官后语】

随着经济社会的发展，民间借贷纠纷不断增多，形式多样，夫妻共同债务的认定日益复杂化。《中华人民共和国民法典》第一千零六十四条规定：“夫妻双方共同签名或者夫妻一方事后追认等共同意思表示所负的债务，以及夫妻一方在婚姻关系存续期间以个人名义为家庭日常生活需要所负的债务，属于夫妻共同债务。夫妻一方在婚姻关系存续期间以个人名义超出家庭日常生活需要所负的债务，不属于夫妻共同债务；但是，债权人能够证明该债务用于夫妻共同生活、共同生产经营或者基于夫妻双方共同意思表示的除外。”该条吸收了《最高人民法院关于审理涉及夫妻债务纠纷案件适用法律有关问题的解释》有关内容，明确了夫妻共同债务的认定标准，进一步确立了“共债共签”的基本原则。然，社会方式日趋多元，“共债”不一定是“共签”形式。本案例旨在讨论审判实践中，“非共签”情形下夫妻共同举债的合意如何认定，此种情形下涉及意思表示的解释问题，《中华人民共和国民法典》第一百四十二条规定，有相对人的意思表示的解释，应当按照所使用的词句，结合相关条款、行为的性质和目的、习惯以及诚信原则，确定意思表示的含义。个案案件的差异可能导致不同的解释结果，笔者认为，需要结合案件具体情况具体分析，恰当分配举证责任，从而作出裁判。“非共签”情形下夫妻共同举债的合意认定，司法裁判应当考虑借用款项背景、款项交付情况、实际用途、偿还情况、家庭收入情况、财务状况等因素。除《中华人民共和国民法典》第一千零六十四条明确规定的“夫妻双方共同签名”或“夫妻一方事后追认”外，在一定情况下，下列情形可以推定为夫妻双方具有共同举债的合意：(1) 债务人用其配偶银行账户收取款项；(2) 借款后配偶代其归还款项；(3) 配偶知晓债务人非大额借款而未作否认表示的。

具体到本案中，在认定黄某与齐某某之间的民间借贷关系成立后，需要讨论本案是否成立夫妻共同债务问题。王某某在与齐某某婚姻关系存续期间，将以自己名义注册并绑定了个人甲银行卡的微信和乙银行卡交给齐某某使用，齐某某使用该微信和乙银行卡收取黄某的借款，王某某知晓微信和银行卡的存在及持有状态，应认定王某某对齐某某的案涉借款明知且同意。王某某还为齐某某偿还过借款，可知王某某对齐某某借款不仅知情且实际参与，应视为与齐某某具有共同借款的意思表示，案涉借款应为夫妻共同债务。

编写人：四川省峨眉山市人民法院　胡霞

27

夫妻一方对享有支配权和使用权的己方账户内转入的大笔转账未尽审慎义务的，依法应当认定为夫妻共同债务

——唐某甲诉刘某某、曹某甲民间借贷案

【案件基本信息】

1. 裁判书字号

湖南省衡阳市中级人民法院（2024）湘04民终658号民事判决书

2. 案由：民间借贷纠纷

3. 当事人

原告（被上诉人）：唐某甲

被告（上诉人）：曹某甲

被告：刘某某

【基本案情】

唐某甲与刘某某系多年同学，2012年10月刘某某从唐某甲处借款800000元。2012年10月12日唐某甲通过妻子唐某乙账户向曹某甲（刘某某前妻）银行账户转账600000元，2012年10月15日曹某甲向案外人彭某某账户转账800000元，其中200000元系曹某甲从姐姐曹某乙处借得。2012年10月18日，唐某甲通过其妻子唐某乙账户向曹某甲银行账户转账200000元，曹某甲当日归还姐姐曹某乙200000元。案外人彭某某分别于2013年1月28日、2013年1月29日通过某银行账户向刘某某经营的某经销部银行账户归还800000元。后刘某某以经营周转为由，未及时向唐某甲归还该笔借款。其间，刘某某已归还400000元本金及2018年之前的利息。因后续无法及时归还，唐某甲与刘某某

之间多次就该笔借款转条，最近一份欠条系刘某某 2021 年 12 月 31 日出具，载明“今欠唐某甲本金人民币肆拾万元，2018—2019 年计息壹拾陆万元整。经协商，2020—2021 两年度利息改为 12%年息，计息玖万陆千元，其中 2021 年 1 月还利息伍万贰仟元，合计欠款陆拾万肆千元。经双方协商同意还款计划如下：若 2023 年 12 月 31 日前累计还款伍拾壹万元，则全部清账。另 2022—2023 年两年度内每年还款壹拾万元以上当作还本金，壹拾万元以下算还利息，若两年度内没有还清伍拾壹万元，则按约定利息计算。(以前所打欠条全部作废）”

唐某甲诉讼请求：（1）被告刘某某、曹某甲偿还原告唐某甲借款本金 400000 元及利息 344388 元（暂从 2018 年 1 月 1 日计算至 2023 年 9 月 30 日，自 2023 年 10 月 1 日起之后的利息以 400000 元为本金按起诉时 LPR3.45%的四倍 13.8%计算至本息清偿日止)；（2）诉讼费、律师费及相关其他费用由被告刘某某、曹某甲承担；（3）依法判令被告刘某某、曹某甲按实现债权有关费用、利息、主债务的顺序一次性偿还。

【案件焦点】

被告刘某某举债的 400000 元及利息是否是夫妻共同债务。

【法院裁判要旨】

湖南省衡山县人民法院经审理认为：依《中华人民共和国民法典》第一千零六十四条规定可知，认定夫妻共债成立的要件分为夫妻间形成的“共意”或实际的“共享”。其中，“共意”则为明示意思表示或推定的意思表示，即若夫妻一方在债务形成时明知且未作反对或者知道债务存在且有履行行为时，应当认定夫妻双方对负债具有共同的意思表示。“共享”则是基于日常家事代理外观形成，以及超出日常家事代理范围但债务所涉及财产利益用于夫妻共同生活、共同经营等形成。因此，就夫妻共债的举证责任，债权人需举证举债配偶在该笔债务中存在“共债合意”或“共享债务利益”的情形，且能够达到高度盖然性标准，否则，将承担不利诉讼的法律后果。本案中，案涉债务产生于刘某某与曹某甲两人婚姻关系存续期间，被告曹某甲虽辩称对借款事实毫不知情，结合银行账户实名制原则和被告曹某甲两次收取唐某乙转账的行为，实质表明曹某甲对 800000 元借款享有支配权和使用权，否则，无法完成转账。再者，作为一个理性的家庭成员，对转入自己账户的大额转账来源、去向、用途不作仔细询问，于理不合，抑或是被告刘某某和曹某甲之间已形成互相走账的习惯，无论基于哪种情形，均能推定被告刘某某和曹某甲已形成借贷合意。另，借款归还至刘某某的某经销部，后被用于经销部经营，而刘某某为个体工商户的经营者，其与其前妻曹某甲未举证证明双方对婚姻关系存续期间所得财产约定归各自所有，经销部所经营获得的财产属于家庭生活收入来源，个体工商户经营过程中，个人经营所得与家庭财产发生混同，界限不清，且难以证明是个人经营，符合共享债务利益的情形。故可认定案涉债务属于夫妻共同债务，曹某甲应当承担共同还款责任。

湖南省衡山县人民法院判决：

一、被告刘某某、曹某甲于本判决生效之日起的十五日内共同偿还唐某甲借款本金 400000 元及至 2021 年 12 月 31 日的利息 204000 元及后期利息（自 2022 年 1 月 1 日起以 400000 元借款本金为基数，按年利率 12% 的标准计算至清偿之日止）；

二、驳回原告唐某甲的其他诉讼请求。

案件判决后，被告曹某甲上诉至湖南省衡阳市中级人民法院，二审法院同意一审法院裁判意见，予以维持。

【法官后语】

夫妻债务性质的认定是夫妻债务制度的核心内容。《中华人民共和国民法典》第一千零六十四条明确了夫妻共同债务的认定标准，主要分为三个层次：

一是基于夫妻共同意思表示所负的债务。其表现形式可以是事前的共同签字，也可以是事后一方的追认。此即所谓“共债共签”制度，这符合民法意思自治原则和合同相对性原理。主要考虑是，在债务形成之时，债权人往往处于优势地位，课以其一定的风险控制义务，并不明显加重其负担；同时，能够在家庭重大财产利益的处分上保护夫妻另一方的利益，尊重其知情权和同意权；

亦能够最大限度减少事后纠纷的发生概率。当然，事后追认的方式，不限于书面形式，实践中可以通过电话录音、短信、微信、邮件等方式记载的内容进行判断。

二是为日常家庭生活需要所负的债务。日常家事代理是认定夫妻因日常家庭生活所生债务性质的根据。此类债务主要是日常家事代理范畴所负的债务，为夫妻共同生活过程中产生，以婚姻关系为基础，一般包括正常的吃穿用度、子女抚养教育经费、老人赡养费、家庭成员的医疗费等，是最典型的夫妻共同债务，夫妻双方应当承担连带责任。要特别说明的是，家事代理责任承担的前提并不是夫妻共同财产制度，家事代理制度解决的是夫妻一方因日常事务代理与第三人对外发生法律关系后的责任承担，与夫妻财产制无必然联系。

三是超出家庭日常生活需要所负的债务且债权人不能证明该债务用于夫妻共同生活、共同生产经营或者基于夫妻双方共同意思表示。婚姻是夫妻生活的共同体，具有长期性和连续性。婚姻关系存续期间，夫妻除因行使日常家事代理权形成日常家事债务外，还会与第三人形成其他债权债务关系，如大额借贷、赠与、不动产买卖等。为保护未举债的配偶一方的合法权益，法律明确规定此种情况下所负债务原则上不属于夫妻共同债务。将举证责任科以债权人，以倒逼债权人在建立债权债务关系时尽到审慎的注意义务，按照《中华人民共和国民法典》第一千零六十四条第一款的规定，要求举债人的配偶一方签字同意，确保债务形成为夫妻双方的共同意思表示，也能够最大限度避免夫妻一方与债权人恶意串通损害另一方合法权益的情况。民法典严格限制夫妻共同债务范围的精神，应当说对于维护婚姻家庭的和谐稳定具有重要意义。

编写人：湖南省衡山县人民法院　许霖林

三、借款主体认定

28

借款人通过配偶名下公司还款的性质认定

——王某1诉王某2等民间借贷案

【案件基本信息】

1. 裁判书字号

江苏省滨海县人民法院（2023）苏0922民初1647号民事判决书

2. 案由：民间借贷纠纷

3. 当事人

原告：王某1

被告：王某2、辛某、某公司

【基本案情】

某公司设立于2003年。2018年12月，某公司股东变更为王某2、辛某，法定代表人变更为王某2；2020年4月，某公司股东和法定代表人均变更为辛某。

王某1与王某2系朋友关系。王某2、辛某系夫妻关系。2021年，王某2向王某1多次借款共计800000元。

借款后，王某2陆续向王某1偿还利息，某公司也曾通过公司账户向王某

1进行转账。后王某2未能按约给付利息。

王某1曾多次从金融机构借款转借给王某2，分别是2022年8月20日出借的29805元、2022年11月3日出借的6万元、2022年11月7日出借的59000元，王某2针对上述三次借款共归还了17000元。

2023年3月，王某1向法院起诉王某2、辛某、某公司，要求王某2归还借款本金800000元及利息，辛某、某公司对上述借款承担连带清偿责任。诉讼期间，王某2与辛某在法院调解离婚，某公司股东和法定代表人均变更为辛某的姐姐。

王某1于2023年2月28日支付了保全保险费2164元，王某1委托某律师事务所代理本案诉讼，约定本案代理费用为16000元。

【案件焦点】

借款人通过配偶名下公司还款的性质。

【法院裁判要旨】

江苏省滨海县人民法院经审理认为：合法的借贷关系受法律保护。王某2向王某1借款，双方约定的履行期限还未届满，但王某2长期未按约偿还利息，债务人的此种行为属于预期违约，故王某1要求王某2归还借款本金800000元的诉讼请求，本院予以支持。

王某1还要求辛某承担共同还款责任，虽然上述债务发生在双方婚姻关系存续期间，但是王某1并未举证证明该资金用于夫妻共同生活、共同生产经营或者基于夫妻双方共同意思表示而举债，故本院对案涉借款不予认定为夫妻共同债务，辛某不应当承担还款责任。

王某1还要求某公司承担还款责任，该公司在案涉借款发生时股东和法定代表人均为辛某，某公司的转账行为并不能认定为其实际控制人为王某2。王某1也无证据证明王某2与某公司存在人格混同，故王某1要求某公司承担还款责任的诉讼请求，本院不予支持。

江苏省滨海县人民法院判决如下：

一、被告王某2于本判决发生法律效力之日起十日内向原告王某1归还借款本金800000元及利息；

二、被告王某2于本判决发生法律效力之日起十日内向原告王某1支付保全保险费2164元、诉讼代理费16000元；

三、驳回原告王某1的其他诉讼请求。

宣判后，双方当事人均未上诉，一审判决生效。

【法官后语】

借款人与配偶持有某公司股权。借款时，公司法定代表人与股东均已变更为配偶一人。借款后，借款人有多次通过公司向债权人还款的行为。此种情形下，公司是否为借款人与配偶的“夫妻店”？公司还款是公司行为还是借款人委托的还款行为？对于上述问题，笔者一一予以解答。

关于公司还款是公司行为还是借款人委托还款行为。一人有限责任公司由公司承担责任，公司的股东不能证明公司财产独立于股东自己财产的，应当对公司债务承担连带责任，但不能因此就推定，因公司的法定代表人与股东为借款人的配偶，就要求公司承担责任。公司的转账行为本身并不能认定为公司实际控制人为借款人王某2，王某1也无证据证明王某2与公司存在人格混同，王某1要求公司承担还款责任，不予支持。

关于公司的法定代表人与股东系借款人配偶，因公司还款，本案所涉款项是否认定为夫妻共同债务。实践中，夫妻双方共同签字或夫妻一方事后追认等共同意思表示所负的债务，应当认定为夫妻共同债务。夫妻一方在婚姻关系存续期间以个人名义为家庭日常生活需要所负的债务，债权人以属于夫妻共同债务为由主张权利的，人民法院应予支持。本案债务发生在双方婚姻关系存续期间，但是王某1并未举证证明该资金用于夫妻共同生活、共同生产经营或者基于夫妻双方共同意思表示而举债，法院对案涉借款不予认定为夫妻共同债务。

本案通过举证责任分配层层查明事实，认定配偶及公司均不承担责任。该案判决后，各方均服判息诉。

编写人：江苏省滨海县人民法院　陈亚男　李艳

29

成年限制民事行为能力人签订的借款合同经法定代理人追认，应当被认定为有效

——张某诉康某甲等民间借贷案

【案件基本信息】

1. 裁判书字号

四川省井研县人民法院（2023）川1124民初451号民事判决书

2. 案由：民间借贷纠纷

3. 当事人

原告：张某

被告：康某甲、高某某、康某乙、彭某某、某供销公司

【基本案情】

康某甲于2017年6月5日发生交通事故受伤，于2018年5月23日被人民法院宣告为限制民事行为能力人，高某某被依法指定为康某甲的监护人。

康某甲于2019年9月19日向某银行申请办理农户贷款。同日，高某某向该行出具《共同债务人承诺书》。2020年1月6日，康某甲与某银行签订《农户贷款借款合同》，贷款金额300000元，贷款期限为2020年1月7日至2021年1月6日。

2021年1月12日，康某甲向张某借款300000元，约定月利率2%，彭某某、某供销公司对该笔借款提供连带责任担保，三被告共同向原告张某出具《借条》1份。同日，张某向康某甲的某银行账户转账300000元，康某甲出具《收条》1份。

2021年1月12日，康某甲归还某银行尚欠的贷款本金299787.88元及相应利息。至此，康某甲已还清某银行的贷款。

2021年7月17日，张某与康某甲、彭某某、某供销公司签订《协议》1份，载明："甲方：（出借人）张某……乙方：（借款人）康某甲……丙方：（保证人）彭某某……丁方：（保证人）某供销公司……乙方因急需资金归还康某甲、高某某的某银行到期贷款，于2021年1月12日向甲方借款300000元。于2021年4月10日还甲方5万元（其中归还利息18000元，归还本金32000元）。经结算，截至2021年7月17日，乙方尚差欠甲方借款本金268000元、利息10000元（按照本《协议》签订时一年期LPR的四倍即年利率15.4%计算），合计278000元。现经各方协调达成如下协议：一、乙方承诺于2021年12月31日前将差欠甲方的借款本金及利息全部还清甲方，本协议签订后的利息计算继续以本金268000元为基数，利息按年息15.4%计算。每月17日前支付每月利息。二、丙方、丁方自愿作为乙方的保证人，其保证形式为连带责任保证。保证范围：上述第一条本金及利息，以及甲方为实现债权产生的所有费用（包括诉讼费、律师费、差旅费、及其他实际支出的全部费用）。保证期限：本协议约定乙方还款期限届满之日起两年。"同日，康某甲通过微信转账偿还张某2500元。

2022年3月15日，高某某填写签署《情况说明》1份，载明："我与康某甲系夫妻关系，由于我夫妻二人差欠某银行的到期贷款，为此于2021年1月12日以康某甲的名义向张某借款300000元，康某甲向张某借款300000元我是明知的并且同意，该款属于我夫妻二人的共同借款，应由我夫妻二人共同归还张某；2021年7月17日康某甲与张某结算，并形成协议，我对该协议的所有内容予以认可，截至2021年7月17日我夫妻二人尚差欠张某借款本金268000元、利息10000元，2021年7月17日后的利息继续以268000元为基数，按年利率15.4%计算至款清，我与康某甲对差欠张某的前述借款本金及利息承担共同还款责任。特此说明！情况说明人：高某某2022年3月15日"。

同日，康某乙填写签署《担保说明书》1份，载明："张某：因我的父母

（康某甲、高某某）现尚差欠你借款本金268000元及利息（至2021年7月17日的利息10000元，2021年7月17日后的利息以268000元为基数，按年利率15.4%计算至款清），现本人自愿作为我父母（康某甲、高某某）的保证人，对我父母（康某甲、高某某）差欠你的该笔借款本金及利息承担保证责任。我的保证责任形式为连带责任保证，保证范围包括我父母（康某甲、高某某）尚差欠你的268000元借款本金及利息（至2021年7月17日的利息10000元，以及2021年7月17日后以268000元为基数，按年利率15.4%计算至款清的利息），保证期限为本承诺书签字之日起3年。保证人：康某乙2022年3月15日”。2023年3月18日，康某乙支付张某利息2000元。

此后，康某甲未偿还张某任何款项。

经多次催收未果，张某于2023年3月27日诉至四川省井研县人民法院。

【案件焦点】

限制民事行为能力人签订的借款合同效力如何认定。

【法院裁判要旨】

四川省井研县人民法院经审理认为：根据《中华人民共和国民法典》第六百七十九条“自然人之间的借款合同，自贷款人提供借款时成立”和《最高人民法院关于审理民间借贷案件适用法律若干问题的规定》第九条“自然人之间的借款合同具有下列情形之一的，可以视为合同成立：（一）以现金支付的，自借款人收到借款时；（二）以银行转账、网上电子汇款等形式支付的，自资金到达借款人账户时；（三）以票据交付的，自借款人依法取得票据权利时；（四）出借人将特定资金账户支配权授权给借款人的，自借款人取得对该账户实际支配权时；（五）出借人以与借款人约定的其他方式提供借款并实际履行完成时”之规定，民间借贷系实践性合同，本案被告康某甲于2021年1月12日向原告借款并出具《借条》1份，原告于当日通过银行转账的方式向被告康某甲交付借款300000元，借款已完成交付，案涉借款合同成立。借款合同成立时，被告康某甲系限制民事行为能力人，借款合同的效力应当结合其民事行为能力状况及法定代理人是否同意或追认进行综合判断。

根据《中华人民共和国民法典》第一百四十五条第一款“限制民事行为能力人实施的纯获利益的民事法律行为或者与其年龄、智力、精神健康状况相适应的民事法律行为有效；实施的其他民事法律行为经法定代理人同意或者追认后有效”之规定，首先，虽然被告康某甲因 2017 年 6 月 5 日发生交通事故导致其于 2018 年 5 月 23 日被宣告为限制民事行为能力人，但该鉴定意见仅能反映其当时的精神状况和民事行为能力，不能反映其借款时的民事行为能力状况。其次，被告康某甲在被评定为限制民事行为能力人后，于 2019 年 9 月 19 日向某银行申请办理农户贷款 300000 元并提供贷款材料、签订借款合同，且从贷款材料中显示其于 2019 年 1 月 1 日流转土地进行生产经营，同时在借款后其也向原告偿还部分借款本息，上述借款前后行为反映出其认知能力和判断能力在借款时已一定程度恢复，其借款时的智力、精神健康状况等与借款行为相适应，该民事法律行为有效。最后，根据被告高某某于 2022 年 3 月 15 日向原告出具的《情况说明》载明的“康某甲向张某借款 300000 元我是明知的并且同意”等内容，可以确定被告高某某作为被告康某甲的法定代理人对被告康某甲向原告借款的民事法律行为同意并进行了追认。

综上，虽然被告康某甲在案涉借款合同签订前被评定为限制民事行为能力人，但综合借款前后被告康某甲的行为，其具备签订案涉合同的民事行为能力，且被告高某某对被告康某甲的行为进行了追认，故案涉借款合同系各方的真实意思表示，不违反法律法规的强制性规定，合法有效，对双方具有约束力。

根据《最高人民法院关于审理民间借贷案件适用法律若干问题的规定》第二十八条的规定，康某甲与张某的《借条》约定月利率 2%超过了借条出具时的一年期 LPR 的四倍，故张某可获得的利息应以借条出具时的一年期 LPR 的四倍为限，即月利率 1.283%。

四川省井研县人民法院判决：

一、被告康某甲、高某某在本判决生效之日起三十日内偿还原告张某借款本金 261547 元［30 万-（5 万-30 万×3 个月×1.283%）］、借款利息 76067 元

(截至 2023 年 4 月 10 日，261547 元×3 个月×1.283%-2500 元+261547 元×21 个月×1.283%-2000 元)，并从 2023 年 4 月 11 日起以尚欠的本金 261547 元为基数，按借条出具时的一年期 LPR 的四倍（即年利率 15.4%，月利率 1.283%）支付原告张某逾期利息至本金付清时止；

二、被告康某乙、彭某某、某供销公司对本判决第一项确定的债务承担连带清偿责任；

三、驳回原告张某的其他诉讼请求。

一审判决作出后，原告张某与被告康某甲等人均未提出上诉，一审判决已生效。

【法官后语】

民事行为能力即有效实施法律行为的能力。无民事行为能力或限制民事行为能力的设计在于加强对民事行为受限者的财产关怀和人身关怀，免使他们因意思表示能力的欠缺而遭受损害。但如果每次交易时都需要判断相对人是否具有民事行为能力，则交易成本大增的同时也会面临非常大的不确定性。与无民事行为能力人相比，因行为能力欠缺被法院裁决认定为限制民事行为能力人的成年人具有更高的辨识能力，所以其实施的民事法律行为并非一律无效。根据《中华人民共和国民法典》第二十二条的规定，成年人因行为能力欠缺被法院裁决认定为限制民事行为能力人，该成年人仍可以独立实施纯获利益或者与其智力、精神健康状况相适行为的民事法律行为。法律在此并非仅考虑限制民事行为能力人的保护，在一定程度上也照顾相对人的利益，体现了对各方当事人利益的平衡。在审判实践中应当注意：

其一，成年人因交通事故被宣告为限制民事行为能力人，但该鉴定意见和认定裁决也仅能反映当事人当时的精神状况和民事行为能力，不能反映其实施民事行为时的民事行为能力状况。现实生活中，被人民法院认定为无民事行为能力或者限制民事行为能力的，即使当事人的认知能力和判断能力逐渐恢复至正常人水平，因其本人或者有关组织长期怠于申请民事行为能力恢复的宣告，故认定裁决不能成为判断民事行为效力的唯一标准，应结合其实施民事法律行为时的智力、精神健康状况进行初步评判。本案中，康某甲在被评定为限制民事行为能力人后，其为了生产经营目的向银行申请贷款，且案涉借款直接产生于银行借款之后，上述借款前后行为反映出其认知能力和判断能力在借款时已一定程度恢复。

其二，与无民事行为能力人相比，限制民事行为能力人具有更高的辨识能力，所以其实施的民事法律行为并非一律无效。法律只准许限制民事行为能力人独立实施部分民事法律行为，其他民事法律行为须经法定代理人事先同意，否则效力待定。最终是否生效，也取决于法定代理人是否事后追认。本案中，康某甲的监护人高某某自案涉借款合同签订一年后，向出借人张某出具《情况说明》，明确载明其知晓康某甲借款目的系偿还二人夫妻共同债务，并表示同意对案涉债务与康某甲承担共同偿还责任，即应视为监护人对瑕疵合同效力构成追认。实际上，案涉绝大部分款项用于偿还康某甲和高某某尚欠银行的贷款本息，直接导致康某甲与原债权人银行之间的债权债务关系消灭，且为了担保康某甲债务的履行，彭某某、某供销公司和康某乙自愿承担连带责任保证，意味着张某在康某甲不履行债务时，三保证人将要代替康某甲承担还款责任和违约责任，显然不能认定该借款行为损害张某的利益。

其三，合同签订后当事人的实际履约行为可作为当事人真实意思表示的行为外观。本案中，借款合同签订后，康某甲依合同约定向张某偿还部分借款本金和利息，监护人、限制民事行为能力人至本案起诉前均未对合同效力提出异议，二者以实际履约行为表明合同成立并生效是其真实意思表示。

综上，认定裁决不能成为判断民事行为效力的唯一标准。被宣告为限制民事行为能力人的成年人实施的民事行为的效力，应当结合其签订合同时的精神状态、该行为给其生活带来的风险以及合同目的、履约行为、监护人是否事后追认等因素综合判断，作出裁判。

编写人：四川省井研县人民法院　严梅

30

刑事判决认定实际借款人构成非法集资等犯罪时借款主体及合同效力的认定规则

——陶某某诉孟某某民间借贷案

【案件基本信息】

1. 裁判书字号

浙江省绍兴市中级人民法院（2023）浙06民终652号民事判决书

2. 案由：民间借贷纠纷

3. 当事人

原告（被上诉人）：陶某某

被告（上诉人）：孟某某

【基本案情】

2018年10月16日，孟某某向陶某某出具借条一份，载明："今因经营需要，向陶某某借款人民币大写叁拾万元整，小写￥300000元整，借款期限自2018年10月16日至2018年11月15日，借款利息为月息2%。如未按时归还，应支付违约金，违约金从借款日起以未归还部分借款的每日3‰计算。因借款人违约，出借人为实现债权而产生的一切费用（公证费、诉讼费、律师费、交通费等）均由借款人承担。"同日，陶某某通过其妻子缪某某向孟某某转账交付300000元借款。

2020年11月18日，绍兴市上虞区人民法院作出刑事判决书（已生效），认定被告人朱某某犯非法吸收公众存款罪，在事实部分认定本案所涉借款系朱某某通过孟某某向陶某某所借。该刑事判决书对本案原、被告的证言分别归纳记载为："2018年10月16日，朱某某在办公室，孟某某也在，当时孟某某以转贷为由向其借款300000元，钱打入孟某某的建设银行卡，孟某某给其1500元感谢费。""2018年10月16日上午，朱某某对其说需要资金'调头'，要其出面借款300000元……"该刑事判决书对朱某某的供述则归纳记载为："2018年10月，其资金紧张，向其表兄弟孟某某借钱，孟某某说他自己也需要用钱。其只能自己想办法借钱。其作为银行工作人员不好出面，就让孟某某出面借……"该刑事判决书主文部分第二条载明："被告人朱某某非法吸收的未归还款项，继续予以追缴，发还给相应的集资参与人。"案涉298500元款项被列入附表之中，并备注："发还时应注意是否存在孟某某归还陶某某的情况，如存在上述情况，发还陶某某的金额应相应减少。"陶某某至今未基于上述刑事判决书获得追缴款。

陶某某向法院起诉请求：（1）判令被告立即归还借款本金298500元，并支付该款项自2018年10月16日起至实际清偿之日止，按照起诉时一年期贷款市场报价利率四倍计算的利息、违约金；（2）判令被告支付原告为实现本案债权而支出的律师费5000元。

【案件焦点】

1. 刑事判决书认定事实对本案是否具有既判力，即在后民事诉讼中借款相对方及合同效力如何认定；2. 如何统筹民事责任与刑事责任的关系。

【法院裁判要旨】

浙江省绍兴市上虞区人民法院经审理认为：首先，结合朱某某讯问笔录以及原、被告询问笔录看，刑事判决书对三方就案涉借款交易经过陈述的归纳记载是准确和完整的。三方关于交易经过的陈述是高度一致的，据此可明确案涉借款虽最终由朱某某实际使用，但原告在出借当时并不知晓上述借款用途，更不知晓被告仅系出面借款。根据合同相对性，被告应就案涉借款债务承担还款付息责任。至于借款实际由朱某某使用，被告可另行向朱某某主张。其次，虽然案涉刑事判决书认定朱某某为实际借款人，但考虑到刑事裁判依据的法律规范及证明标准与民事裁判不同，上述事实认定与本案事实认定并不存在冲突，这一点从刑事判决书附表所作备注亦可得到印证，即认定朱某某承担刑事责任并不当然排斥孟某某承担民事责任。最后，即便刑事判决书关于朱某某系实际借款人的认定对本案具有实质上的确定力，亦无证据证明陶某某在订立合同时知晓朱某某与被告之间存在所谓的委托代理关系，孟某某庭审中也明确并无关于披露代理关系的证据，故案涉借款合同亦无法直接约束陶某某与朱某某。综上，基于合同相对性，认定原、被告之间存在借款合同法律关系，被告应作为借款人承担相应民事责任。

浙江省绍兴市上虞区人民法院判决如下：

一、孟某某应于本判决生效之日起十日内归还陶某某借款 298500 元，并支付该款项自 2018 年 10 月 16 日起至实际清偿之日止，按照起诉时一年期贷款市场报价利率（LPR）四倍计算的利息、违约金；

二、孟某某应于本判决生效之日起十日内支付陶某某为实现本案债权支出的律师代理费 5000 元。

被告不服一审判决，提出上诉。

浙江省绍兴市中级人民法院经审理认为：受害人请求犯罪分子以外的其他主体承担民事责任的，民事案件与刑事案件应当分别审理。另案刑事判决虽认定被告人朱某某通过孟某某向陶某某借款 298500 元，但综合三方公安笔录，陶某某在订立借款合同时并不知道朱某某委托孟某某出面借款的事实。本案借款合同的相对人应认定为孟某某。陶某某作为刑事案件受害人，除通过刑事追赃程序挽回损失外，另享有基于合同相对性原则主张孟某某承担违约责任的民事权利。

浙江省绍兴市中级人民法院依照《中华人民共和国民事诉讼法》第一百七十七条第一款第一项规定，判决如下：

驳回上诉，维持原判。

【法官后语】

在刑事判决认定了实际借款人且判定其构成非法吸收公众存款犯罪的情况

下，出借人又起诉名义借款人时，需要依次厘清以下三个问题：一是在后民事诉讼是否应受理的问题；二是刑事判决认定事实的既判力问题；三是在后民事诉讼与在先刑事判决如何统筹的问题。

对于在后民事诉讼是否应当受理的问题。刑事追缴退赔程序与民事诉讼程序间的关系如何协调处理是刑民交叉案件中较为棘手的问题，各地法院实践有所区别。一种观点认为，作为刑事案件受害人的损失可通过刑事追缴、退赔程序追偿，不能同时提起民事诉讼。但上述观点成立的前提是民刑案件构成“同一事实”。如果民事案件与刑事案件的主体相同，且案件基本事实存在竞合或者基本竞合的，可以认定民事案件与刑事案件构成“同一事实”。如果刑事案件定罪量刑的事实与民事案件的基本事实无关，那么即使主体相同，亦不构成“同一事实”。本案出借人系向名义借款人主张还款，与刑事判决的被告人主体并不重合，不属“同一事实”。此时，一律裁定不予受理或者驳回起诉，并不具备正当性，此种裁判结果也不利于充分实现被害人的权利救济。

对于既判力问题。根据司法实践，生效裁判的既判力仅局限于生效裁判的判项。对于“事实查明”“本院认为”部分的认定，如有证据可以推翻的，在后裁判不受在先裁判的影响，人民法院可以根据当事人举证情况作出独立认定。若无其他有力证据证明生效裁判的“事实查明”存在错误时，生效裁判的“事实查明”具有优先的证明效力。然而，既判力及于“事实查明”和“本院认为”，也变相剥夺了当事人的上诉权。案涉刑事判决认定借款人为朱某某，并不影响出借人在民事诉讼中举证证明该事实认定错误。

关于借款人的认定问题。在实际借款人委托名义借款人借款时，应当依据《中华人民共和国民法典》第九百二十五条、第九百二十六条有关间接代理的规定来确定借款合同的当事人，即视出借人在订立借款合同时是否知情来作不同处理：出借人在签订借款合同时知道或者应当知道名义借款人与实际用款人之间代理关系的，应当认定实际用款人是借款人，除非出借人有确切证据证明借款合同只约束名义借款人。出借人对代理关系不知情的，应当认定名义借款人是借款人；名义借款人披露实际借款人的，出借人有权选择名义借款人或者实际借款人作为相对人。关于借款合同效力问题。刑事判决认定实际借款人构成非法集资、集资诈骗等犯罪，并不等同于民事诉讼也必须认定借款合同发生在出借人和实际借用人之间。在行为的效果归属问题上，仍然要依据《中华人民共和国民法典》第九百二十五条、第九百二十六条来确定借款合同的当事人。如果民事判决认定名义借款人是借款人的，此时实际借款人构成非法集资、集资诈骗等并不影响借款合同的效力。

另需关注的是，名义借款人民事责任与实际借款人刑事责任的协调问题。如果认定合同关系发生在名义借款人与出借人之间，则名义借款人承担借款合同项下的还本付息责任，实际借款人承担退赃退赔责任，二者构成不真正连带责任，不存在比例责任或补充责任的问题。此时，人民法院要在执行环节做好协调工作，避免债权人重复受偿。

编写人：浙江省绍兴市上虞区人民法院　石学敏

31

民间借贷关系中表见代理行为的审查认定

——马某诉某建设公司、张某民间借贷案

【案件基本信息】

1. 裁判书字号

山东省淄博市中级人民法院（2023）鲁03民终3513号民事判决书

2. 案由：民间借贷纠纷

3. 当事人

原告（上诉人）：马某

被告（上诉人）：某建设公司

被告（被上诉人）：张某

【基本案情】

2018年9月6日，马某通过其妻于某某给某建设公司分公司银行账户转款20万元，某建设公司分公司给马某开具了收据一份，内容为“今收到马某现金贰拾万元整”并加盖有某建设公司分公司财务专用章。张某给马某写下借条一份，内容为“因公司账面资金周转紧张，今通过银行转账向好友马某借得人民币贰拾万元整，月利率2%，借款期限半年，于2019年3月6日到期后还本付息。如逾期未还，按承诺利率支付利息至还清之日。借款人某建设公司分公司。经办人张某”。借条落款时间为2018年9月6日，借条未加盖借款人某建设公司分公司的印章。经某建设公司申请，山东省淄博市博山区人民法院依法委托司法鉴定中心对借条书写时间进行了鉴定，鉴定结论为：借条中书写字迹符合2020年8月之后书写形成。各方对鉴定结论均无异议。庭审中张某也承认该借条不是当时书写，同时称当时口头约定了利息但利率的约定已记不清楚。

某建设公司分公司与张某签订承包经营合同书，将“某县供电公司综合楼项目”和“武警驻勤营房项目”以包工包料方式整体转包给张某，张某自主经营、自担风险。马某主张张某向其借款时出示了某建设公司的《授权委托书》，该授权委托书记载：“某建设公司现委托某县分公司张某为我方代理人，代理人根据授权以我方的名义签署、澄清、递交、补正、撤回和修改武警驻勤营房项目，以及就该项目签订合同、开展施工和处理有关事宜，其法律后果由我方承担。2018年7月16日。”某建设公司法定代表人王某某出具的《授权委托书》，授权内容同上，落款时间为2018年8月8日。

2019年9月3日马某以某建设公司及其分公司为被告起诉至法院。在起诉状中陈述某建设公司分公司因在供电公司项目中资金困难向其借款20万元。马某支付了诉讼财产保全责任保险的保费。法院依职权追加张某为本案被告，马某未变更诉讼请求。

2020年5月，某建设公司分公司被注销。

【案件焦点】

马某的行为是否符合表见代理善意无过失相对人要件。

【法院裁判要旨】

山东省淄博市博山区人民法院经审理认为：该款为某建设公司分公司向马某的借款，双方民间借贷关系成立。没有证据证明借贷双方约定了借款期限和利息。借贷双方利息约定不明，出借人主张支付利息的，人民法院不予支持。诉讼财产保全责任保险的保费虽是原告的实际支出，但并非实现债权之必需，要求被告承担缺乏法律依据，法院不予支持。

山东省淄博市博山区人民法院判决：

一、被告某建设公司于本判决生效之日起十日内返还原告马某借款200000元；

二、驳回原告马某的其他诉讼请求。

马某、某建设公司均不服一审判决，提起上诉。马某请求支持利息，某建设公司请求撤销一审判决并驳回马某上诉。

山东省淄博市中级人民法院经审理认为：虽然张某认可案涉款项系某建设公司分公司的借款，但是张某以分公司名义借款的行为对某建设公司不具有约束力。理由如下：（1）现有证据显示张某以个人名义承包“某县供电公司综合楼项目”和“武警驻勤营房项目”，并且自主经营、自担风险，其在施工过程中没有以分公司名义代表某建设公司对外借款的职权。（2）张某持有的《授权委托书》系授权其以某建设公司代理人的身份对外就“武警驻勤营房项目”签订合同、开展施工和处理有关事项，与借款无关。张某以分公司名义借款的行为超出了某建设公司授权范围。（3）张某以分公司名义借款的行为对某建设公司不构成表见代理。根据马某的陈述以及主张权利的证据可知，马某系基于张某向其出示的《授权委托书》以表示其有权代表某建设公司对外借款而出借款项，但如前所述，根据该《授权委托书》的授权事项，张某无权以个人或者分公司名义代表某建设公司对外借款；并且马某自述张某称分公司在某县供电公司综合楼项目资金困难而向其借款，与《授权委托书》记载的委托授权事项所指向的施工项目明显不同。马某未尽到合理审慎的注意义务，主观上具有较大过失，张某以分公司名义借款的行为不构成表见代理。再者，马某将案涉款项转入分公司银行账户后，张某一方仅出具一份加盖分公司财务印章的收据，而该收据中并未注明款项的用途和性质；再结合该款项随后流向张某个人银行账户且没有证据证明案涉款项实际用于某建设公司的工程项目中以及张某在分公司被注销后又向马某出具了将落款时间前移至“2018 年 9 月 6 日”的借条，而马某并未陈述该借条的真实形成过程等事实，某建设公司完全有理由质疑案涉借贷的真实性。经审查并结合相关事实，法院认为马某主张与某建设公司存在借贷关系的事实真伪不明，依法认定该事实不存在。因此，马某请求某建设公司向其偿还借款及利息依据不足，法院不予支持。

综上所述，某建设公司的上诉请求成立，予以支持。山东省淄博市中级人民法院依照《中华人民共和国合同法》第四十八条、《最高人民法院关于适用〈中华人民共和国民法典〉时间效力的若干规定》第一条第二款、《中华人民共和国民事诉讼法》第一百七十七条第一款第二项、《最高人民法院关于适用〈中华人民共和国民事诉讼法〉的解释》第一百零八条规定，判决如下：

一、撤销山东省淄博市博山区人民法院（2023）鲁 0304 民初 1289 号民事判决；

二、驳回马某的诉讼请求。

【法官后语】

本案主要涉及张某行为是否构成表见代理。

随着经济社会发展，跨地域贸易合作频繁，被代理人通过授权他人代理行为实现其业务延伸，为了维护善意相对人的信赖利益和既得利益、交易安全、合理配置社会资源，达到促进市场经济的发展、维护安全的市场交易秩序的效果，法律认可表见代理的效力。表见代理实质上属于无权代理不发生效力的例外情形。民间借贷案件中，借款人表现出其享有对外借款的代理权的外观或者被代理人表现出的授予行为人代理权的行为或者语言。出借人对代理人的代理行为效力认识存在偏差，基于自身的认识实施一系列民事法律行为。如果对出借人行为产生的法律后果不能作出准确评价，将会导致不利后果产生。对表见代理效力的认定，应综合考虑以下四个方面：

一、须是无权代理

无代理权是指行为人实施代理行为时并没有代理权，主要包括行为人没有代理权、超越代理权和代理权终止后仍然实施代理行为三种情形。行为人无代理权是构成表见代理的前置要件。本案中，张某以个人名义承包项目，自主经营、自担风险，其在施工过程中没有以某建设公司分公司名义代表某建设公司对外借款的职权，为无权代理。

二、须相对人与无权代理人实施了民事法律行为

相对人与无权代理人实施的民事法律行为必须合法有效。行为人所实施的行为属于违法行为、违背社会公序良俗等，则相对人无论以何种证据予以证明，行为人均不构成表见代理。违法行为、违背社会公序良俗等行为是禁止授权的，相对人也不应当有理由相信行为人对违法行为有代理权，更不应对违法行为的法律后果由“被代理人”承担形成合理预期。

三、须在代理行为外观上存在使相对人相信行为人具有代理权的外观或者表象

《中华人民共和国民法典》第一百七十二条明确要求相对人必须是“有理由相信行为人有代理权的”，须在代理行为外观上存在使相对人相信行为人具有代理权的事实和理由。例如，借款人持有被代理人的介绍信、公章、盖有公章的空白合同、授权委托书，签约地在被代理人营业地或办公场所地等。支撑出借方做出的对外借款“事实和理由”必须具有客观性和正当性，不适用善意推定方法。相对人对借款人以单位名义对外举债代理权的外观或者表象形成“有代理权”的合理信赖。由于“合理信赖”属于抽象事实，判断出借方的举证是否充分，须结合具体情形。本案中，张某持有的《授权委托书》仅就“武警驻勤营房项目”予以授权，与借款无关。张某行为虽具有代理权的外观或者表象信赖，但是以某县分公司名义借款的行为明显超出了某建设公司授权范围，不能形成合理信赖，不符合表见代理的构成要件，不构成表见代理。

四、须是相对人善意且无过失的

所谓善意，是指相对人不知道或者不应当知道行为人实际上无权代理；所谓无过失，是指相对人的这种不知道不是因为其疏忽大意造成的，没有主观上的过失，已经尽到善良义务人的审慎义务。出借方只需证明自己和借款人实施的借款民事法律行为没有过失，至于被代理人在借款人实施民事法律行为时是否有过失，出借方很多情况下难以证明。在司法实践中，由于出借方之间的个体差异，社会经验、文化水平、认知水平等皆不相同，须结合交易性质、惯例、地点、金额、行为所用语言及文字确定性等，进行“无过失”的认定。本案中，马某系基于张某向其出示的《授权委托书》以表示其有权代表某建设公司对外借款而出借款项，但如前所述，根据该《授权委托书》的授权事项，张某无权以个人或者分公司名义代表某建设公司对外借款；并且马某自述张某称某建设公司分公司在某县供电公司综合楼项目资金困难而向其借款，与《授权委托书》记载的委托授权事项所指向的施工项目明显不同。马某未尽到合理审慎的注意义务，主观上具有较大过失，不符合表见代理的构成要件。

综上所述，在张某没有以某建设公司分公司名义代表某建设公司对外借款的职权的前提下，马某基于对张某持有的《授权委托书》产生信任，遂产生借贷关系。《授权委托书》载明的“签订合同、开展施工和处理有关事项”，与借款无关。此外，张某以“某县供电公司综合楼项目资金困难”为由而向马某借款，与《授权委托书》中记载的施工项目明显不同。加之，证据显示的借款环境、交易过程、借条出具等情况，马某未尽到善良义务人的合理审慎义务，主观上具有较大过失。所以马某不符合表见代理善意无过失相对人的构成要件。

编写人：山东省淄博市博山区人民法院　王维华

32

委托人行使介入权不以受托人披露第三人为限

——李某某诉孙某某等民间借贷案

【案件基本信息】

1. 裁判书字号

北京市第三中级人民法院（2023）京03民再57号民事判决书

2. 案由：民间借贷纠纷

3. 当事人

原告（被上诉人、再审申请人）：李某某

被告（上诉人、再审被申请人）：孙某某、某科技公司

被告（被上诉人、再审被申请人）：彭某

【基本案情】

2018年，李某某委托彭某向孙某某出借款项。后彭某以自己的名义与孙某某签订《民间借款合同》，约定：孙某某向彭某借款200万元，借款期限自2018年5月29日起至2018年12月31日止，借款期限内的年利率为12.5%，孙某某用F房屋抵押给彭某，超出规定还款时间滞纳金每日按到期总额的万分之八计算，并约定某科技公司对孙某某关于本合同的借款承担不可撤销连带担保责任。李某某于2018年5月30日、2018年7月11日通过其账户向彭某账户分别汇款150万元及50万元，同日，彭某将上述款项转给孙某某。2019年3月起，李某某多次向孙某某发送短信催款，孙某某一直接受李某某的催款，但未能按期履行还款义务。李某某于2019年9月提起本案诉讼，要求彭某、孙某某偿还本案借款本金及利息。

【案件焦点】

1. 李某某与彭某之间是否存在委托关系；2. 在委托人李某某起诉要求还款的情况下，孙某某向彭某还款是否具有正当性和合理性。

【法院裁判要旨】

北京市朝阳区人民法院经审理认为：首先，结合相关证据可知案涉借款之时孙某某系联系李某某商谈借款事宜，在彭某与孙某某签署650万元借款合同之后，李某某与彭某在借款合同上附加说明，其中明确约定由彭某代理出借款项及有关抵押手续事宜，双方就委托关系作出明确约定，这也与双方之间为上下级关系、彭某为原告处理相关事务相互印证。其次，相关借款合同原件及转账凭证原件交由李某某持有，足以佐证李某某为实际出借主体，如彭某系相关款项的出借人，其将协议等交付他人，显然不合常理。最后，彭某主张李某某向其支付的款项系其向李某某的借款，但如此大额款项却不签订借款协议、不约定借款期限及利息，与常理不符，李某某此后亦向彭某出借款项，彭某向李某某出具借据，其上亦未就先前借款予以约定。综上，足以证明李某某与彭某之间就案涉款项并非借款关系，二人之间构成委托关系，借款合同约束李某某与孙某某。

因孙某某逾期还款，原告长期向其索要欠款并诉至法院，基于该情况，孙某某应在明确原告与彭某为委托关系的情况下向原告偿还借款或将款项提存，但诉讼期间其仍与彭某签署《借款和抵押续期协议》等协议，并将款项付至相关人员账户，孙某某的相关付款行为不能约束原告，即不能视为对原告的还款，其可就相关款项与彭某另行解决。综上，依照《中华人民共和国合同法》第八条、第二百零六条等规定，判决如下：

一、被告孙某某于本判决生效后七日内返还原告李某某借款本金200万元；

二、被告孙某某于本判决生效后七日内支付原告李某某借款利息（以50万元本金为基数，自2018年5月30日起至2018年12月31日止，以150万元本金为基数，自2018年7月11日起至2018年12月31日止，按照年利率12.5%的标准计算；以200万元本金为基数，自2019年1月1日起至实际给付之日止，按照年利率 24%的标准计算）；

三、被告某科技公司对上述第一项、第二项被告孙某某应偿还的债务向原告李某某承担连带保证责任；被告某科技公司承担连带保证责任后，有权向被告孙某某追偿；

四、驳回原告李某某的其他诉讼请求。

孙某某不服一审判决，提起上诉。

北京市第三中级人民法院经审理认为：同意一审法院关于李某某与彭某之间就案涉款项存在委托关系的裁判意见。关于孙某某向彭某清偿债务的行为是否具有正当性。根据《中华人民共和国合同法》第四百零二条的规定，受托人以自己的名义，在委托人的授权范围内与第三人订立的合同，第三人在订立合同时知道受托人与委托人之间的代理关系的，该合同直接约束委托人和第三人，但有确切证据证明该合同只约束受托人和第三人的除外。现并无证据显示李某某、彭某曾明确告知孙某某双方之间存在委托代理关系，亦无证据显示孙某某应对李某某、彭某之间的委托代理关系应知或明知。故法院认为孙某某向彭某偿还借款的行为具有合法性及正当性。根据孙某某与彭某签订的《借款和抵押续期协议》，双方对债权债务进行确认，孙某某已经向彭某履行完毕。因此，李某某无权向孙某某就涉案款项主张权利。

综上所述，孙某某的上诉请求成立，应予支持；一审判决认定事实不清，适用法律有误。北京市第三中级人民法院依照《中华人民共和国民事诉讼法》第一百七十七条第一款第二项规定，判决如下：

一、撤销北京市朝阳区人民法院（2020）京 0105 民初 64166 号民事判决；

二、驳回李某某的全部诉讼请求。

李某某不服二审判决，申请再审。

北京市高级人民法院指令北京市第三中级人民法院再审，经审理认为：同意一审法院关于李某某与彭某之间存在委托关系的裁判意见。关于孙某某向彭某还款是否具有正当性和合理性的问题。本案中，在案证据形成完整的证据链，足以证明：涉案借款系孙某某通过肖某联系李某某，共同商量向李某某借款事宜，借款时孙某某知道所借款项来源于李某某，能够证明孙某某在借款时知晓李某某与彭某间的委托关系。孙某某关于是否知晓李某某与彭某之间存在委托关系的陈述，其在原一、二审和再审中的前后陈述具有不一致性，法院认为其在主观上有故意隐瞒事实之嫌。《中华人民共和国合同法》第四百零三条明确规定了在委托人权益无法保障时委托人的主动介入权。根据该条文意，当受托人因第三人原因对委托人不履行义务时，若委托人原本就知道第三人，便无须受托人告知，更可以直接向第三人主张权利。故本案借款合同直接约束委托人李某某和第三人孙某某。在李某某起诉要求孙某某履行合同义务时，孙某某应当向李某某还款。

综上所述，李某某的再审请求成立，原二审判决错误，北京市第三中级人民法院予以撤销；原一审判决正确，北京市第三中级人民法院予以维持。北京市第三中级人民法院依照《中华人民共和国民事诉讼法》第二百一十四条第一款、第一百七十七条第一款第二项之规定，判决如下：

一、撤销本院（2021）京 03 民终 18904 号民事判决；

二、维持北京市朝阳区人民法院（2020）京 0105 民初 64166 号民事判决。

【法官后语】

随着现代社会经济生活方式的进步及多元化发展，无论是民事交易还是商事交易，除少数涉及人身性质的合同外，交易主体都更加关注交易结果而非交易对象，不公开本人身份的代理方式能最大程度上促进物的流通和交易的迅捷。但在实践中严守显名原则不利于纠纷的有效化解。

一、委托人介入权的概念

委托人介入权指的是在受托人与第三人的合同关系中，委托人取代受托人的地位，介入原本是受托人与第三人的合同关系中，享有受托人的权利，承担受托人的义务，是对合同相对性的一种突破。《中华人民共和国民法典》第九百二十五条明确规定了委托人享有介入权。委托人行使介入权的前提是，受托人以自己的名义与第三人订立合同的事项在委托人的授权范围内，如果合同约定的内容不属于委托人的授权范围，则不具备委托人行使介入权的条件。本案中，李某某与彭某在合同上附加说明，对具体委托事项作出明确约定，彭某在李某某的授权下向孙某某出借案涉款项，属于委托人的授权范围，因此本案具备委托人行使介入权的条件，李某某有权突破合同相对性原则向孙某某直接主张归还借款。

二、委托人行使介入权的条件

（一）委托关系是否客观存在

有具体的认定标准，书面的委托合同是最直接的认定依据，若无则应从当事人对委托合同的具体履行情况进行判断。本案中，李某某与彭某之间虽未签订书面的委托协议，但彭某与孙某某签订的借款合同上所附的说明对二人之间的委托关系作出了明确约定，并结合其他证据足以认定李某某与彭某之间就案涉款项存在委托关系。

（二）委托人是否具备介入的事由

根据法律规定，委托人介入权行使的事由应在其自身利益受损的情况下，且委托人介入合同应以不使第三人利益受损为限。本案中，一审法院最终支持了李某某的诉讼请求。借款合同中约定的还款期限早已届满，李某某长期向孙某某索要未果，自身权益确已受损，故李某某已经具备了介入彭某与孙某某合同关系的事由。

（三）受托人是否向委托人披露第三人

因受托人以自己的名义实施代理行为，委托人和第三人可能并不知晓对方的确切身份，《中华人民共和国民法典》第九百二十六条明确规定了受托人有向委托人披露第三人的义务，一般来说，受托人应当向委托人履行披露义务，相应地，委托人享有要求其披露的权利。本案中，第三人孙某某关于是否知晓李某某与彭某之间系委托关系在再审和一、二审中的陈述均相互矛盾，彭某虽未明确承认其向委托人李某某披露第三人孙某某，但综合全案证据，有理由相信李某某与孙某某已互相知晓对方身份，李某某可以直接行使介入权，要求孙某某直接向其返还借款本金及利息。

编写人：北京市密云区人民法院　王瑾卿

四、债务偿还认定

33

出借人基于不法原因出借的借款不受法律保护

——冯某诉李某某、许某某民间借贷案

【案件基本信息】

1. 裁判书字号

福建省泰宁县人民法院（2023）闽 0429 民初 981 号民事判决书

2. 案由：民间借贷纠纷

3. 当事人

原告：冯某

被告：李某某、许某某

【基本案情】

冯某与许某某系同学。2022 年 10 月，经许某某介绍，冯某与李某某相识。2022 年 10 月 14 日，冯某、李某某、许某某相约前往某市，当日三人入住某酒店，于同年 11 月 29 日退房。其间，李某某参与当地赌博，冯某多日多次通过银行卡（ATM）取现以及通过微信、支付宝等方式向李某某及案外人转账给李某某出借大额资金。

同年 12 月 29 日，李某某、许某某分别在冯某提供的书面借条上的借款人处及担保人处签字捺印，借条载明："本人李某某因资金周转需要，兹向冯某借到人民币陆拾叁万捌整（￥638000），月利率按2%结算。如违约，守约方为维护权益向违约方追偿的一切费用（包括但不限于律师费、诉讼费、保全费、交通费、差旅费、鉴定费等）均由违约方承担。"落款时间为2022年11月28日。后李某某未按约还款，冯某诉至法院请求：（1）判令李某某归还借款本金638000元及按LPR的四倍标准支付利息；（2）判令李某某承担本案诉讼费用（含律师费、保全费）；（3）判令许某某对上述所有款项承担连带保证责任。

【案件焦点】

冯某请求李某某返还借款是否应得到支持。

【法院裁判要旨】

福建省泰宁县人民法院经审理认为：合法的民间借贷关系应当受到法律的保护，但违反法律或公序良俗的民事法律行为，属于无效行为。案涉借款系冯某明知李某某借款用于赌博仍在赌场上及酒店向其出借资金并收取高额利息的情形下形成的债务，根据《最高人民法院关于审理民间借贷案件适用法律若干问题的规定》第十三条"具有下列情形之一的，人民法院应当认定民间借贷合同无效……（四）出借人事先知道或者应当知道借款人借款用于违法犯罪活动仍然提供借款的……"的规定，冯某与李某某之间的借贷行为，应认定无效。冯某在明知李某某借款用于赌博的情况下，为获取高额利息仍积极对外出借赌资，既扩大了赌博规模，又变相延长了赌博时间，加重妨碍了社会公共秩序的管理，有违公序良俗和社会主义核心价值观，由此形成的借款系非法债权债务，依法不应得到保护。若本案参照《中华人民共和国民法典》中关于合同无效的规定判令返还借款本金，势必会造成治安管理、刑事司法与民商私法领域之间，就同一问题无法衔接的断层，制造出一种"只要没有被公安机关收缴，出借的赌资依旧可以通过法院追回"的不良法律引导作用，混淆、弱化法律的评价、教育、指导作用，造成国家法律威慑力的下降。

福建省泰宁县人民法院根据《中华人民共和国民法典》第一条、第一百四十三条、第一百五十三条、第一百五十五条，《最高人民法院关于审理民间借贷案件适用法律若干问题的规定》第十三条，《中华人民共和国民事诉讼法》第六十七条，《最高人民法院关于适用〈中华人民共和国民事诉讼法〉的解释》第九十条、第一百零八条的规定，判决如下：

驳回冯某的全部诉讼请求。

宣判后，双方当事人均未上诉，一审判决生效。

【法官后语】

《中华人民共和国民法典》第九百八十五条规定了不当得利制度，除对《中华人民共和国民法总则》第一百二十二条的文字表述进行调整外，该条还新增了三项请求权的排除事由。尽管在《中华人民共和国民法典》编纂过程中，增补“不法原因给付”作为不当得利请求权的排除事由的呼声较高，但历次草案和《中华人民共和国民法典》的正式文本，都未采纳该意见。“不法原因给付”应如何处理无法律依据，对不法原因之给付能否要求返还，是本案值得研究探讨的重点问题。

一、不法原因给付概念之明晰

“给付”一般是指权利已转移、物已交付、债务已免除等终局性的财货转移的法律行为或事实行为；“给付的原因”应包括目的和动机两者，前者应为给付行为所追求的法律上的目的，后者则是作出给付行为的心理考虑；“不法”的判断依据不外乎是法律的强制性与公序良俗。因此，不法原因给付，是指当事人基于违反强制性法规或公序良俗的原因而为的给付。

二、不法原因给付的处理规则

（一）无效的类型

对于违反法律强制性法规或公序良俗的行为，我国《中华人民共和国民法典》第一百五十三条明确为无效法律行为。

效力性强制性规定的认定有现行法上的条文作为支撑，法官自由裁量范围不是很大。与之相比，抽象性程度更高的公序良俗的认定无疑争议更大，应从行为的反社会性程度进行区分。认定“强反社会性”，需要在具体的案件中对当事人的动机、目的不法程度进行判定以及决定是否有必要否定其效力。例如，对营业性赌博活动赌资的给付，毫无疑问是与公共道德、风俗习惯相违背的，因此认定为违反公序良俗的“强反社会性”行为是毫无疑义的。

（二）无效的一般后果——不得要求返还

法律行为无效制度是法律对当事人意思自治的干预，对其法律后果的设定必须与制度的适用范围的设置置于同等慎重的地位。而关于违反强行性规定与公序良俗的给付行为无效后的法律后果，主要有不得返还、可得返还等截然不同的处理路径。不得返还作为一般后果，既然当事人选择做出不法原因给付行为，这就表明其置自己于法律与公序良俗的秩序之外，法律对其最好的制裁措施便是让其目的落空，即不允许返还。因此违反强行性规定或公序良俗的不法原因给付行为的法律后果只能是以不返还为基本原则。

（三）无效的例外后果——允许返还

是否允许不法原因给付当事人主张返还，其实质是国家利益与个人利益的平衡问题。在当前我国注重私法自治、注重个人利益的维护的立法背景下，应当适度承认不法原因给付的财产返还请求权。

1. 当不法原因仅存在于受领人一方

在此种情形下，受领人一人之不法，使得给付人为相应的给付，给付人的动机和目的是善良的，是值得被尊重的，其本身不具有可责性，应当得到法律的保护，要求受领人返还其所为之给付，使得其合法之权益能够得到维护。

2. 双方皆不法时的考量

在双方均有不法原因时，法院应当依据现有的证据材料，对双方当事人之间的“不法”作符合比例原则的利益的考量，若给付人的“不法原因”仅是违反管理性强制性规定或者公序良俗之外的一般道德，而受领人违反的是狭义上的强制性规定与公序良俗，则可认为相当于不法原因仅存在于受领人一方，因此给付人仍可主张返还；若给付人之过错更大，则不能支持其返还的请求，能够更大限度地预防不法行为的发生；若双方均有违反效力性的强制性规定与公序良俗的“强反社会性”的动机或目的，给付人均不得主张返还。

3. 损害第三人的合法权益

在很多不法原因给付案件中，当事人之间的给付会损害到第三人的合法权益，主要存在于婚外赠与之中，对于此类情形应认为属于第三人的合法财产当然应当予以返还。

在本案中，冯某作为具有一般社会常识的成年人，势必认识到出借赌资行为的违法性以及该行为会产生的严重后果，但其仍为赚取高额利息向李某某出借赌资，主观动机的不法程度严重，故冯某的行为属于不法原因给付，其对出借款项失去返还请求权，无权要求返还钱款。

编写人：福建省泰宁县人民法院　李吉星　黄雅超

34

多笔债务清偿顺序的认定标准

——杨某某诉许某甲、许某乙民间借贷案

【案件基本信息】

1. 裁判书字号

福建省泉州市鲤城区人民法院（2023）闽0502民初1684号民事判决书

2. 案由：民间借贷纠纷

3. 当事人

原告：杨某某

被告：许某甲、许某乙

【基本案情】

2016年3月2日，许某甲以资金周转需要向杨某某借款165万元，许某甲出具《借条》，许某乙作为担保人在《借条》上签名盖章，《借条》未约定还

款期限。许某甲依约支付利息。许某甲于2017年2月12日通过银行转账分两笔向杨某某偿还借款本金共计50万元，2017年8月25日偿还借款本金5万元，2018年2月12日偿还借款本金40万元。截至2018年2月12日许某甲结欠杨某某借款本金70万元，并由许某甲在上述《借条》上备注尚欠的借款本金。2018年6月12日，许某甲再次向杨某某借款30万元，加上前期尚欠的本金70万元，截至2018年6月12日，许某甲结欠杨某某借款本金100万元，并由许某甲本人在前述《借条》上予以备注该事实。2021年12月9日，许某甲偿还杨某某借款本金42万元（转至杨某某指定的案外人账户），尚欠杨某某借款本金58万元，并由许某甲本人在前述《借条》上备注该事实，同时杨某某也在《借条》上备注“杨某某同意此备注”。自2022年4月起，许某甲未能足额支付借款利息，每月仅支付杨某某利息5800元，最后一次支付利息为2023年1月9日。自2023年1月10日起，许某甲未再向杨某某支付利息，亦未偿还尚欠的借款本金58万元。经杨某某多次催讨，许某甲拒不支付利息及偿还借款本金，许某乙作为担保人在杨某某向其催讨后亦未偿还借款本息。

【案件焦点】

多笔债务到期的清偿顺序认定。

【法院裁判要旨】

福建省泉州市鲤城区人民法院经审理认为：案涉借款合同成立于《中华人民共和国民法典》（以下简称《民法典》）施行前，但本案有关许某甲还本付息的争议系发生于《民法典》施行后，依照《最高人民法院关于适用〈中华人民共和国民法典〉时间效力的若干规定》第二十条规定，该争议应适用《民法典》的相关规定。关于许某甲尚欠的款项，依照《最高人民法院关于审理民间借贷案件适用法律若干问题的规定》第二十五条及第三十一条第二款规定，许某甲实际支付利息的超出部分应予以折抵本金，结合许某甲的还款情况，许某甲尚欠的借款本金为426317.02元。关于许某乙的担保责任，许某乙在案涉《借条》保证人处签字捺印为案涉165万元借款提供保证责任的时间发生于

《民法典》施行前，应适用当时的法律、司法解释的规定。依照《中华人民共和国担保法》第十九条规定，涉案借条中并未约定保证责任承担方式及保证范围，故许某乙应对许某甲发生于2016年3月2日的165万元的借款本金和利息承担连带保证责任。关于许某甲于2021年12月9日清偿的42万元，该行为发生于《民法典》施行后，依照《民法典》第五百六十条规定，因案涉借款均未约定还款期间，许某甲还款时也未指定清偿顺序，而2018年6月12日的30万元借款缺乏担保，故上述42万元还款应优先抵偿该30万元借款，即许某甲尚欠的款项应是属于2016年3月2日的165万元借款的未清偿部分。故许某乙应对许某甲的上述债务承担连带保证责任。

福建省泉州市鲤城区人民法院判决如下：

一、许某甲应于本判决生效之日起十日内偿还杨某某借款426317.02元，并支付自2023年1月8日起至实际还款之日止按照全国银行间同业拆借中心于2023年2月20日公布的一年期贷款市场报价利率的4倍计算的利息；

二、许某甲应于本判决生效之日起十日内支付杨某某为实现债权支出的律师费7200元；

三、许某乙对本判决第一项、第二项确定的债务承担连带保证责任，许某乙承担保证责任后，有权向许某甲追偿；

四、驳回杨某某的其他诉讼请求。

宣判后，双方当事人均未上诉，一审判决生效。

【法官后语】

随着经济高速发展，市场交易愈发频繁，当债务人对同一债权人负有多笔债务，但债务人的给付不足以清偿对同一债权人所负的借款，且未明确偿还的具体借款宗数，双方容易就还款清偿顺序各执己见，因协商不成而转入诉讼程序。为此，需要确立相对公正、合理、科学的清偿抵充规则。清偿抵充规则直接影响债权人和债务人的切身利益，规则的确立有助于明晰债务清偿的顺序，更好地保护债权人和债务的合法权益，确保市场交易的稳定性。

清偿抵充是指借款人对于同一贷款人负担数笔借款债务，或者负担同一笔借款债务而约定数次给付时，如果借款人的给付不足以清偿其全额借款债务，约定、决定该给付抵充某笔借款债务的制度。根据《民法典》第五百六十条："债务人对同一债权人负担的数项债务种类相同，债务人的给付不足以清偿全部债务的，除当事人另有约定外，由债务人在清偿时指定其履行的债务。债务人未作指定的，应当优先履行已经到期的债务；数项债务均到期的，优先履行对债权人缺乏担保或者担保最少的债务；均无担保或者担保相等的，优先履行债务人负担较重的债务；负担相同的，按照债务到期的先后顺序履行；到期时间相同的，按照债务比例履行。"可见，清偿抵充包括约定抵充、指定抵充和法定抵充三种形式，约定抵充优先，指定抵充次之，最后是法定抵充。

约定抵充即借款人与出借人协商一致，依照双方的意思自治进行抵充。指定抵充是在借款人与出借人未约定时，由债务人在清偿时指定抵充。法定抵充是指当债务人的履行不足以消灭所有债务时，该未足额的清偿中具体指向哪笔债务的问题。具体顺序为：(1) 已经到期的债务；(2) 缺乏担保或者担保最好少的债务；(3) 债务人负担较重的债务；(4) 先到期的债务，如到期时间一致的，则按照债务比例履行。清偿债务前或清偿债务时未约定抵充、指定抵充时，法定抵充是有益补充，法定抵充体现了诚实信用原则，通过中立的角度，谋求债权人与债务人利益平衡点，相对妥善地对债权人与债务人的利益进行有效安排。

债的清偿抵充问题，长期以来一直是人民法院审判实践的难点问题之一。现实生活中，经常出现债务人对同一债权人负有多项同种类债务。有的已届满，有的未届满；有的附设担保，有的未设定担保；有的设有利息，有的未附利息。《民法典》第五百六十条的规定在一定程度上填补了多债务情形下清偿抵充顺序指定权归属的空白。

编写人：福建省泉州市鲤城区人民法院　柯颖颖

35

分公司负责人违法以公司名义对外担保，债权人未尽到必要审查义务担保合同无效

——邱某甲等诉何某等民间借贷案

【案件基本信息】

1. 裁判书字号

湖北省恩施土家族苗族自治州中级人民法院（2023）鄂 28 民再 27 号民事判决书

2. 案由：民间借贷纠纷

3. 当事人

原告（再审被申请人、上诉人）：邱某甲、邱某乙、邱某丙

原告（再审原告、上诉人）：兰某

被告（再审被申请人、被上诉人）：何某、冉某

被告（再审申请人、被上诉人）：某建设工程公司

【基本案情】

2015 年 6 月 30 日某建设工程公司分公司成立，贺某为负责人，陈某系该分公司实际控制人。2017 年 3 月 1 日、3 月 10 日，何某、冉某分两次向邱某（邱某甲、邱某乙、邱某丙之父）借款共计 2700 万元，贺某、陈某私刻某建设工程公司印章以某建设工程公司的名义为何某、冉某的借款进行连带责任担保，并在借款合同的担保人处加盖了“某建设工程公司”及公司法人“陈某”印章。借款期限届满后何某、冉某未按约还款，邱某遂诉至人民法院。案件审理中邱某病亡，邱某甲、邱某乙、邱某丙以继承人身份继续参加诉讼。在法院组

织调解时，贺某、陈某再次伪造委托书代表某建设工程公司参加调解，并同意对案涉借款承担连带担保责任。执行过程中某建设工程公司提出异议，认为其没有收到诉讼材料，亦未参加调解，同时申请对民间借贷一案进行再审，请求：判决某建设工程公司不承担保证责任。

再审审理中，某建设工程公司向公安机关报案称贺某、陈某伪造公司印章，公安机关予以立案侦查，本案中止审理。

2022年9月5日，陈某因犯伪造公司印章罪，被判处有期徒刑一年二个月，并处罚金人民币1万元，刑事判决书载明陈某私自以某建设工程公司名义为何某借款提供担保，并在借款合同加盖其伪造的某建设工程公司公章。陈某不服刑事判决提起上诉，二审裁定驳回上诉，维持原判。本案恢复审理后，邱某甲、邱某乙、邱某丙、兰某向法院出具情况说明一份，明确由邱某甲、邱某乙、邱某丙按份平均继承该债权，兰某不参与该债权分配。

【案件焦点】

1. 某建设工程公司是否应对案涉借款承担连带担保责任；2. 陈某在借款合同上加盖印章的行为是否构成表见代理。

【法院裁判要旨】

湖北省利川市人民法院经审理认为：邱某在诉讼中死亡，其继承人作为当事人承担诉讼符合法律规定。当事人对借款金额及利息约定无争议，何某、冉某应偿还借款并支付利息。贺某、陈某未经某建设工程公司授权和许可，私自以某建设工程公司名义为何某、冉某借款提供担保，并在借款合同中加盖了伪造的某建设工程公司公章及法定代表人“陈某”印章，贺某在其中一份2000万元的借款合同中在“法定代表人或委托代理人”栏处签名。贺某的身份仅为某建设工程公司分公司的负责人，在其未取得某建设工程公司的书面授权时，其实施的民事法律行为并不能当然代表某建设工程公司，且公司对外担保需经董事会或者股东会、股东大会决议。债权人在审查公司对外提供担保时，需尽到形式审查的义务，陈某、贺某以某建设工程公司名义对2700万债务提供担保时，债权人并未审查二人的授权委托书和某建设工程公司的股东会决议，因邱某在提供借款时未尽到形式审查义务，保证合同无效，某建设工程公司对涉案债务不承担连带担保责任。

湖北省利川市人民法院依照《中华人民共和国合同法》第二百零五条、第二百零六条、第二百一十一条，《中华人民共和国公司法》第十六条，《中华人民共和国民事诉讼法》第六十七条、第九十九条之规定，作出如下判决：

一、撤销湖北省利川市人民法院（2017）鄂 2802 民初 3790 号民事调解书；

二、何某、冉某于本判决生效之日起 10 日内偿还邱某甲、邱某乙、邱某丙借款本金 2700 万元，并自 2017 年 9 月 1 日起至 2017 年 9 月 9 日止以 2000 万元为基数，按照月利率 2%支付利息，自 2017 年 9 月 10 日起至还清借款止以 2700 万元为基数，按照月利率 2%支付利息，利随本清；

三、驳回邱某甲、邱某乙、邱某丙的其他诉讼请求。

邱某甲、邱某乙、邱某丙、兰某不服一审判决，提出上诉。湖北省恩施土家族苗族自治州中级人民法院经审理认为：邱某未尽到必要审查义务，且陈某的行为不构成表见代理。

湖北省恩施土家族苗族自治州中级人民法院依照《中华人民共和国民事诉讼法》第一百七十七条第一款第一项规定，作出如下判决：

驳回上诉，维持原判。

【法官后语】

公司对外担保是常见的商事行为，但在司法实践中存在大量公司法定代表人、股东、高管未经董事会或股东会决议以公司名义对外担保，分公司未经授权和同意以分公司或者总公司名义对外担保等违规担保行为，在担保合同的签订上亦存在形式不完备的情形，有的只有法定代表人签名，有的只有公司印章，有的虽加盖了公司印章，但签名者并非法定代表人。本案即分公司未经授权和同意以总公司对外担保的情形。对程序和形式存在问题的公司对外担保效力如何认定，公司是否应当担责是审理这类案件必须解决的问题。

一、《中华人民共和国公司法》第十五条规定的性质

《中华人民共和国公司法》第十五条规定，公司向其他企业投资或为他人提供担保，按照公司章程规定，由董事会或股东会决议。该规定是管理性强制性规定还是效力性强制性规定，在《全国法院民商事审判工作会议纪要》发布之前存在较大分歧，部分法院认定该规定系对公司内部管理行为的规范，不能约束第三人，因此即使未经董事会或股东会决议，对外担保仍有效。《全国法院民商事审判工作会议纪要》发布后，对该规定性质的认定逐渐统一，认为该规定是效力性强制性规定，违反该规定对外担保，除相对人善意外应认定为无效。本案贺某、陈某未经公司董事会或股东会决议以公司名义对外担保，违反了法律的效力性强制性规定，应认定为无效。

二、相对人的合理审查义务

《最高人民法院关于适用〈中华人民共和国民法典〉有关担保制度的解释》第七条规定，公司违规担保，相对人善意的，担保有效，并对什么是善意进行了明确，即尽到合理审查义务。由于董事会或股东会决议系公司内部决策行为，相对人不参与公司决策，通常情况下无法核实董事会或股东会决议的真实性，因此相对人在签订担保合同时只需审查是否具有董事会或股东会决议，只要尽到该审查义务，即使决议存在伪造、变造的情形，公司除有证据证明相对人知道或者应当知道决议系伪造、变造外，应承担担保责任。本案在公司担保时邱某并未要求查看董事会或股东会决议，无论公司印章是否伪造，邱某均未尽到合理审查义务。

三、公司对外担保表见代理的认定

《中华人民共和国民法典》第一百七十二条对表见代理作出了明确规定："行为人没有代理权、超越代理权或者代理权终止后，仍然实施代理行为，相对人有理由相信行为人有代理权的，代理行为有效。"表见代理制度不仅要求代理人的无权、越权代理行为在客观上形成具有代理权的表象，而且要求相对人在主观上善意且无过失地相信行为人有代理权，只有在相对人有充分的理由相信行为人具有代理权，且尽到了必要的审查义务的情况下，才构成表见代理。

本案贺某、陈某为分公司人员，并无资格代表总公司实施法律行为，亦从未代表过公司与邱某实施过法律行为，没有证据证明其具有公司代理权，且邱某从未要求贺某、陈某出示过公司授权文件，因此本案不构成表见代理。

四、担保无效的责任承担

无效担保合同的民事责任性质属于缔约过失责任，归责原则采取过错责任原则。担保无效担保人不承担担保责任，但并不意味着担保人不承担责任，在担保无效的情况下需要根据债权人和担保人的过错来确定担保人是否承担赔偿责任。《最高人民法院关于适用〈中华人民共和国民法典〉有关担保制度的解释》第十七条对担保人的赔偿责任作了较为详尽的规定，在主合同有效而担保合同无效的情况下，债权人与担保人均有过错的，担保人承担的赔偿责任不超过债务人不能清偿部分的二分之一；担保人有过错而债权人无过错的，担保人对债务人不能清偿的部分承担赔偿责任；债权人有过错而担保人无过错的，担保人不承担赔偿责任。在主合同无效导致担保合同无效的情况下，担保人无过错的，不承担赔偿责任；担保人有过错的，其承担的赔偿责任不超过债务人不能清偿部分的三分之一。

公司对外担保属于重大事项，涉及公司、股东及债权人多方利益，《中华人民共和国公司法》和《最高人民法院关于适用〈中华人民共和国民法典〉有关担保制度的解释》对此作出了严格的规定，一方面限制了公司法人、高管的权限，其未经法定程序授权并不当然具有代表公司对外担保的权限，旨在防止公司法人、高管违规对外担保，损害公司及中小股东利益；另一方面科以债权人必要的审查义务，债权人不能仅凭公司法人、高管的身份就相信其有代表公司对外担保的权限，防止债权人恶意串通损害公司及第三人利益。通过效力性强制性规定规范公司对外担保，可以规范公司运营和管理，保障公司平稳有效发展，防止公司法人、高管利用管理漏洞损害公司及股东利益，扰乱社会经济秩序，在法律的框架内发挥担保制度的作用。

编写人：湖北省利川市人民法院　冯俊　胡长玖

36

公司清算组对债权进行核定是诉讼的前置程序

——廖某某诉某漆业公司、庄某某民间借贷案

【案件基本信息】

1. 裁判书字号

福建省福州市中级人民法院（2023）闽01民再76号民事裁定书

2. 案由：民间借贷纠纷

3. 当事人

原告（再审被申请人）：廖某某

被告（再审申请人）：某漆业公司

被告（再审被申请人）：庄某某

【基本案情】

2019年1月4日，某漆业公司以公司经营资金周转需要为由向廖某某借款200万元，双方约定借款利息按照月利率2%计付，借款期限三年。庄某某作为某漆业公司的法定代表人，自愿为该借款向廖某某承担连带保证责任，担保期限为三年。借款期内，某漆业公司给付了截至2021年7月3日的利息，后续利息未再支付，借款期满后也未向廖某某履行还款义务。廖某某为此提起诉讼请求还本付息。

【案件焦点】

廖某某的诉请是否符合起诉条件。

【法院裁判要旨】

福建省福州市台江区人民法院经审理认为：某漆业公司向廖某某借款，庄某某对借款债务提供连带责任保证，当事人之间据此订立的民间借贷合同、连带责任保证合同均依法成立，合同合法有效，当事人依法均应遵约履行。某漆业公司在借款到期后未按期还款，构成违约，该公司及庄某某依法均应承担违约责任，故廖某某诉讼请求该公司还款付息，以及庄某某对该公司的前述债务负连带保证责任，事实依据成立，于约于法有据；其中原告自愿调低利率，系处分自己的民事权利，不违反法律规定，不损害对方利益，予以照准。两被告经依法送达传票传唤，无正当理由拒不到庭，依法缺席判决。

福建省福州市台江区人民法院判决如下：

一、某漆业公司应于本判决生效之日起十日内，向廖某某一次性偿还借款本金 200 万元及其利息（该利息自 2021 年 7 月 4 日起按照年利率 15.4%计付至实际还款之日止）；

二、庄某某对某漆业公司所负的上述债务承担连带清偿责任。

一审判决生效后，某漆业公司以原判程序违法等为由向福建省福州市中级人民法院申请再审。福建省福州市中级人民法院于 2023 年 3 月 29 日作出民事裁定，提审该案。福建省福州市中级人民法院经再审审理认为：《最高人民法院关于适用〈中华人民共和国公司法〉若干问题的规定（二）》第十二条规定，公司清算时，债权人对清算组核定的债权有异议的，可以要求清算组重新核定。清算组不予重新核定，或者债权人对重新核定的债权仍有异议，债权人以公司为被告向人民法院提起诉讼请求确认的，人民法院应予受理。廖某某已向某漆业公司清算组申报债权，现提起诉讼不符合法律规定，应驳回起诉。

福建省福州市中级人民法院依照《最高人民法院关于适用〈中华人民共和国公司法〉若干问题的规定（二）》第十二条，《最高人民法院关于适用〈中华人民共和国民事诉讼法〉的解释》第四百零六条规定，裁定如下：

一、撤销福建省福州市台江区人民法院（2022）闽 0103 民初 2887 号民事判决；

二、驳回廖某某的起诉。

【法官后语】

《最高人民法院关于适用〈中华人民共和国公司法〉若干问题的规定（二）》第十二条规定："公司清算时，债权人对清算组核定的债权有异议的，可以要求清算组重新核定。清算组不予重新核定，或者债权人对重新核定的债权仍有异议，债权人以公司为被告向人民法院提起诉讼请求确认的，人民法院应予受理。"

公司进入清算程序，债权人在向清算组申报债权后，是否仍有权以该债权向人民法院提起诉讼，即上述规定中"清算组不予重新核定，或者债权人对重新核定的债权仍有异议"是否是债权人向人民法院提起诉讼的前置程序，并未有明确规定。有观点认为，《最高人民法院关于适用〈中华人民共和国公司法〉若干问题的规定（二）》第十二条的规定，并未明确排除债权人向人民法院起诉的权利，经人民法院审理后确定的债权，可以直接列为清算组的核定债权。

再审判决对上述观点进行了澄清，认为公司进入强制清算后，债权人应先依法向清算组申报债权，在清算组未对其债权进行核定前，债权人又向人民法院起诉的，人民法院不予受理，已经受理的应驳回起诉。主要分析如下：

《最高人民法院关于适用〈中华人民共和国公司法〉若干问题的规定（二）》第十一条规定："公司清算时，清算组应当按照公司法第一百八十五条[①]的规定，将公司解散清算事宜书面通知全体已知债权人，并根据公司规模和营业地域范围在全国或者公司注册登记地省级有影响的报纸上进行公告。清算组未按照前款规定履行通知和公告义务，导致债权人未及时申报债权而未获清偿，债权人主张清算组成员对因此造成的损失承担赔偿责任的，人民法院应依法予以支持。"该规定是对《中华人民共和国公司法》第二百三十六条关于清算组对债权人清算通知和公告的局限性的补充规定，最大程度上对已知债权人和未知债权人的权益作出保护规定。债权人申报债权后，如清算组对其债权

---

① 对应2023年12月29日修订的《中华人民共和国公司法》第二百三十五条。

进行核定确认，则该债权无须导入诉讼程序，既能充分发挥公司清算的非讼程序特点，最大程度上减少纠纷，也能减少公司诉累及节约清算成本，将其可能给各方利益主体造成的损失降至最低，有利于推进公司清算顺利进行，符合清算效率原则。

债权人既向清算组申报债权，又就该债权向人民法院起诉的，可能造成管辖权混乱，不利于强制清算工作的开展。《最高人民法院关于审理公司强制清算案件工作座谈会纪要》第三十一条规定，人民法院受理强制清算申请后，就强制清算公司的权利义务产生争议的，应当向受理强制清算申请的人民法院提起诉讼，并由清算组负责人代表清算中公司参加诉讼活动。受理强制清算申请的人民法院对此类案件，可以适用民事诉讼法第三十七条和第三十九条的规定确定审理法院。该纪要确定了向受理强制清算申请的人民法院提起诉讼的基本原则，并对相关管辖权问题作出指引，有利于受理强制清算申请的人民法院统一协调相关清算工作，合理有序调整众多法律主体的利益，维护正常的经济秩序，实现清算程序公正。值得注意的是，上述规定关于管辖权的安排，仍应以《最高人民法院关于适用〈中华人民共和国公司法〉若干问题的规定（二）》第十二条规定的债权申报为前提，不能理解为排除债权申报前置程序的安排。因此在实践中，发现债权人利用信息差等规避上述管辖权的情况，受理法院应决定不予受理，已经受理的应裁定驳回起诉。

关于强制清算开始前已受理的衍生诉讼的衔接问题。《最高人民法院关于审理公司强制清算案件工作座谈会纪要》第三十条对此作出了安排，即人民法院受理强制清算申请前已经开始，人民法院受理强制清算申请时尚未审结的有关被强制清算公司的民事诉讼，由原受理法院继续审理，但应依法将原法定代表人变更为清算组负责人。实践中，在公司强制清算前，也可能已存在部分债权人提起民事诉讼的情况，基于程序正义的诉讼基本原则的要求，此时应按照上述纪要规定，继续审理，这既是债权申报前置程序的除外情形，也是管辖权的例外安排，符合利益均衡保护原则。

编写人：福建省福州市中级人民法院　纪得军

37

借款人的借贷行为被认定构成犯罪，民间借贷合同并不当然无效

——石某某诉梁某民间借贷案

【案件基本信息】

1. 裁判书字号

广东省肇庆市中级人民法院（2023）粤12民终1410号民事判决书

2. 案由：民间借贷纠纷

3. 当事人

原告（被上诉人）：石某某

被告（上诉人）：梁某

【基本案情】

石某某在未取得建设工程项目的情况下，向梁某称其在广西南宁已取得厕所革命建设两个亿的项目，利用高利回报吸引梁某投资。2020年11月3日，双方签订了《合作投资协议》，约定由梁某投资200000元，月息为3%，期限两个月，到期后未能在两个月内返还应承担利息双倍返还。签订协议后，梁某将200000元转至石某某账户。2021年5月19日，石某某因涉嫌合同诈骗罪被公安机关依法抓获。2021年9月22日，广东省怀集县人民检察院向该院提起公诉。在该刑事案件审理过程中，石某某的儿子石某甲、石某乙（甲方）于2021年10月28日与梁某（乙方）达成《和解协议》。2021年11月19日，该院作出（2021）粤1224刑初306号刑事判决，判决石某某犯合同诈骗罪，判处有期徒刑，缓刑三年。2022年1月20日，石某某向梁某立下《欠条》，确认欠

梁某利息 40000 元并承诺分三期还清。后石某某未依约归还欠款，梁某起诉要求石某某归还借款及利息。

【案件焦点】

石某某与梁某之间的借款协议是否有效。

【法院裁判要旨】

广东省怀集县人民法院经审理认为：石某某于 2020 年 11 月 3 日与梁某签订的《合作投资协议》，事后被认定为合同诈骗。根据《最高人民法院关于审理民间借贷案件适用法律若干问题的规定》第十二条第一款的规定，该《合作投资协议》并不当然无效，认定该协议具有民间借贷合同的效力，应依据《中华人民共和国民法典》及《最高人民法院关于审理民间借贷案件适用法律若干问题的规定》的有关规定处理。《合作投资协议》约定借款期限 2 个月内月利率 3%，逾期利息双倍即月利率 6%，均已超出合同成立时一年期贷款市场报价利率 3.85%的四倍即 15.4%的范围，对超出的部分不予支持。按照实际的借款本金及年利率 15.4%计算至 1 月 20 日（石某某立下《欠条》之日）石某某尚欠本金 97145.55 元和利息 3401.96 元，计至最后一笔还款 80000 元的 2022 年 1 月 27 日尚欠本金 20731 元，利息清零。2022 年 1 月 28 日起石某某应以尚欠本金 20731 元继续按年利率 15.4%计算至付清之日止。广东省怀集县人民法院判决：

一、石某某应归还尚欠本金 20731 元给梁某，并自 2022 年 1 月 28 日起以尚欠本金 20731 元按年利率 15.4%计算逾期利息，限于该判决生效之日起十五日内付清；

二、驳回梁某的其他诉讼请求。

梁某不服一审判决提起上诉。

广东省肇庆市中级人民法院经审理认为：双方当事人签订的《合作投资协议》虽已被生效判决认定为合同诈骗，但根据《最高人民法院关于审理民间借贷案件适用法律若干问题的规定》第十二条第一款的规定，该《合作投资协议》并不当然无效。梁某作为债权人未主张撤销该协议，双方事后亦签订《和解协议》及《欠条》再次确认双方的民间借贷关系，且刑事判决并未责令石某某向梁某进行退赔，为了更好地保护债权人的合法权益，一审法院认定该协议具有民间借贷合同的效力，依据有关规定处理并无不当，予以确认。综上所述，上诉人石某某的上诉请求不成立，应予驳回。一审判决认定事实清楚，应予维持。广东省肇庆市中级人民法院判决：

驳回上诉，维持原判。

【法官后语】

传统观点认为，借款人在借款时有诈骗等犯罪行为，因此所涉及的民间借贷合同只能认定无效。尤其是在刑事领域，这种观念根深蒂固。从“刑民合一”到“刑民分立”，刑法与民法作为两大基本实体法，在伴随着社会发展的法治进步过程中，各自从不同侧面对社会生活发挥着广泛而深远的调节功能。刑民交叉案件所涉及的民事法律关系是基于行为人的民事行为和经济活动形成的，行为人之间基于合同的约定或依照法律的规定，产生特定的权利义务关系。但在履行合同的过程中，一方面违法行为涉嫌了刑事犯罪，是其单方行为引发的另一法律关系即刑事法律关系。处理这一法律关系时，即使责任人受到刑事责任追究，因其侵犯国家公权力而受到的惩罚后果，并不影响其与对方已形成的合同义务。在刑民交叉法律关系的处理上，不能以涉嫌犯罪或者已经生效的刑事案件的判决认定构成犯罪及刑事责任的追究来对抗、否认和免除起诉民事部分案件的民事责任。民事责任产生的原因之一是合同，该合同效力不必然无效，因为这是两个完全不同的法律关系，由此对合同效力的审查必须依据法律、法规和司法解释明文规定，更不能以刑事裁判判处了责任人的刑事责任从而作出驳回民事权利人的民事权益请求的裁判。

从民法的角度分析，当事人一方的诈骗行为，无非属于性质更加严重的欺诈。当欺诈行为的程度与结果超过了刑法容忍的限度，就陷入刑罚的调整范畴，但这并不影响民法视野下该行为仍然被认定为欺诈。认定欺诈类合同为可变更、可撤销合同，更具理论与实践意义，详言之，一是有利于保护权利人的权益，权利人既可以选择合同有效并且继续履行合同，也可以选择变更或者撤销合同；二是有利于追究行为人的违约责任，如果认定合同无效，则违约责任也就失去了逻辑前提；三是有利于体现私法领域意思自治的基本原则。根据《最高人民法院关于审理民间借贷案件适用法律若干问题的规定》第十二条第一款的规定，借款人的借贷行为涉嫌犯罪，或者已经生效的裁判认定构成犯罪，当事人提起民事诉讼的，民间借贷合同并不当然无效。合同的效力应依据《中华人民共和国民法典》第一百四十四条、第一百四十六条、第一百五十三条、第一百五十四条以及《最高人民法院关于审理民间借贷案件适用法律若干问题的规定》的第十三条之规定，认定民间借贷合同的效力。

编写人：广东省肇庆市中级人民法院　苏振业

38

借款用于偿还违法债务的效力认定及法律后果

——雷某诉王某民间借贷案

【案件基本信息】

1. 裁判书字号

湖南省郴州市中级人民法院（2023）湘10民终631号民事判决书

2. 案由：民间借贷纠纷

3. 当事人

原告（被上诉人）：雷某

被告（上诉人）：王某

【基本案情】

原、被告系朋友关系。王某从2019年开始陆续向雷某借款，并于2021年2

月26日向雷某出具一份借条，内容为："今借到雷某现金拾万元整计（100000元），归还日期2022年元月5日，此据为证"；于2021年4月13日向雷某出具一份借条，内容为："今借到雷某现金伍万元整计（50000元），归还日期2022年元月30日，此据为证"；于2021年5月7日向雷某出具一份借条，内容为："今借到雷某现金伍万元整计（50000元），归还日期2021年12月30日，此据为证"；以上三张借条金额合计200000元。

庭审中，原告雷某陈述，于2021年2月26日出具的借条金额100000元系先前累计借款汇总得出。被告王某陈述，对2021年4月13日、2021年5月7日两张借条上的金额50000元无异议，但认为于2021年2月26日借条上的金额100000元系原、被告双方共同买地下"六合彩"亏损的钱，由雷某直接将借款直接支付给了"六合彩"的庄家，并未经王某之手。雷某认可该两笔借款是王某购买地下"六合彩"亏损了，而根据王某的要求由雷某直接垫付给他人。同时，被告王某为证明还款，向法院提交了2019年至2022年向雷某微信以及银行转账的流水记录，拟证明原、被告之间存在多笔资金往来，其中王某于2019年向雷某还款3000元、于2020年向雷某还款19000元、于2021年向雷某还款64000元、于2022年向雷某还款32400元，以上金额共计173900元。雷某对此不予认可，称王某借款后，未向雷某偿还过借款，王某2019年至2022年转给雷某的钱是通过雷某购买地下"六合彩"，而非归还雷某借款。

【案件焦点】

案涉借款是用于偿还违法债务的是否要偿还。

【法院裁判要旨】

湖南省郴州市北湖区人民法院经审理认为：本案系民间借贷纠纷。本案中，根据出具的借条以及双方在庭审中的陈述，可以证实双方借贷关系成立。其中，被告称于2021年2月26日出具的借条金额为100000元系原、被告双方共同买"六合彩"亏损的钱，但未提供相关证据予以证明，对此不予采纳。法院认定本案的借款金额为200000元。根据转账流水记录，可以证实双方存在多笔资金往来，被告王某主张在 2019 年至 2022 年期间共向原告归还了 173900 元借款，但被告出具的借条时间均为 2021 年，借条上的金额未扣除相应还款金额，明显不符合一般交易习惯，故法院对被告主张还款的事实不予采信。另外，虽然原、被告双方购买地下“六合彩”属违法行为，但双方的民间借贷关系仍应受法律保护。被告王某向原告借款后，未按约定的时间内向原告偿还借款，其行为属违约，故对原告要求被告归还借款 200000 元的诉讼请求，法院予以支持。

湖南省郴州市北湖区人民法院依照《中华人民共和国民法典》第八条、第六百六十七条、第六百七十五条，《最高人民法院关于适用〈中华人民共和国民事诉讼法〉的解释》第九十条，《中华人民共和国民事诉讼法》第一百四十五条之规定，判决如下：

一、被告王某偿还原告雷某借款 200000 元；

二、驳回原告的其他诉讼请求。

宣判后，原告不服，提出上诉。

湖南省郴州市中级人民法院经审理认为：本案为民间借贷纠纷。二审的争议焦点为案涉三张借条载明的内容是否真实，能否认定为合法的民间借贷关系。

本案中，雷某与王某共同参与购买地下“六合彩”，亏损后，雷某明知王某借款是用于支付买码钱给“六合彩”庄家，仍同意就王某亏损部分代王某付款，之后，王某向雷某出具了落款日期为 2021 年 4 月 13 日和 2021 年 5 月 7 日的两张 5 万元借条。根据《最高人民法院关于审理民间借贷案件适用法律若干问题的规定》第十三条之规定，出借人事先知道或者应当知道借款人借款用于违法犯罪活动仍然提供借款的，人民法院应当认定民间借贷合同无效。故，依照法律规定案涉 2021 年 4 月 13 日和 2021 年 5 月 7 日的借条即民间借贷合同无效。民事法律行为虽无效，但行为人因该行为取得的财产应当予以返还。然而，根据当事人双方陈述，雷某并未将上述两张借条约定的借款直接给付王某，且雷某亦未提交证据证明其已代王某向“六合彩”庄家支付了该笔款项，因此，对于雷某主张王某归还 2021 年 4 月 13 日和 2021 年 5 月 7 日借条中约定借款的诉请，不予支持。王某的这一上诉理由成立，法院予以支持。

另，关于2021年2月26日借条约定的10万元借款，王某上诉称该笔借款的实际借款金额仅为5万元，其余部分为利息，且其已经超额还款。根据一审查明的事实，2019年至2021年雷某与王某存在多笔转款，涉及金额高达50余万元。一审庭审时，雷某认可出借给王某的借款金额为20万元，王某认可收到雷某的借款金额为133500元，并当庭陈述“第一笔100000元的借款是属实的”。王某的该陈述已经构成对2021年2月26日10万元借条的自认，而王某二审提交的通话录音并不能证实该10万元借款的来龙去脉，亦不能证实其提出借款本金为5万元，其余为利息的上诉主张。此外，王某提出其在出具借条后，已陆续还款173900元，但因当事人双方转账频繁，又涉及共同参赌以及借款给案外人等事宜，无法区分每笔款项的具体用途，且王某在转账时未特别备注“还款”，亦未要求雷某更换借据，与常理不符，因此，对王某的该项上诉主张，不予支持。综上所述，王某的上诉请求部分成立。

湖南省郴州市中级人民法院依照《最高人民法院关于审理民间借贷案件适用法律若干问题的规定》第十三条，《中华人民共和国民事诉讼法》第一百七十七条第一款第二项规定，判决如下：

一、撤销一审民事判决；

二、上诉人王某向被上诉人雷某偿还借款100000元；

三、驳回上诉人王某的其他上诉请求。

【法官后语】

本案是关于借款用于违法活动所涉及的相关法律问题，现就两个主要问题进行阐述：

一、因偿还赌债而签订的借款合同是否有效

第一种意见认为，出借人出借资金给借款人，用于偿还赌债，借款人借款目的非法，根据《最高人民法院关于审理民间借贷案件适用法律若干问题的规定》第十三条第四项的规定，出借人事先知道或者应当知道借款人借款用于违法犯罪活动仍然提供借款的，人民法院应当认定民间借贷合同无效。

第二种意见认为，出借人在出借资金前，虽已知晓借款人将用所借资金用于偿还赌债，但法律禁止的是出借人将资金出借给借款人用于违法用途，并未禁止出借人将资金出借给借款人用于偿还其从事违法活动所欠的债务，两者有根本区别，出借人的出借行为并不违反法律规定，借款人和出借人之间的借贷关系合法有效，借款人应承担还款义务。重点在于，借款人所借款项并非直接用于赌博，而是用于偿还赌博所欠之债，其为偿还赌债而借款的目的是否属于法律规定的用于违法犯罪活动。

目前司法实践采纳第一种意见。首先，何为非法目的？违反法律、行政法规强制性规定的民事法律行为欲达到之目的，即为非法目的。我国法律法规明文规定禁止从事赌博活动，当事人为赌博而借款，其借款合同当然无效。从事赌博活动所欠之债，因其先前行为非法，所欠之债属于非法之债，借款人明知他人为偿还赌债而出借资金，虽采取借条的合法形式，但属于以合法形式掩盖非法目的，“恶债非法”，根据最高人民法院关于审理民间借贷案件适用法律若干问题的规定》第十三条，具有下列情形之一的，人民法院应当认定民间借贷合同无效：……（四）出借人事先知道或者应当知道借款人借款用于违法犯罪活动仍然提供借款的。第二种意见认为借款用途的非法性仅限于因赌博等非法活动而形成的借贷关系，缩小的非法性的概念，以偏概全。其次，最高人民法院关于审理民间借贷案件适用法律若干问题的规定》第十三条规定，具有下列情形之一的，人民法院应当认定民间借贷合同无效：……（六）违背公序良俗的。出借人明知借款人借款用于偿还赌债，仍为其提供资金，间接为借款人赌博的非法活动提供了便利，出借人的借款行为不仅应得到法律直接否定，还违背了公序良俗原则，恶俗亦非法，亦不能得到肯定的评价，借款人明知其出借资金用于偿还赌债，实际上出借人的行为性质为一种违法或犯罪的帮助行为。如肯定，会使得赌博人员赌资来源的渠道更加宽大，导致催生更多的赌博犯罪活动借款用途的合法性，是借贷法律关系的根本，违反法律、行政法规的效力性规定或公序良俗原则，将会导致借款合同行为无效，出借人应在出借资金前对借款人的借款用途尽到审慎义务，如借款人将借款用于非法目的，应拒绝出借资金。

二、合同被认定无效后的民事法律后果

第一种意见认为，出借人明知借款人将所借款项用于从事赌博活动，仍然提供借款，属于非法债务，依法不受法律保护，出借人起诉要求借款人偿还借款的诉求应全部驳回。

第二种意见认为，出借人明知借款人将所借款项用于赌博的民间借贷合同应为无效，基于合同无效法律后果的规定，借款人应将借款本金返还出借人，同时因出借人自身具有明显过错，其无权向借款人主张违约金、利息等。

笔者同意第二种观点。《中华人民共和国民法典》对合同无效的法律后果作出明确规定，合同无效后应按因合同取得的财产应当返还的法律规定进行处理。理由如下：《最高人民法院关于审理民间借贷案件适用法律若干问题的规定》第十三条第四项规定“出借人事先知道或者应当知道借款人借款用于违法犯罪活动仍然提供借款的”，民间借贷合同无效。对此，《中华人民共和国民法典》第一百五十七条规定，民事法律行为无效、被撤销或者确定不发生效力后，行为人因该行为取得的财产，应当予以返还；不能返还或者没有必要返还的，应当折价补偿。有过错的一方应当赔偿对方由此所受到的损失；各方都有过错的，应当各自承担相应的责任。故出借人明知借款人将所借款项用于赌博的民间借贷行为无效，根据上述法律规定借款人应返还借款本金，同时出借人明知借款人将借款用于赌博仍出借，存在明显过错，其无权主张违约金及利息等。此外，根据《中华人民共和国民法典》第一百五十三条第二款规定，违背公序良俗的民事法律行为无效，即使明知借款用于赌博的民间借贷行为认定有违公序良俗，同样是合同无效的法律后果，亦应按《中华人民共和国民法典》第一百五十七条规定进行处理。有人可能会担心，民间借贷无效仍然要求借款人返还借款本金，是否会助长赌博这一违法犯罪活动？笔者认为上述讨论的仅是民间借贷无效的民事处理方式，不妨碍公安机关依据法院查明的事实对赌博违法行为进行查处，这本身就是对借贷双方有力的法律惩戒。

编写人：湖南省郴州市北湖区人民法院　陈安波　刘斌

39

民间借贷套取金融机构借款转贷无效的清算返还规则

——李某诉刘某某民间借贷案

【案件基本信息】

1. 裁判书字号

新疆维吾尔自治区乌鲁木齐市新市区人民法院（2023）新 0104 民初 8854 号民事判决书

2. 案由：民间借贷纠纷

3. 当事人

原告：李某

被告：刘某某

【基本案情】

2017 年 9 月 13 日，李某向刘某某转账提供借款 40000 元，还从银行贷款转贷给刘某某。2020 年 7 月 2 日，经结算双方签订《借款协议》：“出借人向借款人提供借款资金人民币 120876.22 元；出借人为给借款人提供贷款，于 2018 年 9 月 11 日向银行申请分期通小额贷款业务，贷款年利率 4.5%，截至 2020 年 7 月 1 日，共有本金 98175 元，借款人知晓该笔借款的所有约定。剩余 22701.22 元为出借人自有资金。借款资金共计 120876.22 元。上述所有款项由借款人持有且由其实际使用；本协议项下借款本息采用以下方式归还：98175 元，每月以相等的额度偿还借款本息，每月 3175 元，还款日为每月六号。出借人、借款人约定于 2020 年 12 月 30 日前一次性还清。”2022 年 9 月起，因刘某某未依约还款，李某自行向银行还款合计 37900 元。李某诉至法院，请求判令：刘某某偿还借款及利息 37900 元。

【案件焦点】

案涉民间借贷无效部分如何清算返还。

【法院裁判要旨】

新疆维吾尔自治区乌鲁木齐市新市区人民法院经审理认为：李某自认未偿还的借款系从银行贷款后转借给刘某某，根据《最高人民法院关于审理民间借贷案件适用法律若干问题的规定》第十三条第一项的规定，套取金融机构贷款转贷的，人民法院应当认定民间借款合同为无效。故该部分借贷应为无效。而对于合同无效后财产返还及损失赔偿的问题，应当适用《中华人民共和国民法总则》第一百五十七条，但该条并未区分合同无效的类型、当事人的过错程度进行具体规定。法院认为，为引导当事人从正规金融渠道融资，威慑自金融机构贷款后转贷及借款行为，对该问题应以借贷双方均不得从无效合同中获益为导向处理。具体而言，案涉《借款协议》无效，刘某某不应只偿还李某借款本金和按照贷款市场报价利率计算的利息，还应当偿清李某给银行偿还的借款本金及利息，否则刘某某将因合同无效反而获得偿还较少利息的利益；与之同时，李某偿清借款本金及利息后，刘某某也不应按照双方约定，而应按照贷款市场报价利率支付利息。故法院对李某的诉请应予支持。

新疆维吾尔自治区乌鲁木齐市新市区人民法院依照《最高人民法院关于适用〈中华人民共和国民法典〉时间效力的规定》第一条第二款，《中华人民共和国民法总则》第一百五十七条，《最高人民法院关于审理民间借贷案件适用法律若干问题的规定》第十三条，《中华人民共和国民事诉讼法》第一百四十七条、第一百六十五条的规定，作出如下判决：

一、被告刘某某于本判决生效之日起十日内支付原告李某借款本金及利息 37900 元；

二、驳回原告李某的其他诉讼请求。

本案适用小额诉讼程序审理，宣判后现判决已发生法律效力。

【法官后语】

因合同无效清算不适用得利丧失抗辩，审判实践中对于民间借贷中套取金融机构贷款转贷无效的清算返还，不适用《中华人民共和国民法典》（以下简称《民法典》）第九百八十五条关于不当得利返还的规定，而应适用《民法典》第一百五十七条无效合同清算的一般规则，并无疑义。但实证研究表明，目前的裁判大多固守判决贷款本金和以贷款市场报价利率计算利息的思路。此从法教义学的内部视角看有悖于《民法典》第一百五十七条的规范意旨，从利益衡量的外部视角看也不能发挥引导当事人从正规渠道融资的效果，应予摈弃。

一、内部视角：《民法典》第一百五十七条的规范意旨

（一）规范目的

《民法典》第一百五十七条是合同无效清算返还的一般规则，其规范目的在于“让双方当事人的财产情况恢复到如同没有订立合同的状态”。具体到民间借贷中套取金融机构贷款转贷无效的清算返还，由于套贷后转贷本质上是一种信用出借行为，只有借款人承担“如同向金融机构借款”的还款责任，才能实现该条的规范意旨。一般而言，金融机构的贷款利息高于贷款市场的报价利率，可能还包括手续费、逾期罚息等，判决出借人仅承担借款本金和贷款市场报价利率的利息，显然不妥。

（二）“过错”的认定

此种判决的裁判依据常为《民法典》第一百五十七条——“有过错的一方应当赔偿对方由此所受到的损失；各方都有过错的，应当各自承担相应的责任”——的规定，这也是对《民法典》第一百五十七条的误读。首先，“有过错”不是指出借人或者借款人明知或者应当知道合同无效。“任何人均不得以不知法律有规定或者宣称对法律有不同理解而免于适用该法律”，如将出借人的转贷行为解释为明知或应知该合同无效而为之，从而认定出借人有过错，则无法解释其不明知或应知的情形为何。其次，学界对于前述责任为缔约过失责任已达成共识。通说认为，缔约过失责任制度源于“当事人为了订立合同而接触或者磋商时，虽然合同尚未成立，但是根据诚信信用原则，任何一方当事人

均负有协助、照顾、保护、重视、通知、保密等先合同义务”，“有过错”是指行为人在无效合同订立过程中有违诚信的行为。因此，合同无效本身不产生损害赔偿，违反先合同义务（诚信原则）才会产生。最后，合同无效型缔约过失责任是非常少见的，韩世远教授即认为“现在生活中，合同无效的缔约过失责任是非常少见的；而大量存在的，则是合同有效型的缔约过失问题”，目前裁判中以出借人有过错为由，动辄适用《民法典》第一百五十七条，判决借款人只承担借款本金和以贷款市场报价利率计算的利息，无疑是错误的。

二、外部视角：不同裁判的利益衡量

司法不仅要求形式上的法治，还要求在法律解释过程中将后果考量作为一种论证方法容纳进来，以实现法律效果、社会效果和政治效果的统一。就本文讨论的问题而言，目前的类案大多判决借款人只承担借款本金和以贷款市场报价利率计算的利息，而本案判决借款人承担出借人偿还银行的借款本息之和。从利益衡量的角度对比两种裁判的后果如下：

（一）借贷双方的利益

从出借人和借款人群体的利益看，后者不仅当然有利于出借人，从长远看也有利于借款人。与商事借贷以财产登记为信用不同，民间借贷以熟人社会的信息为信用，其本质是交易模式与信用识别和资金供需的矛盾。在民间借贷资金本就供需失衡的情况下，若按前者判决将使借款人群体的融资更为困难。

（二）金融机构的利益

从金融机构的利益看，套取金融机构借款后转贷本质上是出借信用的行为，若按前者判决，则相当于本没有信用获得金融机构贷款的借款人，不仅获得了贷款还只需承担较低的利息，这显然与金融机构的利益不符。

（三）社会公共利益

从社会公共利益看，前者判决将可能使追逐自身利益的借款人为偿还较少的利息，故意不偿还借款，传递出违约方反倒从无效合同中获益的价值导向，严重违反诚信原则，有损于社会公共利益。

三、结论

综上，依照《民法典》第一百五十七条，将民间借贷中套取金融机构贷款转贷无效的清算返还规则解释为，借款人承担“如同向金融机构借款”的责任，不仅符合《民法典》第一百五十七条的规范意旨，在后果考量上也更具正当性。在前述责任的基础上，还应考虑让借款人承担存款利率的利息。当然，超出金融机构借款利息的约定无效，人民法院不予支持。

编写人：新疆维吾尔自治区乌鲁木齐市新市区人民法院　李庄博

40

骗取贷款案中借款合同和担保合同的效力认定

——某银行诉孙某甲等民间借贷案

【案件基本信息】

1. 裁判书字号

山东省嘉祥县人民法院（2023）鲁0829民再12号民事判决书

2. 案由：民间借贷纠纷

3. 当事人

原告（再审原告）：某银行

被告（再审被告）：孙某甲、孙某乙、孙某丙、侯某某

【基本案情】

孙某甲以承包工程用款为由，向某银行申请贷款。2014年2月7日，孙某甲与某银行签订了个借字（2014）年第02-006号《个人借款合同》，双方约定借款金额为1500000元，借款期限为2014年2月7日至2015年1月26日，借款利率为固定利率，在每笔借款发放日所对应的中国人民银行同期同档次人民

币贷款基准利率基础上上浮100%确定，每笔借款执行约定的利率直至借款到期日，期内不变。借款人未按本合同约定的期限归还借款本金的，贷款人对逾期借款从逾期之日起在借款执行利率基础上上浮50%计收罚息，直至本息清偿为止。同日，孙某丙、孙某乙、侯某某与某银行签订了高保字（2014）年第02-006号《最高额保证合同》，第三人作为保证人自愿为某银行在2014年2月7日至2015年1月26日期间（该期间为最高额担保债权的决算期间）与孙某甲办理约定的各类业务所形成的债权提供最高额保证担保，担保的债权最高余额为1800000元。保证担保的范围包括主债权本金、利息、罚息、复利、违约金、损害赔偿金以及实现债权的费用。保证方式为连带责任保证，保证期间为决算期届至之日起两年。后某银行分别于2014年2月7日、2014年2月8日、2014年2月10日分三次向孙某甲发放贷款各500000元，共计1500000元，贷款到期日均为2015年1月26日，约定借期内月利率均为10‰。借款到期后，孙某甲未按照约定偿还贷款本息，孙某丙、孙某乙、侯某某也未承担连带清偿责任。县信用社扣划了孙某甲工资账户上的余额2000元用于偿还贷款本金，孙某甲尚欠贷款本金1498000元及截至2015年12月3日的利息252963.52元。

2020年4月28日，嘉祥县人民法院作出（2019）鲁××××刑初×××号刑事判决，认定孙某甲向某银行还款共计73030元。2019年10月15日，案外人谷某因犯违法发放贷款罪，被嘉祥县人民法院判处有期徒刑，其中谷某违法发放的贷款中涉及孙某甲的1500000元银行贷款。2020年4月28日，孙某甲被人民法院认定为犯骗取贷款罪，被判处有期徒刑，并责令孙某甲退赔某银行人民币1987798.35元，其中涉及本案的退赔数额为1426970元。

【案件焦点】

借款人构成骗取贷款罪的，借款人、保证人与银行等金融机构签订的借款合同和保证合同效力应当如何认定。

【法院裁判要旨】

山东省嘉祥县人民法院经审理认为：（1）关于案涉借款合同效力的问题。

本案中，孙某甲以欺诈方式骗取银行贷款的犯罪行为损害的直接客体是某银行的经济利益，并非国家或集体利益，而案外人谷某的犯罪行为系过失犯罪，并无其他证据证明二人存在恶意串通损害国家利益或第三人利益的情形，且双方的合同内容也并不违反国家法律、法规的效力性强制性规定，因此借款合同并不当然无效。而某银行因受孙某甲欺诈与其签订的借款合同依法应属可变更、可撤销的合同，在诉讼过程中其并未主张该权利，因此应认定该借款合同有效。（2）关于案涉保证合同的效力问题。因并无证据表明贷款承办人谷某参与了孙某甲的犯罪行为，因此并不能认定银行和孙某甲存在恶意串通，骗取保证人提供保证的行为。而保证合同为单务合同，三保证人不能以银行未采取相应的审查和监管的手段为由拒绝履行保证义务，而银行未适时履行审查和监管义务也并不等同于以欺诈行为骗取保证人提供保证，因此，本案中并不存在《中华人民共和国担保法》（以下简称《担保法》）第三十条第一项和第二项中认定保证人不承担保证责任的情形。另外，孙某甲虽存在欺诈三保证人的行为，但同时该行为亦欺诈了银行，没有其他证据证明银行知道或应当知道孙某甲对三保证人的欺诈行为，因此，亦不能依据《最高人民法院关于适用〈中华人民共和国担保法〉若干问题的解释》第四十条之规定，认定孙某丙、孙某乙、侯某某三名保证人不承担保证责任。

据此，山东省嘉祥县人民法院判决：

一、孙某甲于判决生效后 10 日内偿还嘉祥县农村信用合作联社借款本金 1498000 元及截至 2015 年 12 月 3 日的利息 252963.52 元，并自 2015 年 12 月 4 日起至本判决确定的履行期届满之日止按照双方的约定支付利息、罚息；孙某丙、孙某乙、侯某某对上述贷款本息在担保债权最高余额 1800000 元的限度内承担连带清偿责任；

二、如果未按本判决指定的期间履行给付金钱义务，应当加倍支付迟延履行期间的债务利息。

一审判决生效后，经山东省嘉祥县人民法院院长提交审委会讨论认为，该判决确有错误，应予再审。山东省嘉祥县人民法院于 2023 年 11 月 24 日作出

（2023）鲁0829民监1号民事裁定：

一、本案由本院再审；

二、再审期间，中止原判决的执行。

山东省嘉祥县人民法院另行组成合议庭，对本案进行了审理，于2024年4月22日作出（2023）鲁0829民再12号民事判决：

一、维持本院（2015）嘉马商初字第35号民事判决；

二、驳回孙某乙、孙某丙、侯某某的再审诉讼请求。

【法官后语】

本案主要涉及在刑民交叉情形下，构成骗取贷款罪的借款人与银行等金融机构签订的借款合同以及保证人签订的保证合同的效力认定问题。

随着金融市场的不断发展完善，金融借款、贷款业务在社会大众的日常生活中逐渐普及，向银行等金融机构贷款成为人们解决短期资金需求、进行企业融资或大额消费的主要手段。金融市场的成熟为借款和贷款业务提供了更加多样化和灵活的选择，同时也带来了新的挑战和风险。为降低信贷风险，确保贷款的安全性和可回收性，银行通常会要求借款人提供担保或保证人，以分散贷款风险，保护自身利益。但近年来，借款人因遭遇市场波动、行业变化、资金周转不利、经营策略偏差等多种因素而无法及时足额偿还银行贷款的情形屡见不鲜，其中甚至出现以欺诈手段骗取银行贷款的违法犯罪行为，破坏了正常的金融管理秩序，侵害了银行等金融机构的财产所有权益。在金融借款合同纠纷与刑事犯罪交叉的情况下，借款合同的效力认定至关重要。刑事犯罪并不必然导致合同无效，借款合同和担保合同的效力应依据《中华人民共和国民法典》（以下简称《民法典》）合同编中关于合同无效的几种情形进行法律适用和效力认定。本案通过逐一分析合同无效情形的具体适用要件，厘清了骗取贷款案中借款合同可能具有的不同效力状态，并在此基础上概括出作为借款合同从合同的担保合同效力认定规则，为类似案件提供了清晰明确、可供参考的审理思路。

一、关于借款合同的效力认定

在刑法上，借款人因其欺诈手段和非法目的构成骗取贷款罪，应当据此承担刑事责任；在民法上，借款合同是否有效关乎借款人是否应当承担偿还借款本息的民事责任。

（一）借款人构成骗取贷款罪的，借款合同并不当然无效

对合同效力进行判断和认定属于民商事审判的范围，判断和认定的标准也应当是民事法律规范。虽然借款人构成骗取贷款罪，但因犯罪行为与合同行为不重合，其所涉借款合同的效力应从民事法律角度进行考察。①《民法典》第一编第六章和第三编对合同无效的情形作了规定。只有对上述法定情形的具体内容进行逐一探析，才能真正解决骗取贷款犯罪中借款合同效力的认定问题。

1. 针对“一方以欺诈、胁迫的手段订立合同，损害国家利益”合同无效条款的适用分析

以《民法典》第一百四十八条认定借款人构成贷款诈骗犯罪所涉借款合同无效的主要理由是：虽然合同效力应由民事法律来规范，但犯罪应由刑事法律来调整，如果刑事判决认定自然人或单位构成贷款诈骗犯罪，民事判决却认定所涉借款合同有效，则明显存在法律逻辑上的矛盾，两者应是非此即彼的关系，有效就不能构成犯罪，犯罪就不能有效。刑事法律是最强烈的强制性规范，违反刑事法律的规定，损害的不仅是当事人的利益，而且必然同时损害国家利益，属于以合法形式掩盖非法目的。② 还有观点认为，如果借款人以欺诈手段订立借款合同、从银行取得贷款的行为构成骗取贷款罪，那么根据犯罪构成要件，其显然破坏了金融管理秩序，而金融管理秩序属于国家利益的一部分，故借款合同应当因损害国家利益无效。但笔者认为，此处的“国家利益”应当作具体化理解，即特指当事人签订具体合同时所损害的具体的国家利益，而非泛指包括统治秩序在内的国家整体利益。可以设想一下，如果将国家利益作泛化解释，

① 王纯强：《刑民交叉案件中对担保合同效力的审查》，载《人民司法》2019年第32期。

② 宋晓明、张雪楳：《民商事审判若干疑难问题》，载《人民法院报》2006年8月23日，第5版。

那么只有犯罪行为侵害了经济秩序、金融管理秩序、社会管理秩序等秩序利益，才可能导致与其相关的各类民事法律行为、民事合同被认定无效，这既与私法充分尊重当事人意思自治的原则背道而驰，又不利于保护债权人的合法利益。

2. 针对“恶意串通，损害国家、集体或者第三人利益”合同无效条款的适用分析

在骗取贷款案件中，即使银行放贷人员构成违法发放贷款罪，但银行本身通常是受害者角色，因此银行与借款人之间基本不存在恶意串通情形。此外，银行作为大型金融机构，具备相当程度的“社会信任度”，其并没有理由也没有动机同借款人相互串通损害第三方利益。尽管可能存在银行职工帮助骗取贷款的行为，但该行为本身并不能认定为该单位的行为，因为该行为侵犯的法益既包括国家经济管理秩序，亦包括作为独立民事主体的银行的财产权益，如果认为承办贷款的银行职工的行为应当由银行承受，那么就等同于银行自己处分了自己所有的财产，至少这一行为在民商事领域是适格的，并不会侵害其他民事主体的民事权利，也就等同于纠纷从始至终就不存在，这显然是不合理的。因此，不能简单地以“恶意串通，损害国家、集体或者第三人利益”为由认定该借款合同无效。

3. 针对“以合法形式掩盖非法目的”合同无效条款的适用分析

对于使用欺诈手段获取银行贷款的行为，人民法院需细致甄别，不应一概以“以合法形式掩盖非法目的”为由，草率判定合同无效。以合法形式掩盖非法目的，是指当事人实施的行为在形式上是合法的，但在缔约目的和内容上是非法的。[①] 首先需要明确的是，此处的非法目的更强调合同双方的同谋性，一般指双方的共同目的，或至少是双方共同知道或应当知道的；其次，如果借款人从一开始就抱有骗取贷款的不法目的，通过捏造事实、调整合同内容来实施欺诈，那么所谓的“借款合同”便与其非法获取贷款的行为构成了一个密不可分的整体，成为其犯罪行为的一部分，不能再简单机械地将合同的形式与其目的割裂开来看待；最后，即便将“借款合同”视为一种手段或形式，也不能不

---

① 崔建远：《合同法》（第五版），法律出版社 2010 年版，第 103~104 页。

经考量就认定其为“合法形式”，合同中虚假和捏造的内容本身就构成了欺诈行为，违反了法律规定，那么作为承载这些违法内容的“借款合同”，其本身也是违法的，并不符合“以合法形式掩盖非法目的”的合同无效法定条件。只有深入分析合同的实质内容和当事人的真实意图，才能对其合同效力作出准确的判断。

4. 针对“损害社会公共利益”合同无效条款的适用分析

银行和借款人之间签订的借款合同所处分的权利为“私权利”，并不牵扯到国家、社会和集体，即使借款人借款的目的是实施侵害国家或集体利益的犯罪行为，也并不能影响借款这一民事法律关系的性质，这一借款行为本身并不存在侵害其他法益的可能性，即使借款人真的用该笔借款实施了损害社会公共利益的行为，也已经脱离了“借款”这一法律关系的范围。除非银行明知其借款是为了实施损害社会公共利益的犯罪行为而故意为其提供帮助，提供借款的行为升格成刑事法律关系中的帮助行为，否则一般情况下不能以“损害社会公共利益”为由认定该借款合同无效。

5. 针对“违反法律、行政法规的强制性规定”合同无效条款的适用分析

有观点认为，一方以欺诈手段订立借款合同，从银行取得贷款，其行为已违反刑法规定，构成骗取贷款罪或贷款诈骗罪。刑法作为具有国家最高强制力的法律规定，违反刑法当然地属于违反法律、行政法规的强制性规定，故合同应属无效。[①] 对此，笔者并不认同。“违反法律、行政法规的强制性规定”合同无效条款中的强制性规定指的是全国人大及其常委会制定的法律或国务院制定的行政法规中包含的效力性强制性规定。刑法规范并不直接调整私法行为，其中的强制性规定只是对犯罪行为进行规制，本身并不具有规定私法行为的效力，故刑法规范往往不能被直接援引作为确定合同效力的依据。[②] 在合同法语境下，“强制性规定”不宜作扩大解释，而应当限定为效力性强制性规定，即直接规

① 曲翔：《骗取贷款案中贷款合同不当然无效》，载《人民司法（案例）》2017年第32期。

② 高原、杨志刚：《贷款诈骗犯罪所涉借款合同的效力》，载《人民司法（应用）》2016年第7期。

定法律行为效力的法律法规条款，违反这些规定可能导致民事法律行为无效。构成犯罪意味着行为人的行为违反了刑法的规定，具有严重的社会危害性，并应当受到刑罚处罚，但并不意味着其行为必然违反了效力性强制性规定。合同的效力仍然应当严格依据《民法典》的相关规定独立判断，即使合同一方的行为构成犯罪，也需要具体分析该行为是否确实影响合同效力。

（二）骗取贷款罪案中的借款合同应认定为可撤销合同

从法理上讲，《民法典》第一百四十八条规定："一方以欺诈手段，使对方在违背真实意思的情况下实施的民事法律行为，受欺诈方有权请求人民法院或者仲裁机构予以撤销。"第一百四十九条规定："第三人实施欺诈行为，使一方在违背真实意思的情况下实施的民事法律行为，对方知道或者应当知道该欺诈行为的，受欺诈方有权请求人民法院或者仲裁机构予以撤销。"骗取贷款罪涉及两个行为，一个行为是合同一方当事人的诈骗行为，另一个行为是合同双方当事人的合同行为。诈骗行为是行为人以签订合同、虚构信贷资料为手段，以骗得财产为目的实施的行为，而合同行为系双方当事人意思表示一致的情况下共同实施的行为。在合同一方的借贷行为涉嫌犯罪或者被生效判决确定为犯罪的情况下，相对方可以依照规定向法院或者仲裁机构申请撤销，也可以主张合同有效，相对方未主张撤销的，则主合同有效。[①]

从情理上讲，凡进入诉讼程序的民间借贷纠纷均系因为借款人不能依约履行还款义务，银行为权利主体的案件亦是如此。在此种情况下如果认定合同无效，因此而产生的民事权利和民事义务则被认为自始就不存在，那么银行所剩的救济权利就只剩下了返还请求权，丧失了诸如抵押、担保等诸多从权利，不利于权利最终的实现，更不利于经济社会的发展，亦是对司法公信力的伤害，这种设计显然是不合理的。因此，因欺诈而设立的合同，赋予权利人可变更、可撤销的权利，给予其选择的途径，是对履约人应有的保护。

本案中，原审被告孙某甲在刑事案件中被认定构成骗取贷款罪不属于《民

① 李思、周双：《主债务人构成犯罪借款合同效力如何认定》，载《中国商报》2021年11月23日，第3版。

法典》规定的合同无效的法定情形，亦没有证据证明原审被告孙某甲与案外人谷某、原审原告某银行存在恶意串通、合谋掩盖非法目的等情形。因此，基于借款人孙某甲采取欺诈手段，使得某银行在违背真实意愿的情况下签订了借款合同，并导致银行正当权益遭受损害这一事实，某银行有权请求法院撤销该合同。在某银行未行使撤销权撤销借款合同的情况下，应当认定其与孙某甲借款合同有效。

二、关于保证合同的效力认定

对于保证合同的效力认定问题，应当遵循“先一般后特殊”的审理思路进行裁判。“先一般”是指，原则上主借款合同有效，则作为从合同的保证合同有效，主合同无效则保证合同无效。“后特殊”包括两种情形：一是当担保合同因主合同无效而无效时，担保人因其过错承担有条件的担保责任；二是在主合同有效的情形下，保证合同效力被单独论证的特殊情形。

（一）保证合同效力认定的一般原则

《民法典》第三百八十八条第一款规定：“设立担保物权，应当依照本法和其他法律的规定订立担保合同。担保合同包括抵押合同、质押合同和其他具有担保功能的合同。担保合同是主债权债务合同的从合同。主债权债务合同无效的，担保合同无效，但是法律另有规定的除外。”担保合同属于从合同，其效力首先应根据主合同的效力进行认定。如果借款合同有效，担保合同亦有效，担保人承担的担保责任应根据借款合同、担保合同而定，担保人需完全履行本金、利息等约定义务。

本案中，某银行未行使撤销权，借款合同不具备《民法典》规定的法定无效情形，故作为主合同的借款合同有效，孙某乙、孙某丙、侯某某签订的担保合同作为其从合同亦有效，三人应当作为保证人承担连带还款责任。

（二）保证合同效力认定的特殊情形

1. 保证人存在过错

即便借款合同和保证合同都被认定为无效，保证人也并不当然免除责任，根据《最高人民法院关于适用〈中华人民共和国民法典〉有关担保制度的解释》第十七条规定："主合同有效而第三人提供的担保合同无效，人民法院应当区分不同情形确定担保人的赔偿责任：（一）债权人与担保人均有过错的，担保人承担的赔偿责任不应超过债务人不能清偿部分的二分之一；（二）担保人有过错而债权人无过错的，担保人对债务人不能清偿的部分承担赔偿责任；（三）债权人有过错而担保人无过错的，担保人不承担赔偿责任。主合同无效导致第三人提供的担保合同无效，担保人无过错的，不承担赔偿责任；担保人有过错的，其承担的赔偿责任不应超过债务人不能清偿部分的三分之一。"因为保证人大多情况下为自然人或者普通的法人机构，其风险承受能力以及社会信用度较之银行稍差，因此在实际诉讼过程中法官应对相应证据严格审查、综合论证，以确定保证人在此种情况下是否应当承担民事责任以及应当承担民事责任的范围。具体而言，如果主借款合同被认定为无效，作为从合同的保证合同因不存在特殊约定也应被认定为无效，但如果没有证据证明保证人存在过错，或是参与借款人的犯罪行为，或是对该犯罪行为知情并仍然提供担保，那么即使是在主合同被认定为无效而导致担保合同无效的情形下，保证人也将因其无过错而不承担民事责任。

2. 保证合同效力的独立论证

在确定借款合同（主合同）被认定为有效的基础上，仍有空间对保证合同的效力以及保证人是否应当承担保证责任的问题进行单独讨论。《民法典》及《最高人民法院关于适用〈中华人民共和国民法典〉有关担保制度的解释》对保证人在何种情况下不应承担民事责任作出相关规定。

合同作为适格主体间享受民事权利，承担民事义务的载体。为维护交易公平，根据诚实信用原则，除特殊情况外，适格主体都应对因自己意思表示而设立的符合生效要件的合同负责，因此对于上述法律规定，笔者认为应将其理解为"穷尽式列举"立法范式。即除上述情况外的其他情形中，只要主合同——借款合同被认定为有效，作为从合同的保证合同也应认定为有效，且保证人应严格按照上述规定承担民事责任。

本案中，尽管案外人谷某构成违法发放贷款罪、原审被告孙某甲构成骗取贷款罪，但因骗取贷款罪为故意犯罪，违法发放贷款罪为过失犯罪，银行一方与借款人并不构成共同犯罪，故无法认定借款合同双方当事人存在恶意串通以骗取保证人提供保证的情形，保证合同有效，三保证人应当按照保证合同约定承担连带还款责任。

（三）保证合同单务性特征对效力的影响

作为单务合同，保证人亦不享受因为保证权人在合同履行过程中存在瑕疵行为而产生的抗辩权。以本案为例，无论银行是否采取了详尽有效的监督和审查义务，都不会影响保证合同的效力，不会影响三保证人在承诺的范围内向银行履行保证责任。《民法典》详尽地规定了民事行为中适格主体的要求，即只要具备相应的民事权利能力和民事行为能力，就认定为在民事活动中具备理性的、包容审慎义务的适格主体，其应对自己的民事行为负责。作为典型的单务合同无论权利人在履约过程中是否存在瑕疵，保证人均应依法、依约履行自己的义务。

综上所述，在以银行为债权人的民间借贷纠纷案中，在符合合同生效条件且不存在法定无效条件的前提下，人民法院应当认定合同有效，以此保证债权人的预期利益和财产权益。而对于从合同，也就是保证合同的认定，则应当根据法律规定以及举证质证情况进行综合分析，在没有法律规定免除保证人保证责任的情况下，亦应当认定保证合同有效，保证人应依约承担保证责任。本案按照“刑民并行”原则，准确查明事实、正确适用法律，确定了骗取贷款案中借款合同和担保合同的效力认定规则，明确了借款人、担保人应当承担的还款责任，从而依法维护了银行的合法财产权益和正常的金融管理秩序。本案同样给各方主体以警示和提醒。作为借款人，应当按照法律规定和合同约定的方式、用途使用贷款，并及时足额地偿还借款本息，如果因一时贪念实施了骗取贷款的行为，不仅会构成骗取贷款罪，承担刑事责任，还要在退赔的同时继续履行偿还借款本息的民事合同责任；作为发放贷款的银行等金融机构，应当做好对借款人的背景调查、还款能力评估等贷款风险管控工作，同时加强对贷款发放人员的教育管理，避免金融机构工作人员违法违规发放贷款，造成不必要的损失；作为担保人，应当充分意识到担保行为的法律效力和可能带来的法律后果，清楚地认识到自己的经济状况和承受能力，采取谨慎的态度决定是否为他人提供担保、以何种方式提供担保，在签订担保合同时，担保人应仔细阅读合同条款，确保合同内容公平合理，避免因合同条款不明确或不公正而陷入法律纠纷，在应当承担保证责任时，不回避、不否认、不拖延，否则可能因为违约产生额外的罚金、利息或法律制裁。

编写人：山东省嘉祥县人民法院　朱超　赵忆雪

41

同一债权多重转让时受让人的受偿顺序应依据有效通知债务人的先后顺序予以确定

——欧某诉李某甲、郑某某民间借贷案

【案件基本信息】

1. 裁判书字号

重庆市第五中级人民法院（2023）渝05民终3885号民事判决书

2. 案由：民间借贷纠纷

3. 当事人

原告（上诉人）：欧某

被告（被上诉人）：李某甲、郑某某

第三人：王某某、周某、文某某

【基本案情】

2021年3月29日，吴某（借款人）、文某某（出借人）、郑某某、李某甲（连带保证人）签订《借款协议》，约定由文某某向吴某出借款项88万元；郑某某、李某甲提供连带责任保证担保。

2022年4月29日，文某某与欧某签订《债权转让协议》，将文某某对吴某、李某甲、郑某某享有的前述《借款协议》项下的全部债权及从权利一并转让给欧某，转让价格为88万元。

同日，欧某的甲银行账户收到案外人李某乙转账8笔10万元、1笔8万元后，向文某某转账8笔10万元、1笔8万元。同日，文某某的甲银行账户收到欧某前述转款后，向李某乙转账8笔10万元、1笔8万元。

同日，文某某向吴某、李某甲、郑某某出具《债权转让通知书》，载明其与欧某签订《债权转让协议》并将2021年3月29日签订的《借款协议》项下全部权利转让给欧某，要求吴某、李某甲、郑某某收到该通知后按合同约定的时间和金额按时足额向欧某履行付款义务等。

2022年5月23日，欧某以快递方式向李某甲邮寄《债权转让通知书》，李某甲于2022年5月26日签收。2022年5月26日，欧某向吴某《借款协议》载明手机号码发送短信并附《债权转让通知书》照片，通知吴某债权转让事宜。2022年5月31日，欧某向郑某某《借款协议》载明手机号码发送短信并附《债权转让通知书》照片，通知郑某某债权转让事宜。

2022年4月19日，王某某（出借人）与文某某（借款人）签订《借款协议》，约定王某某向文某某提供借款100万元。同日，王某某通过乙银行向文某某转账100万元。王某某另于2022年4月29日向文某某转账50万元。

2022年5月18日，王某某与文某某签订《债权转让协议》，将文某某对吴某、李某甲、郑某某享有的前述《借款协议》项下截至本协议签署之日的债权1038106元及一切权利转让给王某某。

同日，文某某作为声明人作出《债权转让声明》，载明其享有对债务人李某甲、郑某某、吴某的全部债权总计1038106元及对该债权所享有的权利全部转让给受让人王某某，由于其本人保管不善，原始债权凭证丢失，但不影响其本人对债务人所享有的全部权利转让给受让人王某某。

同日，王某某与文某某签订《债权转让通知书》，载明基于双方于2022年

5月18日达成的债权转让协议，现将文某某对李某甲、郑某某、吴某的全部债权本金88万元及文某某对以上债务人的全部权利转让给王某某，于2022年5月18日起，请以上债务人将剩余款项支付给王某某并向王某某履行所有义务等内容。

同日，王某某与吴某有通话记录2条。同日，王某某通过微信告知李某甲、郑某某关于债权转让的事情，并要求各债务人向其支付款项。

2022年6月8日，王某某、李某甲就案涉房屋办理抵押登记手续，被担保主债权数额为88万元。

【案件焦点】

同一债权多重转让时受让人的受偿顺序。

【法院裁判要旨】

重庆市南岸区人民法院经审理认为：根据本案查明事实，文某某于2022年4月29日与欧某签订《债权转让协议》、于2022年5月18日与王某某签订《债权转让协议》，显然就同一债权进行了重复转让。根据《中华人民共和国民法典》第五百四十六条规定："债权人转让债权，未通知债务人的，该转让对债务人不发生效力。债权转让的通知不得撤销，但是经受让人同意的除外。"欧某于2022年4月29日与文某某签订《债权转让协议》后，分别于2022年5月23日通知吴某、于2022年5月26日通知李某甲、于2022年5月31日通知郑某某，王某某于2022年5月18日与文某某签订《债权转让协议》后，于同日分别通知吴某、李某甲、郑某某，即欧某与文某某签订《债权转让协议》时间先于王某某，但债权转让通知的时间晚于王某某，而因债权转让的通知不得撤销，故一审法院认定案涉债权的受让人应为王某某，并对欧某的诉讼请求不予支持。因此，重庆市南岸区人民法院判决驳回欧某的诉讼请求。

欧某不服一审判决，提起上诉。

重庆市第五中级人民法院查明，2022年5月15日，周某问郑某某："欧某是不是联系你了？"郑某某回："对呀。"周某回："你正常处理就是。"郑某某回：“他说债权你们已经给他了。”

重庆市第五中级人民法院经审理认为：债权人转让债权，未通知债务人的，该转让对债务人不发生效力。债权转让的通知不得撤销，但是经受让人同意的除外。本案中，文某某分别与欧某、王某某签订债权转让协议，在存在多个受让人的时候，受让人的受偿顺序应当依据有效通知债务人的先后顺序予以确定。王某某受让债权后，于 2022 年 5 月 18 日通知了李某甲、郑某某等，且李某甲、郑某某与文某某确认了债权转让的事实，后李某甲、郑某某、王某某协商还款并于 2022 年 6 月 8 日办理了案涉房屋的抵押登记手续。欧某虽然签署债权转让协议在前，但是其通知债务人在王某某之后，其受偿顺序应在王某某之后。欧某称其于 2022 年 5 月 11 日通知了李某甲，于 2022 年 5 月 15 日通知了郑某某，但其举示的证据系周某与李某甲、郑某某的微信聊天记录，从微信聊天记录看，周某并未通知李某甲债权转让给了欧某，且周某本身不是债权转让的主体，其无权进行债权转让的通知。周某与郑某某的微信聊天记录显示欧某向郑某某通知过债权转让的事实，但并无证据证明系以明确的债权转让通知书的方式进行通知，且欧某作为受让人，其通知债权转让后还应有文某某的认可才能发生通知债权转让的效果，现并无证据证明欧某作为受让人的债权转让通知获得了债权人文某某的认可，故周某的微信记录不能达到欧某的证明目的。

在本案存在双重债权转让的情况下，考虑债权转让是无偿的还是有偿的对认定债权转让的效力具有相当的补强作用。欧某支付债权转让对价的方式不符合常理。案外人李某乙向欧某分 9 笔转账 88 万元，欧某收到前述 9 笔款项后逐笔向文某某转账 88 万元，文某某收款后向李某乙逐笔转回 88 万元。上述 88 万元款项经过流转再次回到李某乙账户，文某某实际上并未收到债权转让的对价。王某某在受让文某某的案涉债权之前实际上出借 150 万元款项给文某某，其受让案涉债权具备事实基础。虽然王某某另外还受让了文某某的其他债权，但是并未就该受让债权实际受偿，其同时受让案涉债权并无不可。上诉人的该项上诉理由不成立，依法不予采纳。

重庆市第五中级人民法院依照《中华人民共和国民事诉讼法》第一百七十

七条第一款第一项之规定，判决：

驳回上诉，维持原判。

【法官后语】

一、“通知优先”规则是解决债权多重转让情形下债权顺位的最佳方案

《最高人民法院关于适用〈中华人民共和国民法典〉合同编通则若干问题的解释》在整体协调继受保护和继受自由价值平衡的基础上，对《中华人民共和国民法典》债权转让规则予以细化。债权转让涉及多层面的效力问题。债权转让通知在债权转让规则中处于关键位置。在内部层面，受让人取得转让债权不以通知债务人作为条件；在债务人层面，债权转让通知决定了债务人向何者履行债务构成有效清偿。在外部层面，“通知优先”规则是特定条件下解决普通债权多重转让情形下债权顺位的最佳方案。

关于债权多重转让下债权的顺位问题，如按“转让优先”规则，则受让人在受让债权时需要审核是否有在先受让人，这样一来，不仅成本较高，还存在债权转让合同倒签风险。如按“登记优先”规则，则有赖于登记制度的构建完善，当前背景下难以实施。因此，在现有法律规范框架下，采取“通知优先”规则最为合理。该模式有利于激励受让人积极督促出让人发出通知而保障“先来后到”规则实质实现。该模式有利于合理分配风险。在各方当事人中，受让人最有动机也最有可能去抑制多重转让风险，如其不积极监督出让人履行通知义务，由此导致实际在后受让人取得优先地位，那由其承担风险也符合公平原则。同时该模式还契合立法精神，由于债权转让只有通知后才对债务人发生效力，故通知到达后债务人应当向通知载明的受让人履行。

二、债权多重转让中的债务人向最先到达的转让通知中载明的受让人履行义务即可免责

债权多重转让中的债务人保护涉及的是多重转让情形下债务人与多个受让人之间的关系如何处理的问题，即债务人向谁履行得发生债的消灭效果。《最高人民法院关于适用〈中华人民共和国民法典〉合同编通则若干问题的解释》第五十条旨在解决债权多重转让中债务人利益的保护问题，即债务人向最先到

达的转让通知中载明的受让人履行债务后即可免责。因此第一个转让通知到达债务人后，债务人就受到相应债权转让的约束，应当向该通知所载明的受让人履行。后面的转让通知如果与先到达的转让通知全部或者部分冲突，则意味着要撤销或者部分撤销在先到达的转让通知，但是在先通知未经相应受让人同意不得撤销，故后到达的通知在与先到达的通知的冲突范围内，不可能发生撤销的法律效力。该规则简单明确，债务人不需要判断外部关系中谁是真正的权利人，亦不负有审核义务，对于债务人而言无疑是非常有利的。

三、应当有条件地承认受让人作为债权转让的通知主体

关于债权转让通知的适格主体问题。《最高人民法院关于适用〈中华人民共和国民法典〉合同编通则若干问题的解释》第四十八条第一款采用“债务人接到债权转让通知”的表述，有意作了模糊处理。那么受让人能否成为债权转让通知的主体呢？支持意见认为，对债务人发出通知，是债权转让对债务人发生法律效力的必备条件，法律未限制仅由让与人作为通知主体，特别是在一些情况下，让与人可能无法对债务人发出通知，在受让人能够提供充足的证据证明债权转让的事实时，可以允许其对债务人作出通知。反对意见则认为，如果允许受让人发出通知，债务人就会承担过高审核义务，并会因此处于两难境地而遭受不利，不利于对债务人的保护。笔者认为从促进交易便捷开展及债务人保护双重角度看，应当有条件地允许受让人成为通知的主体。

编写人：重庆市第五中级人民法院　陈黎黎

42

以物抵债后可否就原债权主张权利

——王某诉信某民间借贷案

【案件基本信息】

1. 裁判书字号

吉林省吉林市船营区人民法院（2023）吉 0204 民初 4756 号民事判决书

2. 案由：民间借贷纠纷

3. 当事人

原告：王某

被告：信某

【基本案情】

信某向王某借款 200000 元，王某于 2020 年 8 月 10 日至 2020 年 9 月 28 日向信某指示的银行账户转款 180280 元，2020 年 9 月 3 日向信某银行账户转款 50000 元。信某向王某出具落款日期为 2020 年 9 月 3 日的《借条》，载明："今借到王某 200000 元人民币，贰拾万圆整，年利率一分利。" 2020 年 10 月 5 日，信某向王某支付 40000 元利息。之后，信某未偿还向王某借款，双方于 2021 年 5 月 2 日签订协议，载明："甲方：信某，乙方：王某。由于甲方信某欠乙方王某人民币贰拾万元（20000 元），现将吉 B×××××某品牌车辆顶账给乙方，甲方负责将此车贷款还款直到全款为止，即日起，此车交接后的一切违章和事故由乙方承担，甲方将交接之前所有违章处理完毕。特此协议，即日生效"。协议签订后，信某将车辆交付给王某。

【案件焦点】

1. 借款本金及利息如何认定；2. 抵账协议是否应当继续履行。

【法院裁判要旨】

吉林省吉林市船营区人民法院经审理认为：合法的民间借贷受法律保护。信某向王某借款，王某向信某提供了借款，双方形成民间借贷合同关系，合法有效。王某主张借款本金为 200000 元，信某亦自认借款本金为 200000 元，法院对借款本金金额予以确认。关于利息，因信某答辩时自认于 2020 年 10 月 5 日向王某支付 40000 元利息，其出具的借条对利息进行了约定，故其认为没有约定利息的抗辩主张法院不予采信。信某出具借条落款时间为 2020 年 9 月 3 日，一个月期间信某支付 40000 元利息，超出双方约定及法律规定，信某主张抵付本金，法院予以采纳。因双方约定年利率 1 分利（10%），故至 2020 年 10 月 5 日，信某已偿还的利息应为 20 万元×10%÷365 天×32 天＝1753.42 元，偿还本金 40000－1753.42＝38246.58 元，剩余借款本金 200000 元－38246.58 元＝161753.42 元。王某以起诉的方式要求偿还借款，信某答辩称同意偿还，故法院支持信某向王某偿还借款本金 161753.42 元。信某与王某对如何偿还借款曾签订了协议，虽然协议约定信某用某品牌车辆抵顶借款，但鉴于信某已同意偿还借款，其车辆已交付王某使用两年多，信某主张使用车辆应冲抵利息的意见合理，法院予以采纳。综上，法院对王某合理的诉讼请求予以支持。

吉林省吉林市船营区人民法院判决如下：

一、被告信某于本判决生效之日起七日内偿还原告王某借款本金 161753.42 元；

二、驳回原告王某的其他诉讼请求。

宣判后，双方当事人均未上诉，一审判决生效。

【法官后语】

因为近年来民间资本融资高度活跃，使得民间借贷纠纷成为法院审理案件数量较多一类案由，民间借贷属于借款合同的范畴，但又具有偶发性、隐蔽性、无序性等民间借贷特点。为此，在审理此类案件过程中不仅需要考虑《中华人民共和国民法典》合同编有关借款合同的规定以及《中华人民共和国民事诉讼法》《最高人民法院关于民事诉讼证据的若干规定》中关于证明责任的规定，在具体规则的适用上还应结合《最高人民法院关于审理民间借贷案件适用法律若干问题的规定》进行审理认定。但鉴于案情的多样性，仍然有着相当一部分关于法律适用的问题需要解决，尤其是对于出现新型案例，法院的裁判结果会影响人们在从事民间借贷活动过程中的判断。

一、当事人意思自治应为法院审理民间借贷基本原则

《中华人民共和国民法典》第一百三十三条规定，民事法律行为是民事主体通过意思表示设立、变更、终止民事法律关系的行为。民事法律行为是民事主体实现意思自治的最重要手段和工具，自愿原则既是意思自治原则，也是民法的核心原则之一。当事人在民间借贷关系设立的过程中，需要通过意思表示体现自己的意图，并由此承担相应的法律后果，其中对于合同主体、借贷数额、还款期限、利率标准等事项均需要体现借贷双方的合意，此种合意的认定也是双方成立借贷关系的核心。实践中，当事人往往通过借条、欠条、收条等不同方式体现出借资金的意愿，在认定是否具有借贷合意以及借贷关系内容时原则上应当以上述书面材料反映的事项予以确定，但是考虑到民间借贷纠纷通常发生于熟人之间，或者因为资金需求的紧迫性当事人之间并未签订书面的借款协议，此时在认定借贷行为是否属于当事人的意思表示，以及款项支付行为是否体现借贷合意的内容时，争议较大。例如，针对《最高人民法院关于审理民间借贷案件适用法律若干问题的规定》第十六条的理解适用，能否依据原告在民间借贷诉讼中提交的转账凭证推定当事人之间形成了借贷关系的合意、在被告抗辩并举证证明所转款项是偿还其他借款或债务时法院应如何审核认定原被告证据并作出裁判等。对此，无论是借款合同还是其他借贷凭证，均是当事人为体现要约和承诺达成一致的手段，此类案件审理过程中不仅需要对于已经存在的书面凭证进行审查，而且更应当关注出借人的借款能力、经济状况、款项来源、借贷关系产生的原因，包括当事人基于何种用款需求向出借人发出借款的

要约，借款人基于何种信任和利益回报承诺将款项出借等。只有当事人就合同的订立过程及书面借款凭证或者款项转账的原因及行为提供了充足证据并达到了高度盖然性之标准，才能依法确认借款行为属于当事人的真实意思表示，并在满足合同成立的其他条件下，按照合意内容依法确定各方的违约责任。此外，由于民间借贷关系建立时，借贷主体往往以逐利作为出借资金的重要考量因素，而鉴于《最高人民法院关于审理民间借贷案件适用法律若干问题的规定》改变了过往“两线三区”而规定了“4 倍 LPR”的上限标准，出借人为了规避上述用款上限的规定，往往采取“砍头息”等方式提前收回用资成本，造成借款人实际能够使用的借款本金与书面借款合同的记载严重不符。此时，应当通过审查出借人于借款合同签订后实际向借款人支付款项的方式和数额，确定借款合同项下的本金，并按照借款合同的约定依法认定利息和相关费用，避免出借人额外获取不当利益。

具体到本案中，原告虽然提举的借条载明借款金额为 200000 元，但却未能提举相应的转账凭证，仅提举了 60000 元的银行转账凭证。若被告否认，原告在不能作出充分合理的解释说明及其他佐证的情况下，审理的难度加强。法院应当依照民间借贷司法解释的规定向双方进行充分、详尽的问询。本案被告答辩时承认了借款 200000 元，属于自认。那么法院在排除虚假诉讼的情况下应当遵循当事人的意思自治。双方形成的 200000 元借条并非一次性借款形成的，而是多次借款后累计出具的，视为当事人意思表示一致。关于利息，在超出双方约定利率的情况下应当予以抵扣本金。

二、以物抵债后可否就原债权主张权利

民间借贷纠纷案件，借款期限已至双方约定的日期，当事人对于如何偿还借款达成了新的合意，法院亦应当对其进行主动审查合法性。经审查后认为该新的合意系双方真实意思表示，且不违反相关法律法规规定，应认定为合法有效。当事人应当按照新达成的合同履行自己的义务。对于以何种方式偿还借款，在民间借贷案件中情况多种多样，如直接以金钱方式偿还借款、双方以原有债权抵销本次借款、借新还旧、债权债务转移、以物抵债、知识产权转移、股权转让等。借款人直接以金钱这种最简单的方式偿还借款，那么双方借款关系消灭，极大地减少了可能产生的其他法律纠纷，也是生活实践中最常见的方式。如果借款人以其他方式来履行偿还借款的义务，则会产生新的法律关系，亦会发生新的法律纠纷。其中以物抵债方式最为常见。物，可以是房产等不动产权，也可以是车辆等特殊动产，还可以是普通动产。对于借贷双方达成新的以物抵债，即对原有借款合同中约定的偿还借款方式进行根本性变更，借款双方的权利义务发生了根本性改变。这种变更可以是无条件的，也可以是附条件的。对于无条件的变更，法院应依据《中华人民共和国民法典》合同编相关法律规定对新形成的合同进行审查，合法成立的合同双方应当按照约定履行。新合同是否实际履行及能否继续履行是法院审理的重点。对于附条件的变更，应重点审查附条件此时是否形成。附条件若未形成，那么新合同是否成立是审理的重点；附条件曾形成但之后因一些原因消灭，那么新合同是否应当继续履行是审理的重点。新合同不能继续履行，或是没有履行的必要，那么为了充分保护出借人的合法债权，出借人仍可依据原来的借款关系主张权利。

例如，本案原告没有以以物抵账协议来法院告诉，而是以民间借贷关系向被告主张权利，即原告选择了对自己最为有利的请求权基础，那么法院应当充分遵循当事人权利处分的意思表示，围绕基础关系进行审理，但亦应听取被告的意见。该案被告已经依据双方新达成的以物抵债协议，将自己名下贷款购买的一辆轿车交予原告用以抵偿借款，轿车未还清的贷款由被告继承按揭偿还。但本案被告并不主张借款已经因以物抵债履行了偿还借款的义务，而是表示同意偿还借款，原因即为以物抵债协议是附有条件的，即被告负责将此车贷款还款直到全款为止。庭审中原告述该车辆被他人开走，被告也承认贷款未按时偿还，所以该附条件已消灭，原告不能占有使用该抵偿车辆，至此该协议客观上履行不能。那么，原告以民间借贷为请求权基础而不是以交付车辆转移物权为请求权基础来院告诉，是其保护自己权利最为有利的选择。法院不能主动以该协议已形成，借款偿还完毕驳回原告的诉讼请求。

编写人：吉林省吉林市船营区人民法院　赵越

43

债权人要求抵押人将抵押权登记在受托的第三人名下，不影响债权人抵押权的实现

——笪某某诉曹某某民间借贷案

【案件基本信息】

1. 裁判书字号

安徽省天长市人民法院（2024）皖1181民初474号民事判决书

2. 案由：民间借贷纠纷

3. 当事人

原告：笪某某

被告：曹某某

【基本案情】

笪某某系某咨询公司的法定代表人，笪某某与曹某某经人介绍认识成为朋友，曹某某因资金周转需要向笪某某借款。2022年6月15日，笪某某通过某银行向曹某某汇款300000元。2022年8月26日，笪某某安排所在公司的员工高某某与曹某某签订了《抵押借款合同》，合同约定曹某某自愿将其所有的位于安徽省合肥市新站区某大道1×××号某商贸城K地块K××××幢办×××室抵押给高某某，作为借款300000元的担保，并在合肥市自然资源和规划局办理了不动产抵押。抵押证号为皖（2022）合肥市不动产证明第20×××××号，其上载明的债务履行期限为2022年8月26日至2022年9月26日。

笪某某提出如下诉讼请求：（1）请求判令被告立即偿还原告借款300000元；（2）请求判令被告向原告支付利息50176元（以未还款300000元为基数，

按照利率 1.28%/月，暂从 2022 年 8 月 26 日始计算至 2023 年 9 月 21 日止，此后计算至清偿之日止）；（3）请求判令原告享有高某某对被告位于安徽省合肥市新站区某大道 1×××号某商贸城地块 K××××幢办×××室皖（2022）合肥市不动产证明第 20×××××号抵押权；（4）判令被告承担本案全部诉讼费用。

【案件焦点】

债权人笪某某是否享有案涉抵押房产的抵押权，并要求实现抵押权。

【法院裁判要旨】

安徽省天长市人民法院经审理认为：对于借贷关系，原告要求被告偿还借款本金 300000 元，有原告提供的汇款凭证和微信聊天记录在卷佐证，对民间借贷关系，法院依法予以确认，原告有权要求被告履行还款义务。对于抵押权实现，根据《最高人民法院关于适用〈中华人民共和国民法典〉有关担保制度的解释》第四条规定："有下列情形之一，当事人将担保物登记在他人名下，债务人不履行到期债务或者发生当事人约定的实现担保物权的情形，债权人或者受托人主张就该财产优先受偿的，人民法院依法予以支持：（一）为债券持有人提供的担保物权登记在债券受托管理人名下；（二）为委托贷款人的担保特权登记在受托人名下；（三）担保人知道债权人与他人之间存在委托关系的其他情形。"原告将款项出借给被告后，因被告迟迟未还款，经协商被告同意用其所有的房屋为借款担保，并办理抵押登记。原告系某咨询公司的法定代表人，安排公司员工高某某与被告签订《抵押借款合同》，抵押权设立并生效。高某某本人出庭作证，证明是受原告的委托，与被告办理的《抵押借款合同》，其本人并未出借款项给被告，该合同项下的权利义务归于原告。故原告要求对被告位于安徽省合肥市新站区某大道 1×××号某商贸城 K 地块 K××××幢办×××室享有抵押权的诉讼请求，法院予以支持；《抵押借款合同》约定的借款利息为月利率 1.28%，该利率约定未超过法律规定的上限，法院予以支持。

安徽省天长市人民法院作出如下判决：

一、被告曹某某于本判决生效之日起十日内给付原告笪某某借款 300000 元及利息（以本金300000元为基数，从2022年8月26日起，按月利率1.28%计算至还清之日止）；

二、原告笪某某对被告曹某某所有的位于安徽省合肥市新站区某大道1×××号某商贸城K地块K××××幢办×××室房地产享有抵押权，可以协议折价或者拍卖、变卖抵押物所得予以优先受偿。

当事人未上诉，该案判决依法生效。

【法官后语】

实践中抵押登记制度的特殊规定和市场主体的特殊交易安排等因素，导致出现了实际债权人的担保物权无法设立的情况。为此，债权人常常通过委托第三人出借款项、委托第三人接受抵押权的形式完成交易，这对《中华人民共和国民法典》（以下简称《民法典》）立法原意和法学界通说的同一项债务的债权人与担保权人应当为同一主体这一原则提出了现实挑战，如何处理好债权与抵押权分离情形下抵押权的实现这一问题具有重要实践意义。

《民法典》第四百零七条规定，抵押权不得与债权分离而单独转让或者作为其他债权的担保。因此一般情况下，抵押权应当随着主债权一并转让，债权人应当是抵押物的抵押权人。原则上同一项债务的债权人与担保权人应当为同一主体，法条规定如此，学界通说也是如此。但在债券发行、委托贷款等商业实践及民间借贷、P2P网络借贷等具体情形中，抵押权人与债权人在身份上会出现分离，无论是在理论界，还是在司法实务中，就此情况下抵押权能否设立有着较大争议。为统一裁判尺度，《最高人民法院关于适用〈中华人民共和国民法典〉有关担保制度的解释》第四条规定："有下列情形之一，当事人将担保物登记在他人名下，债务人不履行到期债务或者发生当事人约定的实现担保物权的情形，债权人或者受托人主张就该财产优先受偿的，人民法院依法予以支持……（二）为委托贷款人的担保特权登记在受托人名下……"该条采取"列举+概括"式，列举了两种最为典型、常见的适用情形，然后用兜底条款进行概括，目的在于避免为流通式甚至证券化抵押权的广泛运用开启方便之门。该规定实际上确认了因债权人与他人之间存在委托关系，导致登记的担保物权人与实际的担保物权人不一致时，债权人有权就抵押财产行使抵押权，原则上承认了抵押权人与债权人分离情形下抵押权的设定效力。

立法对该特殊情形的确认，基于以下几点理由：(1) 抵押权代持行为不违反物权法定原则。抵押合同中，如果未办理抵押登记，债权人也只能基于抵押合同主张相应的权利，不能请求确认享有抵押权。但委托合同是委托人和受托人约定，由受托人处理委托人事务的合同，本身不以导致物权变动为目的，因而不是物权变动的原因，当然不适用物权变动规则。换言之，在受托人基于委托人的授权对外从事法律行为，并且因之导致物权变动的情况下，就委托人与受托人之间的关系而言，本质上是如何确定权利归属即该权利归谁所有的问题，而非物权变动的问题。(2) 登记并非确认抵押权归属的唯一形式。不动产抵押权登记生效与动产抵押权登记对抗，仅是指物上负担的生效与对抗，并不排斥当事人间就权利主体通过意思表示作出另外安排。《民法典》第二百三十四条规定，因物权的归属、内容发生争议的，利害关系人可以请求确认权利。因此，若抵押权代持的意思表示足以对抗登记内容的，可依据当事人之间的意思表示确认真实权利。出借资金的债权人是真实的抵押权人，登记的抵押权人实则是其代理人，代理人以自己的名义签订抵押合同、办理抵押登记，但法律后果全部归于被代理人，故抵押权人享有抵押权。(3) 抵押权与债权是形式分离而非实质分离。因登记制度存在特殊规定等原因，虽然真实抵押权人与名义抵押权人不一致，但只是形式上的不一致，实质上仍为同一，并不产生抵押权与债权实质分离的结果，真实抵押权人作为债权人享有抵押权，符合《民法典》第三百九十四条关于抵押权的一般规定，亦符合《最高人民法院关于适用〈中华人民共和国民法典〉有关担保制度的解释》第四条的规定。(4) 抵押人事先知情不会对交易第三人不利。抵押权作为从权利，自身不具有与主债权分离交易的可能性，因此抵押人事先知情，将抵押权登记在其他主体名下，只是真实抵押权人所作的一种交易安排，并不会对交易第三人产生实质上的不利影响。考虑到实践中之所以出现名实不一的情形，往往是名义权利人与实际权利人之间存在委托关系，且第三人对此知情的情形，故兜底条款将其限定在担保人知道债权人与他人之间存在委托关系的其他情形。在此双重限定下，一般不存在滥用权利或者走向流通性甚至证券化抵押权的可能，也化解了学界的担忧。

从《最高人民法院关于适用〈中华人民共和国民法典〉有关担保制度的解释》第四条规定中，我们可以总结得出债权人欲实现抵押权需要满足两个条件：(1) 债权人即委托人与受托人之间存在明确的委托关系；(2) 抵押人明确知道该委托关系的存在。在实践中，首先，当事人应当尽到审慎义务，债权人委托受托人时应当尽量签订书面委托合同，如若没有，应当保留好通话录音或短信、微信聊天记录等，以清楚证明委托关系的成立；其次，债权人应当及时告知抵押人该委托关系，债权人、第三人和抵押人之间应该沟通到位，由债权人指示第三人按照要求与抵押人办理抵押手续，做到三者之间的法律关系明确，如此一来，才能不影响债权人对抵押权的行使。

值得注意的是，设置抵押权与债权相分离的行为不损害善意第三人的利益。首先，此案例中代理形式符合债权人无法自己办理抵押登记的现实需要，若不存在欺诈、侵犯第三人或者社会公共利益等情况，且未违反法律法规的效力性强制性规定时，从尊重公民意思自治、维护债权人利益的角度综合分析，应认定为有效。其次，从现行法律规定看，外观主义是为保护交易安全设置的例外规定，一般适用于因合理信赖权利外观或意思表示外观的交易行为。根据《最高人民法院关于适用〈中华人民共和国民法典〉物权编的解释（一）》第二条，实际权利人与名义权利人的关系，应注重财产的实质归属，而不能单纯取决于公示外观。

在债权与抵押权分离的特殊情形下，担保物权归属于债权人的合理依据在于，担保物权的归属问题是确定权利归属即该权利归谁所有的问题，并非要求物权上的变动，基于委托人与受托人之间明确的委托关系，在尊重当事人各方真实意思表示、依法办理相关登记手续、不存在导致合同无效的情形下，债权人作为真实抵押权人，理所应当地获得抵押权。此时，不论是基于权利义务相一致原则，还是基于受托人应当将取得的财产转交委托人的规则，抑或基于诚实信用原则，都应当认定委托人是实际权利人。

从抵押权人与债权人产生分离的原因来看，既有法律制度的约束，也有实践操作上的不当，故有必要承认债权人可突破登记主张抵押权。而且，这也并未因强调对债权人的保护，而损害受现行立法保护的第三人合法权益。学理上基于物权变动的“公示原则”和“公信原则”，在抵押权人与债权人分离的情形中，抵押登记确实是通过名义上的抵押权人代债权人完成，但只要并未影响应受法律正常保护的交易安全，就应当承认这种抵押登记的效力。换言之，只要当事人之间的意思自治并不涉及其他人的利益或者说对于他人的利益给予了足够的保护，法律上也就不应当加以干涉。

在债权与抵押权分离的特殊情形下，需要看清实际权利人与名义权利人之间的关系，从财产的实质归属出发去认定担保物权的权利归属，而不能单纯取决于公示外观，如此才能应对实践难题，有效维护好市场真实交易的合法秩序。

编写人：安徽省天长市人民法院　单斌　杨雪峰

44

债务人未积极履行以物抵债协议的，债权人有权请求债务人履行旧债务

——贺某等诉某投资公司、汤某某民间借贷案

【案件基本信息】

1. 裁判书字号

浙江省绍兴市中级人民法院（2023）浙06民终639号民事判决书

2. 案由：民间借贷纠纷

3. 当事人

原告（被上诉人）：贺某、张某某、贺某某

被告（上诉人）：某投资公司

被告：汤某某

【基本案情】

2016 年 10 月 26 日，三原告（甲方）与汤某某（乙方）、某投资公司（丙方）签订《股权转让协议》一份，协议明确某投资公司现有主要资产为某项目土地使用权拍卖成交权、售楼部资产、银行存款 320 多万元，其中某项目土地使用权拍卖成交权现存在权利瑕疵，约定：丙方向甲方的借款金额 5777 万元，核对无误后由丙方出具手续确认，该款项由丙方在 2017 年 1 月底前付清本金和利息（按年利率 20%计算）……2016 年 11 月 29 日，三原告（甲方）与汤某某（乙方）、某投资公司（丙方）签订《补充协议（二）》一份，约定：（1）原《补充协议》第二条约定：伍仟捌佰万元股权转让价款的合理财务成本由双方另行商定。现甲、乙双方根据该约定以及甲方投入到某投资公司的融资成本，双方一致商定由乙方自 2016 年 1 月 1 日起至实际付清日止按年利率 20%计算支付甲方利息，归还顺序为先利息后本金。（2）原《股权转让协议》第三条约定丙方向甲方的借款伍仟柒佰柒拾柒万元，现各方已核对无误，丙方确认已向甲方借款伍仟柒佰柒拾柒万元，对此丙方不再另行向甲方出具借条。对该借款中的伍仟万元部分按年利率 20%计息，计息时间自 2016 年 5 月 19 日开始；其余柒佰柒拾柒万元不计息。归还借款本息的顺序为依法先利息后本金。2018 年 11 月 1 日，三原告（甲方）与汤某某（乙方）、某投资公司（丙方）签订《协议书》一份，约定：（1）乙方、丙方共同确认：截至本协议签订之日，尚欠甲方的债务总额为 11577 万元及利息（借款 5000 万元自 2016 年 5 月 19 日起按年利率 20%计算）。（2）乙方、丙方承诺在 2018 年 11 月 30 日前支付 2000 万元，余款自 12 月份起分月逐步付清。如任一期逾期支付，甲方可立即要求乙方、丙方履行全部债务。（3）丙方为确保上述债务的履行，同意以其开发的 12 套房屋作为抵押物，为上述债务提供抵押担保。抵押方式为甲方指定人员与丙方签订商品房买卖合同（具体内容详见双方签订的商品房买卖合同），并办理备案手续，丙方出具相应金额的收据或者发票给甲方。丙方应在本协议签订后七个工作日内办理相关合同签订、备案等手续。(4) 如乙方或丙方还清上述债务，甲方将抵押手续（包括合同、发票、收据等）退回丙方。如到期不能清偿全部债务，丙方同意以上述抵押物抵顶债务，多退少补。甲方有权选择要求丙方履行上述商品房买卖合同抵顶债务……

之后，三原告（甲方）与汤某某（乙方）、某投资公司（丙方）签订《补充协议》一份，明确乙方、丙方无法根据《协议书》规定在2018年11月30日前支付2000万元，经三方协商一致，达成以下补充条款：(1) 甲方、乙方、丙方一致确认，本协议签订时，乙方、丙方对甲方所负的全部债务期限均届满；(2) 丙方同意以其开发的10套房屋作价人民币5000万元抵充上述债务，丙方应在本补充协议签订后七天内与甲方指定人员（某厨具公司）签订商品房买卖合同（预售），并办理网上备案等相关手续……

【案件焦点】

以物抵债协议是否具有形成新债并消灭旧债的效力。

【法院裁判要旨】

浙江省嵊州市人民法院经审理认为：关于本案是否存在"旧债消灭"，原告主张金额是否应当扣除5000万元款项。以物抵债，系债务清偿的方式之一，是当事人之间对于如何清偿债务作出的安排，故对以物抵债协议的效力、履行等问题的认定，应以尊重当事人的意思自治为基本原则。一般而言，除当事人明确约定外，当事人于债务清偿期届满后签订的以物抵债协议，并不以债权人现实地受领抵债物，或取得抵债物所有权、使用权等财产权利，为成立或生效要件。只要双方当事人的意思表示真实、合同内容不违反法律、行政法规的强制性规定，合同即为有效。本案中，当事人之间《补充协议》（签订日期无注明）签订的《房屋抵顶工程款协议书》，是双方当事人的真实意思表示，不存在违反法律、行政法规规定的情形，故该协议书有效。

当事人于债务清偿期届满后达成的以物抵债协议，可能构成债的更改，即成立新债务，同时消灭旧债务；亦可能属于新债清偿，即成立新债务，与旧债务并存。基于保护债权的理念，债的更改一般需有当事人明确消灭旧债的合意，否则，当事人于债务清偿期届满后达成的以物抵债协议，性质一般应为新债清偿。换言之，债务清偿期届满后，债权人与债务人所签订的以物抵债协议，如未约定消灭原有的金钱给付债务，应认定系双方当事人另行增加一种清偿债务的履行方式，而非原金钱给付债务的消灭。本案中，双方当事人签订了《补充协议》，但并未约定因此而消灭相应金额的借款债务，故该协议在性质上应属于新债清偿协议。

所谓清偿，是指依照债之本旨实现债务内容的给付行为，其本意在于按约履行。若债务人未实际履行以物抵债协议，则债权人与债务人之间的旧债务并未消灭。也就是说，在新债清偿时，旧债务于新债务履行之前不消灭，旧债务和新债务处于衔接并存的状态；在新债务合法有效并得以履行完毕后，因完成了债务清偿义务，旧债务才归于消灭。就本案而言，《中华人民共和国物权法》第九条第一款规定："不动产物权的设立、变更、转让和消灭，经依法登记，发生效力；未经登记，不发生效力，但法律另有规定的除外。"据此，除法律另有规定外，房屋所有权的转移，于依法办理房屋所有权转移登记之日发生效力。而本案中，《补充协议》签订至今，案涉房屋至今未办理网签、预告登记等手续，故原告对案涉房屋并未享有物权或者物权期待权，在案涉房屋并未预告登记在某厨具公司名下或者由其使用的情形下，某投资公司并未履行《补充协议》约定的义务，故原先的 5000 万元债权并未消灭。

最后，当事人应当遵循诚实信用原则，按照约定全面履行自己的义务，这是合同履行所应遵循的基本原则，也是人民法院处理合同履行纠纷时所应秉承的基本理念。据此，债务人于债务已届清偿期时，应依约按时足额清偿债务。在债权人与债务人达成以物抵债协议、新债务与旧债务并存时，确定债权人应通过主张新债务抑或旧债务履行以实现债权，亦应以此作为出发点和立足点。若新债务届期不履行，致使以物抵债协议目的不能实现的，债权人有权请求债务人履行旧债务；而且，该请求权的行使，并不以以物抵债协议无效、被撤销或者被解除为前提。本案中，涉案债务在 2018 年 11 月已经到期，但某投资公司却未能依约履行该义务。相反，就其所欠的部分借款，某投资公司试图通过以部分房屋抵充的方式加以履行，遂与原告签订了《补充协议》。对此，某投资公司亦应按照该协议书的约定积极履行相应义务。原告提起本案诉讼要求被告某投资公司返还借款后，被告某投资公司在前几次庭审中从未提起要求抵债的请求，仅在最后一次庭审中提起。从涉案《补充协议》的约定看，原告签订该协议，意为取得案涉房屋的物权期待权，从而实现其相应的借款债权。自协议签订之日至今已四年多，案涉房屋仍未办理网签、预告登记等手续，某投资公司亦无证据证明其已经积极履行催告、提示等义务。综上所述，某投资公司未积极履行《补充协议》约定义务的行为有违诚实信用原则，签订《补充协议》的目的至今未予实现。在此情形下，原告提起本案诉讼，请求某投资公司返还借款，符合本案实际以及法律规定，应予支持。

浙江省嵊州市人民法院判决如下：

一、某投资公司返还贺某、张某某、贺某某借款本金 5777 万元及相应的利息（以 5000 万元为基数自 2016 年 7 月 31 日起至 2020 年 8 月 19 日止按年利率 20%计算，自 2020 年 8 月 20 日起至付清日止按同期全国银行间同业拆借中心公布的一年期贷款市场报价利率的四倍计算，扣除已支付的利息 200 万元），款项限于本判决发生法律效力之日起三十日内付清；

二、汤某某对上述款项承担连带责任。汤某某承担保证责任后，有权向某投资公司追偿；

三、驳回贺某、张某某、贺某某的其余诉讼请求。

某投资公司不服原审判决，提起上诉。

浙江省绍兴市中级人民法院经审理认为：上诉人主张三方已通过签订以物抵债的《补充协议》方式形成了新债并消灭了旧债，故三被上诉人已无权再向上诉人主张履行案涉旧债。对此法院认为，形成新债并消灭旧债需要有各方当事人明确的一致意思表示，特别是对债权人而言，需要其以明示的方式来放弃旧债债权，否则会损害债务人的合法权益。本案中，三被上诉人显然并没有明确表示放弃案涉旧债，而上诉人不但未履行以物抵债的《补充协议》，反而还曾一度对该协议的效力提出异议，故应认为上诉人提出的三被上诉人已无权再向其主张旧债的理由不能成立，上诉人应当向三被上诉人承担案涉借款的还本付息责任。同时，原审被告亦应当对此承担保证责任。浙江省绍兴市中级人民法院判决如下：

驳回上诉，维持原判。

【法官后语】

以物抵债作为债务清偿的方式之一，在现实经济生活中大量存在。然而，不管是已失效的《中华人民共和国合同法》还是现在的《中华人民共和国民法典》，均未对以物抵债作出明确规定。理论上一般认为，“以物抵债，在法律行为的层面，是指当事人双方达成以他种给付替代原定给付的协议”。2023 年 12 月 5 日施行的《最高人民法院关于适用〈中华人民共和国民法典〉合同编通则若干问题的解释》（以下简称《合同编通则解释》）按达成协议的时间在债务履行期限届满后和届满前，在第二十七条、第二十八条对以物抵债协议的效力予以规制。《合同编通则解释》第二十七条在总结司法实践经验的基础上，围绕对债权人的保护，将以物抵债协议规定为诺成合同，确立了清偿型以物抵债协议生效后新旧债并存的规则。

一、以物抵债协议的效力认定

（一）协议效力

一般而言，除当事人明确约定外，当事人于债务履行期限届满后签订的以物抵债协议，并不以债权人现实地受领抵债物，或取得的债务所有权、使用权等财产权利为成立或生效要件。只要当事人之间的意思表示真实，合同内容不违反法律、行政法规的强制性规定，合同即为有效，合同自当事人表示一致时生效。

（二）法律效果

以物抵债协议成立生效后到实际履行完毕前，会出现新旧债并存的现象，即以物抵债协议会产生以下两种法律效果：一是债的更改，即成立新债务，同时消灭旧债务。二是新债清偿，即成立新债务，与旧债务并存。

二、新旧债并存下的选择权

（一）性质认定

基于保护债权的理念，债的更改一般需有当事人明确消灭旧债的合意，否则，当事人于债务清偿期届满后达成的以物抵债协议，性质一般应为新债清偿。换言之，债务清偿期届满后，债权人与债务人或第三人所签订的以物抵债协议，如未约定消灭原有的金钱给付债务，应认定系双方当事人另行增加一种清偿债务的履行方式，而非原金钱给付债务的消灭。只有在新债履行完毕之后，旧债才消灭。

（二）选择权行使

在当事人没有约定变更的情况下，现行司法解释推定以物抵债协议并不存在"债的更改"的意思，而仅仅是约定了新的债务履行方式，此时新旧债得以并存。这就产生履行新债还是旧债的选择问题。《中华人民共和国民法典》第五百一十五条规定了选择之债中选择权的归属与转移，该条文规定，在选择之债中，债务人享有选择权。因此，在两种债务出现并存的情况时，首先赋予债务人选择履行新债还是旧债的选择权。即以物抵债协议达成后，选择权归债务人，债务人坚持履行新债，债权人不能反悔或者迟延接受履行，债权人反悔的，人民法院不予支持；债权人迟延接受履行的，则应承担违约责任。债务人或者第三人在约定期限届满前未履行以物抵债协议，经催告后在合理期限内仍未履行的，选择权转移至对方（债权人）。即只要以物抵债协议履行期限届满，经催告之后仍不履行，则债权人可选择请求债务人履行旧债，也可请求债务人履行新债，人民法院应尊重债权人的选择。而债权人一经选择，对债务人而言，就负有履行该选定债务的义务。对于第三人所有物抵债的，亦同理。

三、类案的审查要点和审理思路

（一）运用"穿透式"审理思路

实践中存在的以物抵债协议，其协议名称与表现形式多种多样，有的直接在合同中约定以特定物冲抵原债务，有的则以另行签订买卖合同、股权转让协议等较为隐蔽的方式出现。且当事人约定的以物抵债协议究竟产生何种效力，也需要根据当事人的约定来具体判断。这就需要法官在审理该类案件中采取穿透式司法审判思路探究协议背后当事人的真实意思，避免隐藏的意思表示，以有效区分不同情形下适用的相关规则。比如，在本案中，三方间签订了《补充协议》，内容中明确了协议签订时全部债务期限均届满并以开发的房屋抵冲债务。根据协议的约定，各方当事人系在债权届满后再行确定以房屋（预售）抵充债务，法律性质上应当认定为“以物抵债”，而非“让与担保后享有优先受偿权”。

（二）采取四要点审查方法

当事人在履行合同时应遵循诚实信用原则，法院在处理合同履行纠纷时也秉承该基本理念。因此，在债权人与债务人达成以物抵债协议、新债务与旧债务并存时，确定债权人应通过主张新债务抑或旧债务履行以实现债权，亦应以此作为出发点和立足点。在案件审查中，可采取四要点审查方法。一是审查当事人是否有以新债代替旧债的合意。即审查协议中是否有以标的或性质不同于原债的新债取代原债，并因此导致原债消灭的明确合意，如果当事人间没有明确约定的，则只能认定为双方对履行方式的“新约定”，不能认定以物抵债协议已彻底替代原债权债务关系。二是审查协议达成时间是在履行期限届满前还是履行期限届满后。根据协议达成时间在期前还是期后，分别适用《合同编通则解释》第二十七条、第二十八条规定。但是，若协议虽形成于履行期限届满之前，但是债务人明确放弃了期限利益的，则亦属于履行期届满后达成的以物抵债协议。三是审查选择权行使主体。根据上文对选择权的规定，确定选择权由债务人享有还是债权人享有。通过选择权的行使将选择之债变成简单之债。四是审查抵债物权是否存在权利瑕疵。在以物抵债协议的履行中抵债物有瑕疵的情况下，相当于新债没有履行完，债权人可以要求解除以物抵债协议并履行旧债。但是，如果当事人违反权利瑕疵担保义务的情节较为轻微，债权人不能据此请求解除以物抵债协议，则债权人在选择以物抵债后，只能依据新债的合同请求抵债人承担违约责任。

以本案为例，当事人在以物抵债协议中并未有消灭旧债的明确约定，应认定为新旧债并存。某投资公司并未能按照协议约定积极履行以物抵债协议的相应义务，自协议签订之日至案件审理时已长达四年多，对案涉房屋仍未办理网签、预告登记等手续，某投资公司亦无证据证明其已经积极履行催告、提示等义务，以物抵债协议至今未能实现，原告作为债权人已给予债务人某投资公司合理履行期限，故原告享有请求履行原债务或者以物抵债协议的选择权。原告提起诉讼要求某投资公司履行旧债务，法院应予支持。因本案裁判时《合同编通则解释》尚未颁布，但是裁判思路与《合同编通则解释》的规定相一致，对类案仍具有借鉴意义。

编写人：浙江省嵊州市人民法院　汪丽娜　相泽波

五、利息与违约金认定

45

关于民间借贷预扣高额“砍头息”的认定和处理

——许某某诉陈某某、刘某民间借贷案

【案件基本信息】

1. 裁判书字号

广东省河源市中级人民法院（2023）粤 16 民终 1754 号民事判决书

2. 案由：民间借贷纠纷

3. 当事人

原告（被上诉人）：许某某

被告（上诉人）：陈某某、刘某

【基本案情】

2020 年 11 月 11 日，陈某某、刘某因某信息公司名下投资于某科技公司股权的收购，向许某某借款 6600 万元。双方签订《借款合同》，约定借款期限为七个月（自 2020 年 11 月 13 日起至 2021 年 6 月 12 日止），月利率 1.25%，每期利息 82.5 万元，于每月 13 号前支付完毕。在借款到期日前（含当日），须一次性偿还本金。

2020 年 11 月 12 日，陈某某、刘某向案外人黄某某支付 577.5 万元。

2020 年 11 月 13 日，许某某将借款转账至陈某某名下银行账户。

2020 年 12 月 11 日至 2021 年 5 月 13 日，陈某某、刘某每月向许某某支付 82.5 万元。

2021 年 6 月 11 日，因未能归还借款，陈某某、刘某向许某某出具《承诺书》，承诺将继续支付利息并接受利率的提高，与借款相关的各类抵押、质押、担保等持续有效。2021 年 7 月 8 日，许某某与陈某某、刘某签订《借款展期协议书》，确认借款人尚欠借款本金金额为 6600 万元，借款期限展期至 2022 年 1 月 10 日，延展期内月利率为 2.5%。为保障许某某债权得到实现，陈某某、刘某提供了位于深圳市的 6 套房产抵押及股票股权质押的担保措施，双方均签订了《抵押合同》《证券质押合同》，并办理了相关他项权登记手续。

2021 年 6 月 15 日至 2021 年 11 月 13 日，陈某某、刘某向许某某每月支付 165 万元。

2021 年 12 月 13 日至 2022 年 5 月 18 日期间，陈某某、刘某不再按月支付利息，而是不定期向许某某支付共 965 万元。借款延展期限已过，陈某某、刘某经催告仍未偿还全部本金。

2022 年 5 月 19 日，许某某诉请法院判令陈某某、刘某偿还借款本金 56144025.91 元（关于该本金的计算方式，许某某未能明确给出），并按照合同签订时一年期 LPR（3.85%）的四倍（年利率 15.4%，月利率 1.283%）计算利息至还清款项之日止；判令许某某在案涉债务范围内对陈某某、刘某提供的抵押、质押物经处置后所得价款优先受偿。

截至原告起诉时，陈某某、刘某总共支付 2450 万元。

一审庭审中，许某某认可陈某某、刘某已付款 2450 万元；陈某某、刘某则认为，其于 2020 年 11 月 12 日向案外人黄某某支付的 577.5 万元系案涉借款预先扣除的利息，应在借款本金中扣除，并主张实际已付款 3027.5 万元（2450 万元+577.5 万元）。

二审时，案外人黄某某称，陈某某于 2020 年 11 月 12 日转到黄某某账户的 577.5 万元属于介绍费。黄某某称，其与许某某是朋友关系，其曾是许某某父亲公司的员工，其通过朋友李某某知晓陈某某需要一笔资金周转，并介绍陈某某与许某某相识借款。李某某、黄某某、陈某某达成协议：由陈某某按照每个月本金的1.25%的标准，向黄某某支付七个月的介绍费。。

【案件焦点】

陈某某、刘某向黄某某支付的577.5万元是否属于“砍头息”。

【法院裁判要旨】

广东省河源市东源县人民法院经审理认为：许某某与陈某某、刘某签订的《借款合同》《借款展期协议书》《抵押合同》《证券质押合同》系合法有效的合同。关于借款本金及利息，首先，陈某某、刘某于2020年11月12日向案外人黄某某支付577.5万元，转账凭证并未备注该款的用途，陈某某、刘某亦未提交证据证实许某某要求其将该款转账给黄某某，许某某也不予认可，且该款的转账时间与借款时间有出入，不符合一般借贷实践；再从陈某某、刘某的付款记录来看，在时间、金额上均具有一定的规律性，符合定期支付固定金额的借款利息的特征，且与许某某主张2021年6月前按月利率1.25%计息，之后按月利率2.5%计息的事实相吻合。如果577.5万元系预先扣除这七个月合同外月利率1.25%的利息，那么陈某某、刘某在2021年6月仍向许某某付息165万元，显然与事实不符，两者相互矛盾。因此，陈某某、刘某主张577.5万元应在借款本金中扣除，缺乏事实及法律依据，不予支持。根据《最高人民法院关于审理民间借贷案件适用法律若干问题的规定》第二十八条的规定，借贷双方约定的利率不得超过合同成立时一年期贷款市场报价利率的四倍，所以本案许某某最高可得利息应按照合同签订时的一年期LPR（3.85%）的四倍（年利率15.4%，月利率1.283%）计付。陈某某、刘某支付超出应付利息部分，予以抵扣借款本金。东源县法院经核算，两被告尚欠借款本金56742040元［6600万元-（2450万元-6600万元×18个月×1.283%）］。原告许某某诉请的借款本金56144025.91元未超出法院核算金额，故予以支持。陈某某、刘某提供抵押的房产及质押股票已办理他项权登记，许某某诉请在涉案债务范围内对抵押、质押物经处置后所得价款优先受偿，予以支持。

广东省河源市东源县人民法院判决如下：

一、陈某某、刘某于判决生效之日起十日内偿还许某某借款本金56144025.91元及利息，利息以56144025.91元为基数自2022年5月19日起按照月利率1.283%计算至还清款项之日止；

二、如陈某某、刘某未履行上述第一项判决，则许某某有权对抵押的房产、质押的股票折价或者拍卖、变卖所得的款项优先受偿；

三、驳回许某某的其他诉讼请求。

陈某某、刘某不服一审判决，提出上诉。广东省河源市中级人民法院经审理认为：一审认定许某某与陈某某、刘某签订的《借款合同》《借款展期协议书》等合同是合法有效的，符合法律规定，并无不当。关于陈某某、刘某向黄某某支付的577.5万元是否属于预先在本金中扣除的利息，应否在本金中扣减。陈某某于2020年11月12日向黄某某支付577.5万元，许某某于2020年11月13日向陈某某支付借款6600万元，且借款6600万元按照月利率1.25%计算七个月的利息为577.5万元。陈某某向案外人黄某某支付的577.5万元，黄某某是出借人许某某父亲公司的员工，黄某某认为该577.5万元是借款“介绍费”，但未提供任何证据予以佐证，且明显数额巨大并与常理不符，不予采纳。综合借款的转账时间、借款形成经过、利息约定和付款金额等，认定577.5万元属于案涉借款预先扣除的利息。故本案实际出借本金应为6022.5万元（6600万元-577.5万元）。

根据《最高人民法院关于审理民间借贷案件适用法律若干问题的规定》第二十八条的规定，2020年11月13日至2022年5月18日期间的借款利息，最高可以按照合同签订时的一年期LPR（3.85%）的四倍（年利率15.4%，月利率1.283%）计付，在此期间陈某某、刘某支付超出应付利息部分，予以抵扣借款本金。经核算，陈某某、刘某仍应向许某某偿还借款本金49635738.94元［6022.5万元-（2450万元-18个月×6022.5万元×1.283%）］。该未付本金的逾期利息，自2022年5月19日起以49635738.94元为基数，按合同签订时的

LPR 一年期的四倍（月利率 1.283%）计付，计算至还清本金之日止。

广东省河源市中级人民法院依照《中华人民共和国民事诉讼法》第一百七十七条第一款第二项之规定，作出如下判决：

一、撤销广东省东源县人民法院（2022）粤 1625 民初 1575 号民事判决；

二、陈某某、刘某应于判决生效之日起十日内偿还许某某借款本金 49635738.94 元及利息（利息以 49635738.94 元为基数自 2022 年 5 月 19 日起，按照月利率 1.283%计算至还清本金之日止）；

三、如陈某某、刘某未履行上述第二项判决，则许某某有权对抵押的房产、质押的股票折价或者拍卖、变卖所得的款项优先受偿；

四、驳回许某某的其他诉讼请求。

【法官后语】

民间借贷司法实践中，出借双方借贷金额巨大、现金交付情况突出、提前扣除利息频发等问题，是纠纷的主要成因。款项交付的证据认定、举证责任分配、利息计算及保护范围等问题是长期困扰审判实践的难题。当事人为规避法律规定，手段日益多样化、隐蔽化，如当事人提前扣除利息的做法，使得借款本金数额的认定成为事实认定的难点。

一、“砍头息”的含义

一般来说，借款利息是在借款期限届满时或者合同履行期间按照约定分批偿付给贷款人。就利息性质而言，利息是按约定利率计算的孳息，是借款人支配和使用借款本金所承担的成本，是借款人使用该借款本金所创造的经济效益一部分利润转移给出借人。如果事先从借款本金中扣除利息，俗称“砍头息”。“砍头息”并非法律术语，而是对在借贷关系中出借人为确保其利息的收回，在支付借款时将部分本金作为利息预先在总金额中予以扣除行为的一种俗称。

二、“砍头息”的形式和认定

实践中，“砍头息”的表现形式多种多样，主要存在以下三种方式：一是出借人实际扣减利息后以现金形式向借款人支付借款本金，借款人向出借人出具全额书面借款凭证；二是出借人通过转账形式向借款人支付借款本金，借款人则以现金方式向出借人支付约定的扣除利息，借款人向出借人出具全额书面借款凭证；三是出借人以转账方式向借款人支付全额借款本金，借款人随即将利息支付给出借人，借款人向出借人出具全额书面借款凭证。另，实践中广泛存在出借人放贷计息利率超出法律规定的保护范围，为使收取利息利率合法化，提前预扣部分利息，但不以“利息”名义收取费用，而是以“咨询费”“顾问费”“服务费”“中介费”等名义收取相关费用。贷款发放后，借款人按约定合法的利率付息。

对于典型的“砍头息”，即在出借款项时直接扣除利息后再交付本金，其表现形式直接，依照相关法律规定予以认定即可。对于非典型的“砍头息”（主要是费用型“砍头息”）的审查，普遍适用的标准就是债权人或其关联方收取相应款项是否具有“合理性”，即是否可合理相信相关款项和费用支付确实具有“利息”的用途，以及是否基于合理目的或合理原因收取款项。同时，要着重审查以下四个方面：一是借款人对相应部分的本金是否失去支配权。“砍头息”的核心是出借人未能实际使用、支配用于支付利息或其他款项的本金，且需支出额外的利息成本。二是所争议的相关费用的计算方式与利息计算方式是否类似。三是出借人或其关联方是否提供证据证明实际提供了相关服务，收取服务费、咨询费等费用的主体在无法提供对应服务的情况下，收取费用的行为通常被认定为不具有合理性。四是借款人支付费用的时间与发放借款日的间隔时间。

三、认定“砍头息”后的法律后果

“砍头息”是出借人利用优势地位将利息提前收回，减少了贷款的风险，但损害了借款人的合法利益，使借款人实际上得到的借款少于双方约定的借款数额，影响其资金的正常使用，加重了借款人的负担。为了解决借款实践中出现的这个问题，体现公平原则，防止出借人利用优势地位确定不平等的合同内容，我国法律对于预先扣除利息的行为是禁止的。

《中华人民共和国民法典》第六百七十条、《最高人民法院关于审理民间借贷案件适用法律若干问题的规定》第二十六条均对“砍头息”作出了相关的规定，即出借人提供借款时，如果将利息预先在本金中扣除的，借款人仅按照实际借款数额返还借款并计算利息。《中华人民共和国民法典》第六百八十条关于禁止高利放贷的规定，有利于降低民营企业的融资成本，依法规制民间借贷市场“砍头息”“高息转本”等乱象。在审判实践中，要结合借贷双方合同约定、履行行为和交易习惯，综合判断出借人是否存在“砍头息”行为，更好地维护当事人合法权益，为公民、企业获得融资提供司法保障。

具体到本案，综合借款的转账时间、借款形成经过、利息约定和付款金额等，二审法院认定577.5万元属于案涉借款预先扣除的利息，并在借款本金6600万元中予以扣减，最后认定实际出借本金为6022.5万元，并对一审判决进行了纠正。

编写人：广东省河源市中级人民法院　熊春生　陈旭云

46

民间借贷中主张利息差额是否构成重复诉讼的认定

——滑某某诉韩某某、董某某民间借贷案

【案件基本信息】

1. 裁判书字号

河南省洛阳市中级人民法院（2023）豫03民终7021号民事判决书

2. 案由：民间借贷纠纷

3. 当事人

原告（上诉人）：滑某某

被告（被上诉人）：董某某、韩某某

【基本案情】

2013 年，董某某向滑某某借款 4 万元，滑某某将 4 万元现金交付给董某某。后董某某将上述款项交付给案外人某农林公司，某农林公司向被告董某某支付利息后，被告董某某再将利息支付给滑某某。2015 年 2 月 23 日，在滑某某催要欠款时，董某某向滑某某出具欠条一张，载明："董某某欠滑某某 4 万元。2015 年 2 月 23 日"。后该款经滑某某多次讨要，被告董某某拒不归还。

2023 年 1 月 5 日，原告滑某某就其与董某某民间借贷一案诉至法院，要求被告董某某归还欠款本金 4 万元并支付欠款利息（从借款时起至实际还清之日止，按规定的金融机构的同期同类贷款利率计算）；承担因诉讼产生的一切费用（包括但不限于原告及其委托代理人因追还欠款所产生的诉讼费、交通费、误工费等）。

该案经审理，于 2023 年 1 月 30 日作出"51 号"民事判决，判决：限被告董某某于本判决生效之日起三日内支付原告滑某某 40000 元及利息（按照原告起诉时全国银行间同业拆借中心公布的一年期贷款市场报价利率 3.65% 自 2015 年 2 月 23 日起计算至被告实际偿还之日止）。驳回原告滑某某的其他诉讼请求。

该案判决书送达后，被告董某某不服判决，上诉至二审法院。在二审开庭过程中，被告董某某称："利息标准是一万元三个月 400 元。某农业公司把利息转账给我，我现金给滑某某。某农业公司就是按照一万元三个月 400 元的标准给我的利息，给了多长时间记不清了。我也是按照一万元三个月 400 元的标准给的滑某某。"原告滑某某称："利息是按一万元三个月 400 元，具体时间记不清，大概有一年时间。2013 年给，到 2014 年就拿不到钱了，我们就找她要。"二审法院经审理于 2023 年 4 月 25 日作出判决：驳回上诉，维持原判。

后滑某某不服两级法院作出的生效判决向二审法院申请再审，要求依法改判由被告董某某按约定利息标准（400 元/3 个月/1 万元）向其支付欠款利息（从被告董某某实际收取款项时起计算至还清所有欠款日止）；依法判令因董某某违约给其造成的全部损失（包括但不限于诉讼费、保全费、公告费、律师费、执行费等）。二审法院于 2023 年 7 月 26 日作出民事裁定：驳回滑某某的再审申请。

另查明，被告韩某某与被告董某某于1987年12月26日在洛阳市偃师区民政局登记结婚。2023年9月27日，双方达成离婚调解协议。法院作出民事调解书，确认调解协议："一、韩某某提出离婚，董某某表示同意。二、其他双方互不追究"。

本次诉讼中，原告滑某某的诉讼请求为：（1）请求法院判令由被告偿还按约定的利息标准（每1万元每3个月给付400元），以4万元为基数，从2015年2月23日起至被告还清所有欠款日止与"51号"民事判决书中所确定利息的差额部分；（2）请求法院判令因被告违约给原告造成的全部损失（诉讼费）；（3）请求法院判令由被告董某某配偶韩某某与其共同承担前判决"51号"民事判决书及本次诉讼中原告所主张权利的债务连带责任。

【案件焦点】

当事人就民间借贷纠纷中的利息差额再次提起诉讼是否构成重复诉讼、应否得到支持。

【法院裁判要旨】

河南省洛阳市偃师区人民法院经审理认为：关于原告滑某某要求被告董某某支付双方约定的利息与"51号"民事判决书中所确定利息的差额部分是否构成重复诉讼的问题。本诉与前诉的当事人相同，本诉的诉讼标的仍为利息请求权，包含在前诉的借款及利息的请求权之中，尽管本次诉讼原告自称是利息差额部分，但原告首次起诉应当知道与被告约定利息的利率，在第一次起诉中已对利息的请求权作出过处分，本次诉讼再次主张利息请求权，属于对相同诉讼标的再次诉讼；原告滑某某本次诉讼请求要求利息实际是想否定"51号"民事判决对利息裁判的结果。故，原告滑某某的本次对利息的诉讼请求构成重复诉讼。

关于被告韩某某是否应当承担共同还款责任的问题。本案中，被告董某某向原告滑某某借款4万元的事实尽管发生在被告韩某某与董某某婚姻关系存续期间，但该笔债务数额较大，借款仅有被告董某某一人，原告滑某某并无证据证明被告董某某的借款用于夫妻共同生活、共同生产经营或基于夫妻双方的共同意思，故，原告滑某某要求被告韩某某承担责任的诉求证据不足，依法不予支持。

河南省洛阳市偃师区人民法院判决如下：

驳回原告滑某某的其他诉讼请求。

滑某某不服一审判决，提出上诉。河南省洛阳市中级人民法院经审理认为：依据滑某某在一审起诉状及其在庭审中的陈述，说明其明知与董某某约定的利息标准，并认可收到董某某按约定标准支付的几次利息，而滑某某在2023年就本案4万元涉及的利息向一审法院提起诉讼，主张利息按金融机构同期同类贷款利率计算，是其对自身权利的处分，其利息诉求权已经过人民法院处理，不应再重复处理，一审法院认为滑某某该项主张属于重复诉讼并无不当。

河南省洛阳市中级人民法院依照《中华人民共和国民事诉讼法》第一百七十七条第一款第一项规定，判决如下：

驳回上诉，维持原判。

【法官后语】

禁止重复起诉即一事不再理原则是对民事诉讼客观规律的正确反映，该原则有利于维护法律尊严和法院权威，有利于保障诉讼效率从而节约有限的司法资源，有利于实现程序的合理性和公正性。认定是否构成重复诉讼应从诉因、当事人、诉讼请求、诉讼标的等方面综合判断。

本案中原告再次起诉理由主要有两点：一是认为原一审判决的利息与实际双方约定的利息存在差额；二是认为案涉债务系夫妻共同债务。原告认为，原一审过程中被告董某某未到庭，加之原告仅有被告书写的借款凭证这一项证据，且借款凭证上并未载明双方约定的利息标准，而借款前期即2013年被告支付利息的方式为现金，距原一审已过10年有余，因此不能举证证明双方约定利息的标准，但原案件二审期间，被告出庭，并当庭陈述了利息标准，故将二审被告自认的内容作为新的证据，请求判决支持原一审未支持与双方约定利息标准之间的差额。

《中华人民共和国民事诉讼法》第十三条规定:“民事诉讼应当遵循诚实信用原则。当事人有权在法律规定的范围内处分自己的民事权利和诉讼权利。”本案中,虽然被告原一审未到庭参加诉讼,但结合庭审笔录,审判员对利息部分实际上已作了解,对利息约定的标准、利息给付的方式、借款凭证上为何不显示利息标准等均进行了发问,而原告作为自身权益保障的第一责任人,自然应是最了解案件事实的,但原告依旧将诉讼请求关于利息的部分明确为从借款时起至实际还清之日止按规定的金融机构的同期同类贷款利率计算,实际上属于对自身诉讼权利的处分。同理,原一审判决作出后是否上诉、针对哪些问题上诉、提出哪些上诉理由、判决生效后是否申请再审、针对哪些问题申请再审、理由如何,均在当事人对自己民事权利和诉讼权利的处分范畴之内。而在原一审中,原告没有进行上诉,应视为对一审判决相关认定的认可,一审法院实际上对本案中争议的利息已经作出裁判。

被告不服原一审判决,认为双方间的借贷关系不成立,提出上诉。二审法院针对上诉请求的有关事实和适用法律进行了审查,因利息标准不是上诉争议的焦点,二审法院自然不必对此问题进行审查,更谈不上错误与否的问题。综上,当事人再次行使诉讼权利有违《中华人民共和国民事诉讼法》规定的诚实信用原则,诉求显然不能成立。

而针对原告的第二项诉求来看,笔者认为,请求判决被告董某某与其配偶韩某某共同承担前判决及本次诉讼原告所主张的权利,不宜从重复起诉的角度驳回原告诉讼请求,理由在于:滑某某起诉被告董某某是基于双方间的借贷关系,而起诉被告韩某某是基于其与董某某之间的婚姻关系。两者是不同的法律关系所产生的争议纠纷,被告董某某和韩某某可以基于不同的法律关系就自身是否需要担责而进行抗辩,诉讼权利互不影响。最高人民法院曾有类似问题的生效案例,[①] 其中裁判要旨载明:“确认之诉是指一方当事人请求人民法院确认

---

① 参见(2020)最高法民申2755号民事裁定书,载中国裁判文书网,2025年2月21日访问。

某种民事法律关系存在或者不存在的诉，给付之诉是指一方当事人请求法院判令对方当事人履行一定民事义务的诉。”该案债权人的诉讼请求为“确认生效判决确定的被告向原告连带偿付借款的担保之债系夫妻共同债务”，该诉请系确认案涉债务为夫妻共同债务，没有给付内容，不构成重复诉讼。实际上这样的做法也为司法实践中常见的“赢了官司拿不回钱”的执行难提供了一种新的救济途径。但本案中原告第二项诉讼请求依旧不能得到支持，理由在于：《中华人民共和国民法典》第一千零六十四条坚持“共债共签共同受益”规则，进一步平衡了债权人与未举债一方的合法权益。因此，被告董某某收到原告借款4万元后交付给某农林公司赚取利息，并未用于家庭日常生活或夫妻共同生产经营，原告亦不能举证证明，因此需承担举证不能的不利后果，驳回原告全部诉讼请求。

编写人：河南省洛阳市偃师区人民法院　马玺

47

借款中介不能实际独立于借贷合同之外的，其所收取的“融资服务费”应作为还款予以认定

——陈某某诉某科贸公司等民间借贷案

【案件基本信息】

1. 裁判书字号

安徽省合肥市中级人民法院（2022）皖01民终11436号民事判决书

2. 案由：民间借贷纠纷

3. 当事人

原告（被上诉人）：陈某某

被告（上诉人）：某科贸公司

被告：宋某甲、范某某、某置业公司、某投资公司

【基本案情】

2019 年 4 月 16 日，宋某甲与张某签订《融资服务合同》，其内容为，张某向宋某甲提供融资服务，为其推荐出借人，融资成功后，宋某甲应以借款本金为基数，按照每月 0.3%的标准向张某支付融资服务费。

同日，陈某某作为出借人，宋某甲作为借款人签订《借款合同》一份，约定借款金额 300 万元，借款期限 6 个月，借款利息 2%。本金到期一次性归还，利息按月计收，到期利随本清……

陈某某委托某小额贷款公司于 2019 年 4 月 17 日向宋某甲指定的宋某乙账户转账 300 万元。宋某甲出具《收据》《借据》《逾期违约责任承诺书》。陈某某系某小额贷款公司法定代表人，张某陈述其挂靠该公司从事业务。

宋某甲支付截至 2020 年 12 月 16 日的利息 120 万元。2021 年 11 月 27 日，宋某甲通过他人代付 49500 元。

2021 年 9 月 7 日，为追索借款，陈某某委托某律师事务所发送《律师函》，陈某某支付律师费 10 万元。

案涉 300 万元借款出借后，借款中介张某每月催促宋某甲向出借人陈某某偿还借款，并按照约定标准向宋某甲收取 21 期融资服务费合计 189000 元。

【案件焦点】

本案借款中介实质上不能独立于借贷合同之外的，其所收取的“融资服务费”是否认定为变相利息。

【法院裁判要旨】

安徽省合肥市包河区人民法院经审理认为：在案证据不能证明出借人陈某某多收取“融资服务费”，故不予认定。

安徽省合肥市包河区人民法院依照《中华人民共和国民法典》第三百八十

九条、第三百九十四条、第三百九十六条、第四百一十条、第四百一十一条、第五百零九条、第五百七十七条、第六百七十六条、第六百七十八条，《最高人民法院关于审理民间借贷案件适用法律若干问题的规定》第二十五条、第三十一条，《中华人民共和国民事诉讼法》第六十七条、第一百四十七条，《最高人民法院关于适用〈中华人民共和国民事诉讼法〉的解释》第九十条之规定，判决如下：

一、宋某甲于本判决书生效之日起十日内支付陈某某借款本金300万元及利息（利息以300万元为基数，自2021年1月16日起，按照全国银行间同业拆借中心公布的一年期贷款市场报价利率的四倍计算利息至借款本金实际付清之日止）；

二、宋某甲于判决书生效之日起十日内支付陈某某律师代理费10万元；

三、陈某某对某置业公司名下位于固镇县某某公馆状元楼2号楼116、117、118、121、122、123、124、125商铺（产权证号分别为：皖（2017）固镇县不动产权000××××、00××××2、0××××70、××××469、0××××87、00××××4、××××479、0××××63号）房产折价、变卖或拍卖后的价款在上述第一项、第二项判决内容范围内享有优先受偿权；

四、范某某、某投资公司、某科贸公司就上述第一项、第二项判决内容承担连带清偿责任，某投资公司、某科贸公司承担清偿责任后，有权向宋某甲追偿；

五、驳回陈某某的其他诉讼请求。

某科贸公司不服一审判决，提起上诉。

安徽省合肥市中级人民法院经审理认为：借款中介与出借人有一定的关联关系，其在撮合出借人与借款人达成借款协议并履行出借义务后，仍从事借款催收事宜，其催收行为明显有利于出借人，且借款人除每月按照约定向出借人偿还利息外，还需额外向借款中介支付“融资服务费”，该费用与利息特征相似，明显加重借款人还款义务，客观上使借款人所付利息超出了法律保护的范围，该“融资服务费”应视为还款予以认定。

安徽省合肥市中级人民法院依照《最高人民法院关于审理民间借贷案件适用法律若干问题的规定》第三十一条，《中华人民共和国民事诉讼法》第一百七十七条第一款第二项之规定，判决如下：

一、维持安徽省合肥市包河区人民法院（2021）皖 0111 民初 21576 号民事判决第二项；

二、撤销安徽省合肥市包河区人民法院（2021）皖 0111 民初 21576 号民事判决第一、三、四、五项；

三、宋某甲于本判决生效之日起十日内支付陈某某借款本金 2964000 元及利息（利息以 2964000 元为基数，自 2021 年 1 月 16 日起，按照全国银行间同业拆借中心公布的一年期贷款市场报价利率的四倍计算利息至借款本金实际付清之日止，扣减利息 63000 元）；

四、陈某某对某置业公司名下位于固镇县某某公馆状元楼 2 号楼 116、117、118、121、122、123、124、125 商铺（产权证号分别为：皖（2017）固镇县不动产权 000××××、00××××2、0××××70、××××469、0××××87、00××××4、××××479、0××××63 号）房产折价、变卖或拍卖后的价款在上述第一项、第三项判决内容范围内享有优先受偿权；

五、范某某、某投资公司、某科贸公司就上述第一项、第三项判决内容承担连带清偿责任，某投资公司、某科贸公司承担清偿责任后，有权向宋某甲追偿；

六、驳回陈某某的其他诉讼请求。

【法官后语】

目前，民间借贷中介费的收取没有统一的收费标准，我国法律并未对民间借贷中介费费用标准制定强制性规定或指导意见。在实际操作中，中介方可能会根据实际获得贷款金额、实际服务内容等因素综合考量服务费金额。从意思自治的角度来看，当事人自行约定民间借贷中介费用系其自行处分个人权利，但是，实践中部分出借人恰恰以高额中介费或居间服务费规避法律及司法解释关于预扣利息及高利率的否定性规定。而在民间借贷纠纷诉讼中，中介费的认定规范存在明确性与一致性的缺失，虽然可参考《全国法院民商事审判工作会议纪要》第五十一条对金融借款合同纠纷中服务费作出的规定，但如何认定“不合理费用”，仍存在不确定性，故审理类案仍需根据实际情况对中介费等费用予以实质审查。

本案涉及变相利息的认定问题。表面上看，相关借款合同、融资服务合同、抵押合同等形式规范，借款中介也并非借贷合同中的当事人，独立于借贷合同之外，有观点认为，径行按照合同约定认定中介费即可。笔者不同意该观点，笔者认为，其一，审查借款中介与借贷双方当事人的身份职业以及彼此之间的关系，根据借款中介在贷前、贷中、贷后各个阶段行为所指向的利益可知，借款人出借借款及收取还款均通过小贷公司账户，而借款中介与小贷公司是挂靠关系，两者之间有明显的关联关系，且出借人、借款中介均系金融行业从业人员，较之常人对我国金融政策法律有更强的理解能力。借款中介在撮合出借人与借款人达成借款协议并履行出借义务后，仍从事借款催收事宜，借款中介并未完全独立于借贷双方之外，其催收行为明显有利于出借人。其二，审查借款中介收取“融资服务费”的特征及实质，案涉“融资服务费”并非一次性收取，而系每月按月收取，与实践中利息特征相似，但借款中介除为借款人介绍借款外，并未提供其他服务。其三，审查“融资服务费”是否加重了借款人的还款义务，是否使借款人所付利息超出了法律保护的范围。借款人除每月按照约定向出借人偿还利息外，还需额外向借款中介支付“融资服务费”，客观上使借款人所付利息超出了法律保护的范围明显加重借款人还款义务。综上，案涉“融资服务费”宜认定为变现利息，借款人支付的“融资服务费”在本案中应作为还款认定，对超出法律保护范围的部分，应予抵扣本金。

人民法院在审理借款合同、民间借贷类案件时，对借款中介合同及中介费予以实质审查，有利于维护民间借贷秩序，符合我国现阶段深化利率市场化改革，推动降低实体利率水平的要求；也与防范化解重大金融风险、金融服务实体经济、降低企业融资成本的精神相契合。

编写人：安徽省合肥市中级人民法院　孙大鹏　张晨

六、债权转让与债务承担

48

保证人出具承诺还款性质的文件，应认定为债务加入

——戚某某诉林某甲等民间借贷案

【案件基本信息】

1. 裁判书字号

浙江省宁波市中级人民法院（2023）浙 02 民终 4663 号民事判决书

2. 案由：民间借贷纠纷

3. 当事人

原告（被上诉人）：戚某某

被告（上诉人）：林某乙

被告：林某甲、陈某某

【基本案情】

被告林某甲、被告林某乙因合作经营水产生意需要，由被告林某甲出面向原告戚某某借款，并由被告林某甲提供担保。原告戚某某（出借人）与被告林某甲（借款人）、被告林某乙（担保人）于 2020 年 11 月 16 日共同签订《借款合同》。合同约定：鉴于被告林某甲经营某水产公司，用于采购海产品、水产品、冷冻、批发、零售经营，流动资金不足，特委托原告戚某某筹资借款壹佰

万元整，并由其合伙人被告林某乙作为借款担保人。借款金额为 1000000 元，借款期限最长为 6 个月（2020 年 11 月 16 日至 2021 年 5 月 15 日）；借款利息以年息 6%、月利息 0.5%计算，按月结算，到期一次性本息全部结算清；被告林某乙承担无限连带担保责任；违约方应承担违约所造成的一切损失费用，包括诉讼费、律师费等所有支出。同日，原告戚某某通过银行转账向被告林某甲汇款 1000000 元。经原告催讨，被告林某甲、林某乙于 2021 年 5 月 24 日共同向原告戚某某出具《借款承诺书》，载明“按原借款合同于 2021 年 5 月 15 日到期。因为货款要收齐困难要求借款期限延长壹个月（在原借款合同基础上）保证在 2021 年 6 月 15 日前还清合同借款。特此承诺。”落款签名为承诺人：林某甲、林某乙。就涉案借款，2021 年 5 月至 8 月，被告林某乙累计向原告戚某某转账还款 236000 元。之后，被告林某甲、林某乙于 2021 年 11 月 20 日共同向原告戚某某出具《借款承诺书》，载明“原借款合同于 2021 年 5 月 15 日到期。因为鱼货款要收齐还款困难，至今日已经还款陆拾万元。剩余 400000 元安排 11 月底之前还款 100000 元，12 月底前分 2 期还款 300000 元，保证在 2022 年元旦前全部还清借款余额。特此承诺。”落款签名为承诺人：林某乙、林某甲。此后，被告林某甲、陈某某于 2022 年 3 月 28 日共同向原告戚某某出具《借款承诺书》，载明“借款人林某甲于 2020 年 11 月 16 日签订了借款人民币壹佰万元整的借款合同。至今已经还款柒拾伍万元整，还剩人民币贰拾伍万元本金未还。本人承诺在 2022 年 12 月底前分批还清该借款。特此承诺。该借款协议利息截至 2021 年 12 月 31 日且未付款剩余未结（2021 年 5 月 16 日至 2021 年 12 月 31 日应付利息叁万元整）。”落款签名为借款承诺人：林某甲、陈某某。

另查明，被告林某甲和被告陈某某于 2007 年 9 月 10 日登记结婚。原告戚某某为实现本案债权聘请律师并支付律师费 15000 元，向担保公司支付保全担保费 1200 元。

原告戚某某提出诉讼请求：（1）林某甲、林某乙、陈某某共同归还借款本金 250000 元；（2）林某甲、陈某某共同支付暂计至 2021 年 12 月 31 日的利息 30000 元，并要求以未还本金 250000 元为基数按月利率 0.5%计算至实际付清之日止；(3) 林某甲支付戚某某为实现债权而支出的律师费 15000 元、保全担保费 1200 元。

【案件焦点】

如何认定林某乙签字承诺偿还的行为性质。

【法院裁判要旨】

浙江省宁波市海曙区人民法院经审理认为：合法的借贷关系受法律保护。原告戚某某履行了出借款项义务，被告林某甲有义务偿还借款。经双方对账后，陆续签订多份《借款承诺书》，可认定被告林某甲尚未归还部分借款本金及利息。现原告戚某某主张被告林某甲偿还剩余借款本金、利息及逾期利息，符合借款合同约定及法律规定，本院予以支持。关于被告林某乙、陈某某的责任承担问题。根据《中华人民共和国民法典》第五百五十二条规定，第三人与债务人约定加入债务并通知债权人，或者第三人向债权人表示愿意加入债务，债权人未在合理期限内明确拒绝的，债权人可以请求第三人在其愿意承担的债务范围内和债务人承担连带债务。原告戚某某主张被告林某甲与被告林某乙共同出具《借款承诺书》并承诺还款，应共同还款。而被告林某乙辩称其系涉案债务的担保人，已过保证期限，无须承担保证责任。被告林某甲与被告林某乙共同经营水产生意，被告林某乙在《借款合同》中先以担保人身份签字，此后在两份《借款承诺书》中又均以“承诺人”名义签字捺印，与被告林某甲共同承诺在一定期限内全部还清借款余额，同时亦履行部分还款义务。故被告林某乙因共同经营海产品生意，全程参与并了解借款背景，应清楚担保人和共同承诺还款的区别，其在《借款承诺书》上签字捺印并保证“全部还清借款余额”的行为应认定为债务加入，被告林某乙应当在其承诺承担的债务范围内，就未清偿的借款本金 250000 元承担连带清偿责任。被告陈某某在 2022 年 3 月 28 日的《借款承诺书》中以“借款承诺人”名义签字，应认定被告陈某某的行为构成债务加入，应当在其承诺承担的债务范围内，就未清偿的借款本金 250000 元、利息 30000 元及相应逾期利息承担连带清偿责任。关于律师费、保全担保费等实现债权的合理费用，原告戚某某主张由被告林某甲承担，符合借款合同约定，本院予以支持。被告林某甲、陈某某经本院合法传唤拒不到庭参加诉讼，视为放弃应诉抗辩权利，由此产生的不利后果应由其自行承担，本院依法缺席判决。

浙江省宁波市海曙区人民法院判决如下：

一、被告林某甲应于本判决生效之日起十日内向原告戚某某归还借款本金250000元、利息30000元，并支付逾期利息（以250000元为基数，自2022年1月1日起按月利率0.5%计算至实际付清之日止）；

二、被告林某甲应于本判决生效之日起十日内向原告戚某某支付律师费15000元，保全担保费1200元；

三、被告林某乙对上述第一项债务中的借款本金250000元承担连带清偿责任；

四、被告陈某某对上述第一项债务承担连带清偿责任。

林某乙不服一审判决，提出上诉。浙江省宁波市中级人民法院经审理同意一审法院的裁判意见，判决：

驳回上诉，维持原判。

【法官后语】

本案主要涉及债务加入和保证责任的认定问题。债务加入，又被称为“并存的债务承担”，是指第三人加入债务中，作为新债务人和原债务人一起向债权人负有连带债务。《中华人民共和国民法典》第五百五十二条规定：“第三人与债务人约定加入债务并通知债权人，或者第三人向债权人表示愿意加入债务，债权人未在合理期限内明确拒绝的，债权人可以请求第三人在其愿意承担的债务范围内和债务人承担连带债务。”债务加入制度虽然已明确纳入法律规范，但在司法实践中如何判别第三人的行为属于债务加入、债务转移、连带保证或是第三人代为履行，仍具有一定的复杂性。

关于如何认定林某乙签字承诺偿还的行为性质，存在不同看法：

第一种观点认为仍属于保证性质。理由是连带保证责任是债务人不履行债务时，保证人承担的从属性债务。林某乙在借款合同中作为保证人签字，之后又在承诺书上签字，是继续承担保证责任的表现。因此应当适用担保期间的相关规定，如果债权人超出保证期间主张权利的，保证人不承担保证责任。

第二种观点认为属于债务加入，即本案裁判观点。结合查明的事实，认定为债务加入更符合案件发生的民间借贷实际情况，也更有利于保护债权人合法权益，主要理由是：

一、对保证人后出具的增信承诺文件应认定为债务加入的意思表示。相对于保证责任，债务加入是更为严厉的责任形式，通常情况下，当难以认定是债务加入还是保证时，根据《最高人民法院关于适用〈中华人民共和国民法典〉有关担保制度的解释》第三十六条第三款规定，对第三人提供的承诺文件，法院应当将其认定为保证。因此，判断当事人的真实意思表示首先应当遵循文义优先的原则。本案借款到期后，林某乙两次在《借款承诺书》中明确以“承诺人”名义与原债务人共同签字，而非以担保人名义，故可以认定其以明示方式作出了债务加入的意思表示。

二、保证责任转为债务加入后，按照共同债务履行清偿责任。从借款背景看，被告林某甲与被告林某乙共同经营水产生意，原告出于对借款人林某甲资历和履行能力的信赖，愿意出借款项1000000作为渔货生意所用，因此该二人签订《借款合同》，而合作经营的被告林某乙则作为保证人签字。当借款逾期偿还后，在原告催讨下，被告林某乙与借款人林某甲又共同承诺还款，并且林某乙直接向原告还款236000元。因此，当法院审查债权文书记载情况、当事人之间关系、林某乙的多次签字和直接还款行为后发现，林某乙已作为新加入的债务人在履行清偿义务，而不是作为保证人承担保证责任。

三、新债务人的加入并不免除原债务人的还款义务。林某乙在二审中主张，因为出借人在2022年又与借款人配偶陈某某签订了《借款承诺书》，故林某乙之前出具的承诺书已经不再具有法律效力，无须承担责任。但是根据债务加入法理可知，第三人和债务人负有同一内容的债务，除另有约定外，原债务人并不因此而免负债务负担。当第二次债务加入发生后，新、旧债务人应共同对债权人负连带清偿责任，故对林某乙在上诉中有关己方免责的意见，二审法院明确不予支持。

综上，本案依据债务加入的原则，充分考虑了民间借贷中债务加入和连带保证的不同差异，保护了债权人的诉讼权利，对准确认定民事责任具有较好的启发作用。

编写人：浙江省宁波市海曙区人民法院　张严

49

法定代表人以公司名义加入债务的效力认定

——甲公司诉乙公司、丙公司民间借贷案

【案件基本信息】

1. 裁判书字号

福建省厦门市海沧区人民法院（2023）闽0205民初396号民事判决书

2. 案由：民间借贷纠纷

3. 当事人

原告：甲公司

被告：乙公司、丙公司

【基本案情】

2021年11月，乙公司因资金周转需要向甲公司借款人民币2000万元，并与甲公司签订《协议书》一份，名义为甲公司向乙公司支付“丙总部经济园区项目建筑房屋总承包项目”的投标保证金，但实际内容为民间借贷。《协议书》约定：乙公司应于2022年2月5日前退还500万元，2022年5月5日前退还1500万元，若乙公司逾期支付任何一笔款项，则应按当期一年期贷款市场报价利率的4倍计付逾期利息给甲公司，且甲公司为维护权益向乙公司追偿而产生的一切费用（包括但不限于律师费、诉讼费、保全费、交通费、差旅费等）均由乙公司承担。根据《协议书》约定，甲公司于 2021 年 11 月 10 日通过银行转账方式向乙公司出借 2000 万元。之后，因乙公司迟迟未能按照原《协议书》约定归还第二笔本金 1500 万元，故甲公司与乙公司、丙公司就剩余的 1500 万元借款签订了一份《还款协议书》，三方共同明确：甲公司与乙公司此前就“丙总部经济园区项目建筑房屋总承包项目”签订的退还投标保证金《协议书》实为乙公司于 2021 年 11 月 10 日向甲公司借款 2000 万元，乙公司至今仍余 1500 万元未偿还。另外，丙公司在《还款协议书》中同意代乙公司偿还剩余的 1500 万元借款，而乙公司的还款责任并不因此免除。《还款协议书》约定剩余 1500 万元借款分十二期偿还，其中第一期应于 2022 年 11 月 30 日前最低偿还 50 万元、第二期应于 2022 年 12 月 31 日前最低偿还 50 万元。乙公司依约于 2022 年 11 月 30 日向甲公司支付了 50 万元，此后一直未按约还款，仅于 2023 年 3 月 31 日委托案外人丁贸易有限公司偿还了 5 万元，余款 1445 万元至今未付。丙公司在签订《还款协议书》后未向甲公司支付任何款项。

乙公司的股东包括戊贸易有限公司、己公司。丙公司的股东包括林某、程某二人，林某持股比例为 90.1%，林某同时担任丙公司法定代表人，《还款协议书》尾部加盖有林某个人印章。

【案件焦点】

法定代表人以公司名义加入债务的效力认定。

【法院裁判要旨】

福建省厦门市海沧区法院经审理认为：本案系民间借贷纠纷。甲公司主张其与乙公司存在 2000 万元民间借贷关系，有相应的《协议书》、《还款协议书》、银行转账流水以及当事人庭审陈述为证，可以认定。甲公司作为出借人交付了借款，乙公司作为借款人理应及偿还款。乙公司并未能依约如期还款，双方又签订一份《还款协议书》，重新确定了分十二期偿还剩余 1500 万元借款的还款方式，但乙公司在按约支付了第一期 50 万元后，又开始逾期未支付第二期起的款项，仅于2023年3月31日偿还了5万元。乙公司未按时足额还款的行为构成违约，应承担继续履行等违约责任。故甲公司诉求乙公司立即偿还剩余1445万元借款，有相应的事实和法律依据，本院予以支持。案涉《协议书》《还款协议书》明确约定了按当期一年期贷款市场报价利率4倍的标准计付逾期利息的违约责任方式，该逾期利息计算标准未超过法定范围，合法有效。此外，甲公司还主张乙公司承担律师费10万元，因《协议书》中确有约定乙公司逾期还款的应承担律师费，故甲公司的该项主张有相应的合同依据，本院同样予以支持。甲公司另诉求乙公司承担保全费5000元。鉴于保全费属于当事人为维护自身权益而合理支出的诉讼费用，理应由败诉方承担，故对于甲公司的保全费诉求，本院予以支持。关于丙公司的责任。丙公司法定代表人兼控股股东林某以公司名义签订案涉《还款协议书》，承诺代乙公司向甲公司偿还1500万元借款和利息、且乙公司的还款责任不因此免除，丙公司的该行为构成债务加入。因公司债务加入在性质上类似于公司为他人提供担保，故关于公司债务加入约定的效力问题，应参照公司为他人提供担保的有关规则处理。林某持有丙公司90.1%的股权，公司表决权达三分之二以上，林某在《还款协议书》上加盖了个人印章，说明其作为控股股东对于丙公司债务加入行为是知晓且同意的。据此，应认定丙公司债务加入行为未违反《中华人民共和国公司法》第十六条①规定，合法有效。故甲公司主张丙公司对乙公司的本案债务承担共同偿还责任，依据充分，本院予以支持。

厦门市海沧区人民法院判决如下：一、被告乙公司、丙公司应于本判决生

---

① 根据《最高人民法院关于适用〈中华人民共和国民法典〉时间效力的若干规定》第一条第二款的规定，民法典施行前的法律事实引起的民事纠纷案件，适用当时的法律、司法解释的规定，但是法律、司法解释另有规定的除外。故本案适用2018年修正的《中华人民共和国公司法》。《中华人民共和国公司法》（2018年修正）第十六条规定："公司向其他企业投资或者为他人提供担保，依照公司章程的规定，由董事会或者股东会、股东大会决议；公司章程对投资或者担保的总额及单项投资或者担保的数额有限额规定的，不得超过规定的限额。公司为公司股东或者实际控制人提供担保的，必须经股东会或者股东大会决议。前款规定的股东或者受前款规定的实际控制人支配的股东，不得参加前款规定事项的表决。该项表决由出席会议的其他股东所持表决权的过半数通过。"

效之日起十日内共同返还原告甲公司借款本金1445万元及逾期利息；二、被告乙公司应于本判决生效之日起十日内向原告甲公司支付逾期归还第一笔借款本金500万元的利息32438.36元；三、被告乙公司、丙公司应于本判决生效之日起十日内向原告甲公司支付律师费10万元；四、被告乙公司、丙公司应于本判决生效之日起十日内向原告甲公司支付财产保全费5000元；五、驳回原告甲公司的其余诉讼请求。

【法官后语】

债务加入，又称为并存的债务承担，是指第三人、债务人与债权人达成三方协议或第三人与债权人达成双方协议或第三人向债权人单方承诺由第三人履行债务人的债务等形式加入债的关系之中，与原债务人一起向债权人承担同一债务，同时不免除债务人履行义务的债务承担方式。关于债务加入，原合同法和担保法并无相关规定，基于司法实践需求，该法律制度不断完善确立。《全国法院民商事审判工作会议纪要》第二十三条规定：“法定代表人以公司名义与债务人约定加入债务并通知债权人或者向债权人表示愿意加入债务，该约定的效力问题，参照本纪要关于公司为他人提供担保的有关规则处理。”《中华人民共和国民法典》第五百五十二条规定：“第三人与债务人约定加入债务并通知债权人，或者第三人向债权人表示愿意加入债务，债权人未在合理期限内明确拒绝的，债权人可以请求第三人在其愿意承担的债务范围内和债务人承担连带债务。”

本案系公司法定代表人以公司名义与原借贷关系当事人签订三方《还款协议书》而引发的是否承担合同约定还款义务的民间借贷纠纷案件。本案争议焦点在于法定代表人以公司名义加入债务的效力认定。

第一种意见认为，丙公司法定代表人兼控股股东林某以公司名义签订案涉《还款协议书》，承诺代乙公司向甲公司偿还1500万元借款和利息、且乙公司的还款责任不因此免除，丙公司的该行为构成债务加入。

另一种意见认为，丙公司法定代表人林某虽以公司名义签订案涉《还款协议书》，但加盖的是林某的印章，且无证据表明该行为有经公司股东（大）会或董事会决议，因此构成越权担保，担保无效，丙公司无须承担该协议约定的支付义务。

笔者同意第一种观点。对于法定代表人以公司名义加入债务的效力认定，参照公司为他人提供担保的规则处理，可从债务加入的特点及构成要件、是否构成越权担保等方面进行综合评析：

首先，构成债务的加入需满足一定条件。

其一，以原已存在的有效债务为前提，且第三人所承担的债务仅限于原债务范围内，不会因债务的转移而增加或减少；其二，第三人与债务人约定第三人作为新债务人加入该债的关系来承担债务；其三，原债务人债务并不减免；其四，将此债务加入的情形通知债权人，或者第三人向债权人表示愿意加入债务，债权人未在合理期限内明确拒绝。债务加入主要有债权人、债务人、第三人之间签订三方协议，第三人与债权人达成合意，第三人与债务人达成合意，第三人单方作出承诺等类型。

根据《全国法院民商事审判工作会议纪要》及《最高人民法院关于适用〈中华人民共和国民法典〉有关担保制度的解释》第十二条等规定可见，通常情形下债务加入人比保证人承担的责任更重。债务加入人对债务承担连带清偿责任，其所承担的债务与原债务人并无主从之分，债务加入承担的责任高于一般保证及连带保证。因此，对公司的债务加入行为应进行严格限制，当法定代表人以公司名义加入债务时，其行为效力与后果应参照规定审慎认定。

其次，法定代表人的行为不构成越权担保。

《全国法院民商事审判工作会议纪要》采代表权限规范说，《中华人民共和国公司法》第十五条规定为法定代表人的权限作出了限制，法定代表人需要依照法律或章程规定行使代表权力，故法定代表人未经授权擅自为他人提供担保构成越权担保。但对于越权担保的效力认定，根据《中华人民共和国民法典》第五百零四条规定，以相对人是否善意来认定越权代表行为的效力，即相对人善意，担保有效，对公司发生效力；相对人恶意，担保无效，对公司不发生效力。

1. 善意的一般判断标准

其一，有无索取及审查公司章程和决议。《中华人民共和国公司法》第十五条明确了公司对外担保需要防范法定代表人滥权风险，对于明显缺乏成立要素的决议应视同没有决议，相对人不能认定为善意。

其二，有无审查决议机构是否明显不适格。根据《中华人民共和国公司法》规定，针对是否关联担保，设置了不同的决议机构，对于作出决议的机构明显不适格的，相对人不应认定为善意。

其三，有无审查表决程序及担保限额是否符合规定。《中华人民共和国公司法》对担保决议的表决主体、表决比例有明确的规定，相对人没有审查违反表决程序及担保限额的决议，不应认定为善意。

2. 无须决议的法定例外情形

（1）公司是以为他人提供担保为主营业务的担保公司，或者是开展保函业务的银行或者非银行金融机构；（2）公司为全资子公司开展经营活动向债权人提供担保；（3）担保合同系由单独或者共同持有公司三分之二以上有表决权的股东签字同意。只要存在以上情形，即使相对人知道或应当知道没有公司决议，也认定担保符合公司的真实意思表示，对公司有效。

最后，债务加入人的公司类型影响。

由于有限责任公司、股份有限公司不同的治理结构，在审查公司对外担保行为时，还需考虑公司的股权结构、日常管理方式，来判断相对人是否善意及法定代表人的签约行为是否能代表公司的真实意志。

就本案而言，丙公司法定代表人兼控股股东林某以公司名义签订案涉《还款协议书》，承诺代乙公司向甲公司偿还1500万元借款和利息、且乙公司的还款责任不因此免除。虽无证据表明丙公司承诺债务加入的行为有经公司股东（大）会或董事会决议，但林某持有丙公司90.1%的股权，公司表决权达三分之二以上，林某在《还款协议书》上加盖了个人印章，说明其作为控股股东对于丙公司债务加入行为是知晓且同意的。据此，应认定丙公司债务加入行为未违反《中华人民共和国公司法》第十五条规定，合法有效。因此，丙公司的行为构成债务加入，甲公司主张丙公司对乙公司的本案债务承担共同偿还责任，依据充分，应予以支持。

编写人：福建省厦门市海沧区人民法院　郭碧娥　王欣

50

继承人放弃财产继承权并不当然导致继承人丧失遗产管理权

——冉某某等诉刘某某民间借贷案

【案件基本信息】

1. 裁判书字号

重庆市第三中级人民法院（2023）渝03民终1016号民事判决书

2. 案由：民间借贷纠纷

3. 当事人

原告（被上诉人）：冉某某、陈某、倪甲、倪乙

被告（上诉人）：刘某某

【基本案情】

2015年12月26日，倪某某以借款人的名义向罗某某出具借条一张，刘某某以担保人的名义在借条上签字。借条载明："今借到罗某某叁拾万元300000元，用于某项目建设，借款期限为一年，于2016年12月26日归还。如不按时归还，由担保人刘某某在共同承建的某项目工程款中支付。利息按月息2分计算，即每月6000元人民币，按月支付利息。此款请打入账户：开户行重庆某农村商业银行某支行，账号：××，户名：倪某某　借款人：倪某某，担保人：刘某某，借款时间2015年12月26日"。当日，罗某某及其丈夫秦某分别向倪某某名下的账户中转入200000元和100000元。倪某某收到款项后当日将300000

元全部转给刘某某，刘某某也认可收到该笔款项，但认可的是该笔转款是倪某某投资某项目的投资款。刘某某于2016年、2017年、2018年、2020年均通过自己的账户及其妻子秦某、妹妹刘某甲的账户向其岳母罗某某及岳父秦某共计还款204000元。

另查明，武隆法院于2022年3月15日作出判决：倪某某在判决生效后十日内偿还罗某某借款本金300000元和相应利息。案件起诉前及判决生效后，倪某某未偿还过罗某某本金及利息。后罗某某向法院申请执行倪某某，倪某某无力偿还借款，故其诉至法院要求刘某某偿还借款。

还查明，倪某某于2022年9月28日去世，倪某某的法定继承人有母亲冉某某，儿子陈某、倪甲，女儿倪乙。他们均表示不继承倪某某的财产，但愿意出面处理倪某某的债权债务等事宜。冉某某等四原告遂提起本案诉讼，诉请由刘某某归借款300000元及利息，利息标准按照倪某某支付罗某某的利息标准计算。

刘某某认为，冉某某等已明确表示放弃继承倪某某的财产，构成对诉讼实体权利的放弃，其无权参与诉讼，本案符合《中华人民共和国民事诉讼法》第一百五十四条之情形，应依法裁定终结审理。

【案件焦点】

1. 继承人放弃财产继承权后，是否对被继承人的遗产负有遗产管理权；2. 是否有权依法参与诉讼。

【法院裁判要旨】

重庆市武隆区人民法院经审理认为：现查明，倪某某在收款当天，即由刘某某的会计持倪某某的身份证和银行卡将该款项全额转至刘某某账户，倪某某应支付给罗某某的利息亦系刘某某在支付，且支付利息的时间长达三年，利息总额合计逾200000元，根据市场交易习惯及综合全案证据判断，足以认定倪某某是代刘某某借款。因倪某某已去世，倪某某的法定继承人表示愿意出面处理倪某某的债权债务事宜，故冉某某等要求刘某某归还借款300000元及相应利息的诉请应予支持。

重庆市武隆区人民法院依照《中华人民共和国合同法》第十条、第二百零五条、第二百零六条、第二百零七条，《中华人民共和国民法典》第一百二十九条，《最高人民法院关于审理民间借贷案件适用法律若干问题的规定》第九条第五款、第二十五条、第二十六条、第三十一条，《最高人民法院关于适用〈中华人民共和国民法典〉时间效力的若干规定》第一条，《中华人民共和国民事诉讼法》第六十七条、第一百二十二条、第一百四十五条的规定，判决：

一、刘某某在判决生效后十日内偿还冉某某等借款本金300000元和相应利息；

二、驳回冉某某等的其他诉讼请求。

刘某某不服一审判决，提出上诉。重庆市第三中级人民法院经审理认为：本案中，冉某某等虽均表示放弃继承，但此意思表示仅消灭冉某某等享有的继承权，并不代表其遗产管理权的消灭。在无其他遗嘱执行人，也未共同推选出遗产管理人，亦无证据证实将倪某某的遗产或遗产管理权向倪某某生前住所地的民政部门或者村民委员会进行了移交的情况下，考虑到冉某某等与倪某某的亲属关系、案涉遗产由冉某某等管理的实际情况，由冉某某等代为清理处置倪某某生前的债权债务，也有利于保护倪某某其他债权人或第三人的合法权益。故冉某某等参与本案诉讼并不违反法律规定。

重庆市第三中级人民法院依照《中华人民共和国民事诉讼法》第一百七十七条第一款第一项之规定，判决：

驳回上诉，维持原判。

【法官后语】

为维护遗产价值和遗产权利人合法权益，《中华人民共和国民法典》增设了“遗产管理人”制度，遗产管理人作为对死者财产进行妥善保存和管理分配的人，兼具遗产保管人、遗嘱执行人等特征，在遗产处理中发挥重要作用。尽管《中华人民共和国民法典》第一千一百四十五条对如何确定遗产管理人作出了规定，但实践中，对于继承人放弃遗产继承后，是否还享有遗产管理权、能否担任遗产管理人，存有争议。对此，笔者认为，继承人放弃继承财产继承权，并不必然导致继承人丧失遗产管理权，具体而言：

一、继承人遗产利益权与遗产管理权的二分构成

继承人，尤其是作为法定继承的近亲属之所以能成为继承人，系法律拟制的血亲关系所赋予，因而其享有的继承权同样拥有“身份属性”的特征，即基于身份关系对遗产进行合理管理。故继承权应是遗产利益权和遗产管理权的二分构成，平等统一于继承开始后的每一位继承人。现实中，死者往往无法未卜先知，提前把身后事务托付给亲朋好友，通常情况也总是继承人等近亲属及亲朋好友帮忙料理死者后事。因此，作为死者的近亲属，继承人放弃继承并不意味着他们和死者之间的关系一笔勾销、荡然无存。基于身份的特殊性依然可以继续行使遗产管理权。

二、近亲属身份担任遗产管理人具有天然优势

被继承人死亡后，作为可能朝夕相处的近亲属一般是最了解被继承人财产状况、最先天然接管其财产的人，在搜集整理遗产相关信息方面有先天优势。基于他们与被继承人之间的亲属关系，往往成为料理死者各项事务的中心，并以此衍生出各种法律关系。故由其担任遗产管理人效果最佳、成本最低。如果近亲属选择放弃财产继承权，而不考虑近亲属是否愿意继续管理遗产，就不加区分地将现有财产移交给民政部门或者村民委员会来管理，则一定程度上会造成遗产管理的困难。同时，近亲属在继承开始时，若已转移、隐匿被继承人的财产，其放弃继承的动机本身不纯，更不会配合民政部门、村民委员会查明财产状况，最终可能影响遗产权利人的实际利益。此外，有些近亲属与被继承人之间长期生活在一起，基于家庭关系等因素，财产长期混同无法做到真正有效区分，因而由其担任遗产管理人，也更能维护自身利益，从而进一步厘清被继承人遗产相关信息，最大限度地维护各遗产权利人的利益。

三、遗产继承人放弃继承导致遗产管理权灭失的情形

如前所述，虽然继承人放弃继承，并不必然导致其遗产管理权的灭失，但倘若符合以下条件，继承人放弃继承，则导致其遗产管理权消灭：(1) 继承人

放弃继承遗产，且明确拒绝参与遗产管理的相关事务；(2) 继承人放弃继承，且已由被继承人生前住所地的民政部门或村民委员会担任遗产管理人的；(3) 继承人放弃继承，且其丧失民事行为能力的；(4) 继承人放弃继承，且能够证明其存在转移、隐匿等有损遗产价值行为的。以上几种情况，倘若继续由继承人担任遗产管理人，均不利于遗产价值的维护，故不宜再由继承人继续担任遗产管理人。

综上，虽然《中华人民共和国民法典》第一千一百四十五条规定了在出现继承人全部放弃继承的情况时，应由被继承人生前住所地的民政部门或者村民委员会担任遗产管理人。但仍需注意的是，在有法定继承人的情况下，继承人应依法推选遗产管理人，继承人未推选的则由全部继承人共同担任遗产管理人，享有遗产管理权。此时若全部继承人均明确表示放弃继承，也只是消灭了其遗产继承权，并不代表着其遗产管理权的消灭，其作为遗产管理人，其依然负有管理遗产的职责，除非其举证已依法将遗产管权向相应的民政管理部门或村民委员会进行了移交或存在其他不宜继续担任遗产管理人的情况，否则，继承人仍应作为遗产管理人，依法行使遗产管理人的职权。

编写人：重庆市第三中级人民法院　伍柯聿

重庆市武隆区人民法院　周雪琴

51

机关法人违法担保且与债权人均有过错时承担不超过债务人不能清偿部分的二分之一的赔偿责任

——某村委会诉甲公司等民间借贷案

【案件基本信息】

1. 裁判书字号

河南省郑州市上街区人民法院（2023）豫0106民初983号民事判决书

2. 案由：民间借贷纠纷

3. 当事人

原告：某村委会

被告：甲公司、乙公司、丙公司、某镇政府

【基本案情】

2021年1月26日，原告某村委会与甲公司签订《借款合同》，约定，某村委会向甲公司提供借款壹仟万元。2021年2月3日，某村委会与甲公司再次签订《借款合同》，某村委会向甲公司提供借款壹仟伍佰万元。双方口头约定上述两次借款利息为0.8%/月，利息支付方式为季付，甲公司自2021年2月1日起按口头约定向某村委会支付利息。截至某村委会起诉之日，甲公司及丙公司已不定期向某村委会支付利息共计330万元，尚剩150万元利息未予支付。甲公司持有乙公司和丙公司100%股权。某镇政府于2021年1月27日出具《承诺书》，陈述上述第一笔借款壹仟万元借款事实并承诺：如借款期满甲公司未偿还借款本金及利息，某镇政府负责归还借款。2023年5月6日，某村委会诉至郑州市上街区人民法院，请求：甲公司偿还借款本金及利息、律师费、违约金，其他被告承担共同或连带清偿责任，某村委会对甲公司抵押土地使用权拍卖后的款项享有优先受偿权。

【案件焦点】

机关法人违反法律规定提供担保的效力及民事责任承担的认定。

【法院裁判要旨】

河南省郑州市上街区人民法院经审理认为：债务应当清偿。某村委会与甲公司之间的民间借贷关系合法有效，应受法律保护，甲公司应按合同约定履行债务清偿责任。关于某村委会主张某镇政府承担保证责任，根据《最高人民法院关于适用〈中华人民共和国民法典〉有关担保制度的解释》第五条第一款的规定："机关法人提供担保的，人民法院应当认定担保合同无效，但是经国务院批准为使用外国政府或者国际经济组织贷款进行转贷的除外。"第十七条第一款规定："主合同有效而第三人提供的担保合同无效，人民法院应当区分不同情形确定担保人的赔偿责任：（一）债权人与担保人均有过错的，担保人承担的赔偿责任不应超过债务人不能清偿部分的二分之一……"本案某村委会明知某镇政府作为机关法人不得进行担保，而要求其进行承诺担保，其自身存在过错。某镇政府明知机关法人不能提供担保而进行担保，本身亦存在过错，故某镇政府承担民事责任的部分，不应超过债务人甲公司依据 2021 年 1 月 26 日双方签订的《借款合同》中不能清偿部分的二分之一，在其承担民事责任后，有权向债务人追偿。

河南省郑州市上街区人民法院依照《中华人民共和国民法典》第六百八十三条第一款，《最高人民法院关于适用〈中华人民共和国民法典〉有关担保制度的解释》第五条第一款、第十七条第一款第一项，《最高人民法院关于审理民间借贷案件适用法律若干问题的规定》第二十五条、第三十一条，《中华人民共和国民事诉讼法》第六十七条第一款之规定，判决如下：

一、甲公司于本判决生效后十日内向某村委会支付借款本金 25000000 元、利息 1686666.67 元（利息按照月利率 0.8%计算至 2023 年 3 月 16 日，以后另计）、违约金25000元、律师费74980元，以上共计26786646.67元；

二、某村委会对甲公司抵押的两块土地［使用权证号：上国用（2014）第49号、上国用（2014）第66号］拍卖后的拍卖款项优先受偿；

三、某镇政府承担清偿责任的范围为不超过甲公司作为债务人依据2021年1月26日签订的《借款合同》（该借款本金10000000元）中不能清偿部分的二分之一，在其承担清偿责任后，有权向债务人追偿；

四、驳回某村委会的其他诉讼请求。

【法官后语】

机关法人违反法律规定提供担保的，担保合同无效。但担保合同确认无效的情形并不必然导致机关法人不承担相应的民事责任。债权人与担保人均有过错的，担保人承担的赔偿责任不应超过债务人不能清偿部分的二分之一。担保人承担民事责任后，有权向债务人追偿。

一、机关法人不得违反法律规定为他人提供担保

《中华人民共和国民法典》第六百八十三条第一款规定："机关法人不得为保证人，但是国务院批准为使用外国政府或者国际经济组织贷款进行转贷的除外。"《最高人民法院关于〈中华人民共和国民法典〉有关担保制度的解释》第五条第一款规定："机关法人提供担保的，人民法院应当认定担保合同无效，但是经国务院批准为使用外国政府或者国际经济组织贷款进行转贷的除外。"可见，机关法人不具有保证人资格。除法律的特殊规定以外，机关法人作为保证人为他人提供的担保合同应当认定无效。

二、担保合同确认无效的情形并不必然导致机关法人不承担相应的民事责任

《最高人民法院关于〈中华人民共和国民法典〉有关担保制度的解释》第十七条规定："主合同有效而第三人提供的担保合同无效，人民法院应当区分不同情形确定担保人的赔偿责任：（一）债权人与担保人均有过错的，担保人承担的赔偿责任不应超过债务人不能清偿部分的二分之一……"在担保合同认定无效的情形下，机关法人作为保证人是否承担相应的民事责任，则应区分不同情形作出认定。担保合同被确认无效后，债务人、担保人、债权人有过错的，

应当根据其过错各自承担相应的民事责任。机关法人作为保证人导致担保合同无效，若有过错需承担相应民事责任。本案中，某村委会明知某镇政府作为机关法人不得进行担保，而要求其进行承诺担保，其自身存在过错。某镇政府明知机关法人不能提供担保而进行担保，本身亦存在过错，故某镇政府应承担部分民事责任。

三、保证人在承担民事责任后，有权向债务人追偿

《中华人民共和国民法典》第七百条规定："保证人承担保证责任后，除当事人另有约定外，有权在其承担保证责任的范围内向债务人追偿，享有债权人对债务人的权利，但是不得损害债权人的利益。"《最高人民法院关于适用〈中华人民共和国民法典〉有关担保制度的解释》第十八条第一款规定："承担了担保责任或者赔偿责任的担保人，在其承担责任的范围内向债务人追偿的，人民法院应予支持。"机关法人在承担相应的保证责任后可向债务人进行追偿。本案中，某镇政府承担民事责任的部分，不应超过债务人甲公司依据2021年1月26日双方签订的《借款合同》中不能清偿部分的二分之一，在其承担民事责任后，有权向债务人追偿。

编写人：河南省郑州市上街区人民法院　王驰峰　王芳

52

债务加入与一般保证并存时二者责任顺序的认定

——李某某诉马某某等民间借贷案

【案件基本信息】

1. 裁判书字号

山东省菏泽市中级人民法院（2023）鲁17民终3674号民事判决书

2. 案由：民间借贷纠纷

3. 当事人

原告（被上诉人）：李某某

被告（上诉人）：马某某、田某某、司某

【基本案情】

李某某与马某某原系合伙关系，马某某与田某某系夫妻关系。2021 年 3 月 25 日，李某某与马某某签订终止合作经营协议一份，对双方合伙期间的出资、资金清算等事项予以约定，并明确马某某应向李某某支付 100 万元，应于 2022 年 3 月 1 日前支付 50 万元，余款 2023 年 3 月 1 日前付清；如未按期支付，将承担相应利息及因诉讼产生的相关费用。司某在该协议担保人处签名、捺印予以确认，并载明担保期限为所有债务还清为止。马某某、田某某以借款人身份在该协议背面手写有借条一份，称借到李某某现金 100 万元，并备注此借据与正面为同一借据。马某某于 2022 年 9 月 1 日向李某某还款 20 万元。

【案件焦点】

司某应承担的一般保证责任是否须先穷尽对田某某财产的强制执行。

【法院裁判要旨】

山东省菏泽市郓城县人民法院经审理认为：本案焦点问题是司某应承担的一般保证责任是否须先穷尽对田某某财产的强制执行。本案中，马某某、田某某作为夫妻共同背书借条，且备注明确该借条与正面案涉协议为同一借据，应视为田某某具有清偿自己债务的意思表示，属于田某某对其配偶所负债务的事后追认，故系其夫妻共同债务。因田某某未明确愿意清偿的债务范围，故应与马某某所负债务范围一致。经核算，马某某尚欠李某某 972931.51 元。司某在案涉协议担保人处签名，应视为司某予以担保，且应为一般保证。因司某不知道田某某加入债务，司某对马某某的担保是否及于对田某某的担保，应予综合考量。基于保证系为保障债权实现，在债权未发生变更的情况下，司某的保证应及于田某某的加入之债。且田某某加入债务时其与李某某均明知司某存在，但李某某未举证证明其已将田某某加入债务的事项告知司某，李某某亦未要求田某某、司某之间的责任顺序，田某某也未明确其与司某之间的责任顺序，故应对李某某、田某某作出不利法律后果评价，即司某应承担的一般保证责任须先穷尽对马某某、田某某财产的强制执行。

山东省菏泽市郓城县人民法院判决：

一、马某某、田某某于判决生效后十日内共同支付李某某972931.51元及相应利息；

二、司某对上述款项中马某某、田某某财产依法强制执行后仍不能履行的部分承担保证责任。

马某某、田某某、司某不服一审判决，提出上诉。山东省菏泽市中级人民法院经审理，同意一审法院裁判意见，维持了上述一审判项。

【法官后语】

基于夫妻双方共同意思表示形成的夫妻共同债务可分为事前共意型夫妻共同债务和事后追认型夫妻共同债务，后者涉及一般保证时存在一般保证人与事后追认人之间责任顺序的认定问题，即一般保证责任是否须先穷尽对事后追认人财产的强制执行。申言之，《最高人民法院关于适用〈中华人民共和国民法典〉有关担保制度的解释》（以下简称《民法典有关担保制度的解释》）第二十六条第二款中的债务人是否包括债务加入人，以及如何认定债务加入人与一般保证人的责任顺序是本案的重点，在法律适用上具有参考和研究价值。

一、事后追认的性质及其债务的效力基础

当事人可约定采用债务加入或确认共同债务的方式来承担既有债务，二者的核心区别在于既有债务究竟是他人单独债务抑或本身就是共同债务。事后追认型夫妻共同债务是由夫妻一方先负债、配偶再追认的债务，追认的是夫妻一方以个人名义所负的大额债务，其本身并非夫妻共同债务。准此，事后追认不属于确认共同债务的方式，本案田某某追认的是马某某转化前的个人债务。事后追认不会改变夫妻一方所负债务内容，亦不会为其创设新的债务，但能为追认之配偶创设债务，且债权人仅能获得一次满足，即事后追认型夫妻共同债务应属多数债务人形态中的连带债务。实现这一法律效果的路径有合同主体的增加和债务加入，在事后追认通常无须配偶协助的背景下，采纳前者有违反债的相对性及限制夫妻一方私法自治之嫌，故事后追认应当解释为债务加入。债务加入的效力基础亦是连带债务，理论界虽有连带债务抑或不真正连带债务之争，但司法实践较为统一地认为债务加入人与债务人之间形成连带债务的法律后果。

二、债务加入与一般保证并存时二者有无责任顺序

债务人与债务加入人、一般保证人之间的责任顺序并无争议，问题在于债务加入人与一般保证人之间的责任顺序。《中华人民共和国民法典》第六百九十七条第二款规定，第三人加入债务的，保证人的保证责任不受影响。在文义解释上，这里的保证责任应当包括保证的顺序责任。且按照传统民法理论，债务加入人承担的债务是与原债务并立的自己的债务。债务加入的独立性决定了既有债务的从属保证之债并不当然因债务加入而成为加入之债的从属保证之债。准此，除当事人另有约定外，一般保证责任不应先穷尽对债务加入人财产的强制执行，即《民法典有关担保制度的解释》第二十六条第二款中的债务人不应包括债务加入人。但债务加入人与一般保证人之间可能并不知道彼此的存在，已为既有债务担保的一般保证人从根本上并不吝啬继续为债务加入人担保，而未让其表态无异于以损害一般保证人利益为代价优待了债权人。

三、债务加入与一般保证并存时二者责任顺序的认定

在含一般保证的债务加入构造中，必然知道各方当事人均存在的是债权人，即债权人享有要求相对人明示责任的权利及负有通知他方当事人的义务。债权人未表态的，应作对其不利的法律评价，债务加入人与一般保证人之间知道对方存在而未表态的亦应如此。在适用债务加入的事后追认型夫妻共同债务中，本案李某某作为债权人、田某某作为知道司某存在的债务加入人均未表态，故应作对其二人不利的法律评价，即司某应承担的一般保证责任须先穷尽对马某某、田某某财产的强制执行。据此，债务加入中一般保证人责任顺序的认定，除当事人另有约定外，应根据被诉主体及其是否知道其他主体存在的情况，结合各方当事人的意思表示予以确定。

编写人：山东省菏泽市郓城县人民法院　刘国庆

七、证据与时效

53

民间借贷中款项交付第三人的认定思路

——黄某甲诉黄某乙、吴某民间借贷案

【案件基本信息】

1. 裁判书字号

江苏省启东市人民法院（2023）苏0681民初8138号民事判决书

2. 案由：民间借贷纠纷

3. 当事人

原告：黄某甲

被告：黄某乙、吴某

【基本案情】

黄某乙、吴某系夫妻。2023年2月1日，黄某乙、吴某为归还网贷通过吴某父亲联系黄某甲借款。当日，黄某甲将100000元现金交给吴某父亲，后由黄某乙、吴某共同出具借条一份，内容为："今借到黄某甲人民币100000元，大写拾万圆整（房本抵押）。借款人：黄某乙签字。吴某签字。"关于为何将上述款项交给吴某父亲，黄某甲诉称吴某父亲为防止黄某乙、吴某将款项用作他处，故受黄某乙、吴某指示，将借款直接交由吴某父亲。而黄某乙称其签署借条后未拿到借款，吴某父亲自行收取款项后并未用于其夫妻归还网贷及共同生活。

【案件焦点】

黄某甲是否已完成借款交付。

【法院裁判要旨】

江苏省启东市人民法院经审理认为：黄某甲向吴某父亲交付借款的事实，由黄某甲提供的借条、银行取款明细及到庭当事人陈述等证据予以证明，应予以认定。根据黄某乙在庭审中的陈述，即使其未收取上述借款，然其对所借款项由其夫妻清点后共同向黄某甲出具借条的事实没有异议，吴某父亲在其夫妻清点后收取上述款项，黄某乙、吴某均未作出相反意思表示，且吴某对其父亲收取借款为其夫妻归还网贷的事实予以确认，而双方又存在亲人关系，故吴某父亲经黄某乙、吴某授意后收取案涉借款具有高度盖然性。根据《最高人民法院关于审理民间借贷案件适用法律若干问题的规定》第九条的规定："自然人之间的借款合同具有下列情形之一的，可以视为合同成立……（五）出借人以与借款人约定的其他方式提供借款并实际履行完成时"。故黄某甲将借款100000 元交给吴某父亲时已完成款项交付义务，同时，根据《中华人民共和国民法典》第六百七十九条"自然人之间的借款合同，自贷款人提供借款时成立"之规定，黄某乙、吴某与黄某甲之间的借款合同成立，黄某甲要求黄某乙、吴某共同承担案涉 100000 元借款的还款责任，于法有据。

江苏省启东市人民法院依照《中华人民共和国民法典》第六百七十五条、第六百七十九条，《最高人民法院关于审理民间借贷案件适用法律若干问题的规定》第九条第一款第五项之规定，判决如下：

被告黄某乙、吴某于本判决生效之日起十日内共同归还原告黄某甲借款本金人民币 100000 元。

判决后，双方当事人均未上诉，本判决现已生效。

【法官后语】

理论上认为，民间借贷法律关系的成立一方面需有借贷合意，另一方面需有款项交付依据，因此对款项交付的审查，是法院审理此类案件的重点和难点，同时也是借款合同是否成立的唯一标准。《最高人民法院关于审理民间借贷案件适用法律若干问题的规定》第九条第一款第五项通过概括式列举规定，出借人以与借款人约定的其他方式提供借款并实际履行完成时，可以视为合同成立。因此，出借人与借款人约定方式的审查成为认定借款是否已完成现实交付的关键。

一、借款现实交付的事实认定

自然人之间借款多发生于熟人之间，若涉及现金交付，常缺乏证据对交付事实进行直接证明，此时法庭审理技巧就尤为重要。首先，应判断双方庭审陈述，巧妙运用“自认规则”。《最高人民法院关于民事诉讼证据的若干规定》第八条第一款规定：“《最高人民法院关于适用〈中华人民共和国民事诉讼法〉的解释》第九十六条第一款规定的事实，不适用有关自认的规定。”《最高人民法院关于适用〈中华人民共和国民事诉讼法〉的解释》（以下简称《民诉法解释》）第九十六条第一款规定：“民事诉讼法第六十七条第二款规定的人民法院认为审理案件需要的证据包括……（二）涉及身份关系的……”也就是说，在诉讼过程中，一方当事人对另一方当事人陈述的案件事实明确表示承认的，另一方当事人无须举证。但涉及身份关系的案件除外。本案中，黄某乙、吴某对黄某甲诉称借款金额、交易方式、交付地点等事实均认可，故能对基本借款事实及金额予以认定。其次，应集中审理事实争议部分，理性结合“生活常理”。根据《最高人民法院关于审理民间借贷案件适用法律若干问题的规定》第十五条第二款规定：“被告抗辩借贷行为尚未实际发生并能作出合理说明的，人民法院应当结合借贷金额、款项交付、当事人的经济能力、当地或者当事人之间的交易方式、交易习惯、当事人财产变动情况以及证人证言等事实和因素，综合判断查证借贷事实是否发生。”本案中，双方就吴某父亲是否有权收取借款存在争议，故对该待证事实应由双方多角度集中论证。

二、约定交付方式的举证证明责任分配

根据《民诉法解释》第一百零八条规定，主流观点认为承担主观证明责任的当事人提出的支持自己事实主张的证据是本证，相反不承担主观证明责任的当事人为推翻对方当事人的事实主张所提出的证据是反证。而结果意义上的举证证明责任通常体现在实体法规定上，且恒定于一方当事人。例如，民间借贷关系成立的事实证明责任始终在债权人一方，而债务人主张债务已消灭的事实属于另一待证事实，应由债务人承担举证证明责任。此时债权人主张借贷关系成立、债务人主张债务已消灭均为承担主观证明责任的当事人提出的支持自己事实主张的证据，因此均为本证。本案中，借款交付的事实属于民间借贷关系成立的事实，应由黄某甲承担举证证明责任，而黄某乙、吴某认为借款并未实际收到系对民间借贷事实的推翻，属于反证，故双方均应对各自主张的事实提供证据加以证明。

三、借款交付事实的证明标准

根据《民诉法解释》第一百零八条规定，对本证的采信标准为确信待证事实存在具有高度可能，对反证的采信标准则只需要使待证事实陷入真伪不明即可。参考德国学者的刻度盘理论，则能较为形象直观地描述，本证证明责任的高度可能标准大致为达到心证的75%以上，而反证证明责任的标准达到真伪不明50%左右即可。就本案而言，黄某乙、吴某作为理性成年人在清点借款后出具借条，在吴某父亲收取款项时亦未阻止，且黄某乙、吴某承认款项确实部分用于归还其夫妻所欠网贷，又鉴于双方亲人关系，故吴某父亲是经黄某乙、吴某授意情况下收取的案涉款项具有高度盖然性。

四、综合评判，作出符合社会主义核心价值观的判决

黄某乙、吴某婚后对家庭消费尺度未能合理掌握，吴某父亲代为收取借款，克制子女消费欲望，是对子女正确家庭消费观的培养，同时也是一种良好家风的传承，法院判决应遵循公平原则，更要弘扬社会主义核心价值观，引导诚实守信、量入为出的良好社会风气。

编写人：江苏省启东市人民法院　陈佳濠

54

被告以录音证据证明不存在真实借贷关系的审查

——徐某诉洪某某民间借贷案

【案件基本信息】

1. 裁判书字号

福建省厦门市中级人民法院（2023）闽02民终3650号民事判决书

2. 案由：民间借贷纠纷

3. 当事人

原告（上诉人）：徐某

被告（被上诉人）：洪某某

【基本案情】

2021年9月6日，洪某某作为借款人向徐某出具一张《借条》，载明洪某某因资金周转需要借款1000000元，借款期限一年，月利息1%，还款方式为等额本息，每月偿还88848.79元；超期还款的，自逾期之日起按照同期银行贷款利率的四倍计算利息至实际还款之日止；法律途径解决纠纷的，借款人应当承担由此产生的诉讼费、律师费、保全费、保全担保费等。

徐某名下银行账户向洪某某名下银行账户转账情况如下：2021年8月28日转账100000元；2021年9月8日转账100000元；2021年9月10日转账100000元、600000元。

洪某某名下银行账户支取现金情况如下：2021年8月5日190000元、200000元，2021年8月17日110000元、110000元，2021年9月6日180000元，2021年9月14日400000元。

本案审理过程中，洪某某提交五份无原始载体的其与徐某之间的通话录音，徐某确认系其与洪某某之间的通话录音，但记不清楚通话时间，仅能确认大致在2021年八九月份，录音内容可能不完整，存在篡改。经本院询问徐某是否就上述通话录音内容是否完整、是否被篡改进行鉴定，徐某表示不就此进行鉴定。

上述通话录音中多次提及徐某要求洪某某签一张1000000元的欠条、徐某要求洪某某取300000元现金交付给她、徐某要求洪某某办一张中国银行卡其再向洪某某转账等内容。

其中一份带有录像的录音洪某某称录制于2021年9月8日，徐某确认该段通话发生于案涉《借条》签订之后，其向洪某某转账最后两笔款项共计700000元之前，该段录音提及徐某与洪某某在一起且徐某怀孕、洪某某给徐某九十几万元、签欠条有法律效力、徐某现在向洪某某转账并让洪某某明天取现金给徐某等内容。

徐某请求法院判令：(1) 洪某某立即偿还徐某借款本金900000元及利息(以900000元为基数，自2021年9月10日起按一年期贷款市场报价利率四倍，即年利率15.4%计算至实际还清之日止)；(2) 洪某某承担徐某因维权所支付的律师费30000元及本案保全保险费1600元、保全费5000元。

洪某某抗辩其与徐某系婚外男女朋友关系，2021年3月左右徐某怀孕，洪某某希望徐某引产，徐某以此威胁洪某某，在洪某某给了徐某700000元现金后，徐某让洪某某再给300000元并签署1000000元《借条》，否则就将孩子生下来。徐某于2021年9月底引产。洪某某抗辩其未向徐某借款，双方未达成借贷合意，洪某某收到的900000元转账实际是其给徐某的现金。

【案件焦点】

徐某向洪某某转账的案涉900000元款项是否为借款。

【法院裁判要旨】

福建省厦门市思明区人民法院经审理认为：洪某某提交的上述录音虽无原始载体，但徐某确认系其与洪某某之间的通话录音，且不对录音内容是否完整、是否被篡改进行鉴定，故本院对上述通话录音予以采信。综合上述多段通话录音以及徐某与洪某某之间的特殊关系、《借条》签订时徐某怀孕的背景，徐某与洪某某之间不存在真实的借贷关系，徐某向洪某某转账的款项亦非借款，双方约定的签订《借条》、徐某向洪某某转账以及徐某转账后洪某某再取现金给徐某等一系列行为实际是洪某某对徐某进行补偿的方式。本院认为，徐某与洪某某之间就案涉900000元款项不存在真实的借贷关系，现徐某依据该《借条》及相应转账凭证，以民间借贷为由要求洪某某偿还900000元及利息、相关费用，本院不予支持。

福建省厦门市思明区人民法院依照《中华人民共和国民事诉讼法》第六十七条第一款之规定，判决如下：

驳回徐某的诉讼请求。

宣判后，徐某提起上诉。福建省厦门市中级人民法院经审理认为：《中华人民共和国民事诉讼法》第六十七条第一款规定："当事人对自己提出的主张，有责任提供证据。"在双方当事人存在其他关系及款项往来的情况下，作为本案原告，徐某并未提供相应证据证实讼争民间借贷关系依法成立，一审对此认定正确。综上，上诉人徐某的上诉请求缺乏事实和法律依据，不予支持；一审判决认定事实清楚，适用法律正确，应予维持。

福建省厦门市中级人民法院依照《中华人民共和国民事诉讼法》第一百七十七条第一款第一项规定，判决如下：

驳回上诉，维持原判。

【法官后语】

出借人提起民间借贷诉讼，应当提供证明借贷法律关系存在的证据。成立民间借贷关系的要件有二：一是出借人与借款人达成借贷合意；二是出借人已实际向借款人交付借款。本案中，徐某以《借条》及转账记录为证提起民间借贷诉讼，形式上要件齐备。洪某某以通话录音及银行账户交易明细为证，抗辩双方不存在真实的借贷关系。录音证据作为"视听资料"这一证据范畴，其审查认定是审判实务中常见的疑难问题。

一、举证责任的分配与被告反驳证据的证明标准

因出借人负有证明借贷关系成立的举证责任，其举示的证据必须查证属实，足以作为认定事实的根据。而对于被告即“借款人”反驳的证据，其证明目的在于反驳出借人的主张和举证。故对被告反驳证据的证明力的审查标准应略低于对出借人的举证，应达到足以动摇法官内心确信、使案涉借贷事实处于真伪不明的状态的证明标准。如被告提供证据证明双方不存在真实借贷关系且足以动摇法官内心确信，则出借人对借贷关系的真实成立负有进一步的举证责任。

二、被告以录音证据证明不存在真实借贷关系的审查

《中华人民共和国民事诉讼法》第七十四条规定：“人民法院对视听资料，应当辨别真伪，并结合本案的其他证据，审查确定能否作为认定事实的根据。”洪某某举示的录音证据虽无原始载体,[①] 但结合徐某的陈述及本案其他证据，已足以反驳案涉借贷关系的真实性。

(一) 录音具备基本的证据能力

首先，关于录音的真实性，徐某确认录音系其与洪某某之间的通话录音，其虽提出录音内容可能不完整、存在篡改，但表示不就此进行鉴定，该录音证据虽无原始载体，徐某未对其真实性予以有效反驳，故可作为证据予以采信。其次，关于证据的关联性，徐某确认录音中对话双方系其与洪某某，时间大致在2021年八九月份即案涉借贷关系发生前后，录音与本案具有关联性。最后，关于录音的合法性，录音系合法取得，并非以胁迫、欺诈等方式获取，未侵害他人合法权益，未违反法律禁止性规定。

(二) 录音与本案其他证据可以相互印证

首先，多段录音所涉内容可相互印证。洪某某提供了五份通话录音，内容均涉及徐某要求洪某某签一张1000000元的欠条、徐某要求洪某某取现金交付给她、徐某再向洪某某转账等，双方甚至曾探讨签借条是否有法律效力、是否一定要取现金后徐某再向洪某某转账等。其次，录音与被告举示的其他证据可

---

① 《最高人民法院关于民事诉讼证据的若干规定》第十五条第一款规定：“当事人以视听资料作为证据的，应当提供存储该视听资料的原始载体。”

相互印证。除录音外，洪某某举示了其名下银行账户于案涉借贷关系“发生”前后陆续支取大额现金的交易记录，与通话录音中涉及的徐某要求洪某某取现金交付给她可相互印证，补强了录音的证明力。最后，录音与双方之间的特殊关系可相互印证。徐某与洪某某均陈述案涉《借条》签订时双方存在“婚外情”男女朋友关系且徐某怀孕，2021年8月28日签订案涉《借条》、2021年9月上旬徐某向洪某某转账支付“借款”后，徐某于2021年9月底引产，双方之间的特殊关系、借贷关系“发生”时的特殊背景，与通话录音中涉及的内容可相互印证。

通话录音与本案其他证据可相互印证，证明双方签订案涉《借条》系洪某某因双方特殊关系而对徐某进行补偿的方式，徐某向洪某某支付“借款”的转账记录系双方经协商通过洪某某取现金交付徐某、徐某再向洪某某转账的方式“制造”，已足以动摇法官内心对案涉借贷关系真实性的确信。此外，徐某与洪某某之间真实的法律关系，系洪某某因二人存在“婚外情”且徐某怀孕、希望徐某引产而以签订案涉《借条》的形式给予徐某补偿，违背公序良俗，不具有合法性与可诉性，不应在本案中作为基础法律关系进行审理，亦无须进一步查明。

综上所述，因洪某某举示的通话录音、银行账户交易明细等证据已达到前述足以动摇法官内心确信、使案涉借贷事实处于真伪不明状态的证明标准，徐某对借贷法律关系的真实成立负有进一步的举证责任，否则应承担诉讼上的不利后果。因徐某未能进一步提供证据证实讼争借贷法律关系真实成立，法院依法驳回徐某的诉讼请求。

编写人：福建省厦门市思明区人民法院　林蕾　朱贝妮

55

闭合型循环转账形成的交易记录不应作为认定借款实际交付的证据

——杨某某诉周某甲、吴某某民间借贷案

【案件基本信息】

1. 裁判书字号

福建省厦门市中级人民法院（2024）闽02民再19号民事判决书

2. 案由：民间借贷纠纷

3. 当事人

原告（再审被申诉人、被上诉人）：杨某某

被告（再审申诉人、上诉人）：周某甲、吴某某

【基本案情】

厦门市湖里区人民法院于2015年7月8日受理杨某某诉周某甲、吴某某民间借贷纠纷一案。厦门市湖里区人民法院于2015年11月28日作出“45号”民事判决书，判决周某甲、吴某某偿还借款本金2080000元及利息。

后周某甲、吴某某向厦门市湖里区人民法院申诉，主张“45号”案件中杨某某提交的《借款合同》等证据系杨某某与周某乙伪造变造的，厦门市湖里区人民法院应依职权撤销“45号”判决。

厦门市湖里区人民法院根据周某甲、吴某某提交的银行转账交易记录，进行了进一步调查取证，向原审各方当事人进行了询问。经审查发现：

2015年2月27日11时57分，周某乙在甲银行从其尾号1576的银行账户（以下涉周某乙银行账户均为此）现金取款500000元；11时58分，杨某某在

甲银行向其尾号 5715 的银行账户（以下涉杨某某银行账户均为此）现金存款 500000 元；12 时 01 分，周某乙在甲银行从其银行账户现金取款 400000 元；12 时 02 分，杨某某在上述支行向其银行账户现金存款 400000 元；12 时 15 分，杨某某通过其银行账户向周某乙尾号 1576 的银行账户转账 900000 元；12 时 26 分，周某乙在乙银行从其银行账户现金取款 450000 元；12 时 27 分，周某乙在乙银行向杨某某的银行账户现金存款 450000 元；12 时 29 分，周某乙再次在乙银行从其银行账户现金取款 450000 元；12 时 30 分，周某乙在乙银行向杨某某的银行账户现金存款 450000 元；12 时 34 分，杨某某通过其银行账户向周某乙的银行账户转账 800000 元；12 时 57 分，周某乙在丙银行从其银行账户现金取款 280000 元；13 时 00 分，周某乙在丙银行向杨某某银行账户现金存款 280000 元；13 时 08 分，杨某某通过其银行账户向周某乙银行账户转账 380000 元。

前述杨某某通过其尾号 5715 的银行账户向周某乙尾号 1576 的银行账户转账的 900000 元、800000 元、380000 元，即杨某某在原审中主张向周某甲支付的借款 2080000 元。同时，周某甲曾于 2011 年借款 1000000 元，该借款由周某乙通过银行转账支付。

【案件焦点】

1. 杨某某是否实际向周某甲提供了 2080000 元借款；2. （2015）湖民初字第 4554 号民事判决是否应当再审。

【法院裁判要旨】

福建省厦门市湖里区人民法院经审理认为：从周某甲、吴某某申诉时提供的证据、审查过程中调取的证据以及各当事人的陈述来看，杨某某当时并无款项可出借给周某甲，周某乙亦仅有 90 余万元，并无 2080000 元可出借给杨某某。周某乙、杨某某以周某乙银行账户的 900000 元，分多次在极短的时间内，通过循环取款、存款、转账等方式，重复累计制造了杨某某分三次向借款合同约定的周某乙银行账户转账 2080000 元的银行交易记录。因此，前述 2080000 元仅是在银行交易记录中形式上进行流转，并未实际交付。周某甲所负债务实际应为2011年1000000元借款形成的债务。尽管周某乙与周某甲就前述1000000元借款的出借主体为周某乙还是王某通、已偿还款项金额、该债权是否进行债权转让等均存在争议。但周某乙在泉州市中级人民法院（2023）闽05民终2178号案件审理中，主张周某甲把2011年1000000元借款及利息的债权转让给杨某某，周某甲为此签署《借款合同》和收据。这也印证了周某甲于2015年签署《借款合同》、收据以及周某乙、杨某某银行账户间的循环转账交易，系为了在形式上形成杨某某对周某甲的债权，并非由杨某某实际出借2080000元。经厦门市湖里区人民法院院长提交审判委员会讨论，认为（2015）湖民初字第4554号民事判决认定杨某某实际向周某甲提供了借款进而双方借款合同生效，确有错误，应当再审。

福建省厦门市湖里区人民法院依照《中华人民共和国民事诉讼法》第二百零五条第一款（现第二百零九条）、第二百一十三条（现第二百一十七条）规定，作出裁定：

一、本案由本院再审；

二、再审期间，中止原判决书的执行。

福建省厦门市湖里区人民法院经再审审理后，依照《中华人民共和国合同法》第六条、第一百九十六条、第二百零六条，《最高人民法院关于审理民间借贷案件适用法律若干问题的规定》第二十六条、第二十八条、第二十九条，《最高人民法院关于适用〈中华人民共和国婚姻法〉若干问题的解释（二）》第二十四条，《中华人民共和国民事诉讼法》第六十七条、第二百一十四条，《最高人民法院关于适用〈中华人民共和国民事诉讼法〉的解释》第四百零五条规定判决如下：

一、撤销本院（2015）湖民初字第4554号民事判决；

二、周某甲、吴某某应于本判决生效之日起十日内支付杨某某借款本金1876082.19元及利息（以100万元为基数，按年利率24%，自2015年2月28日起计至实际付款之日止）、公告费500元；

三、驳回杨某某的其他诉讼请求。

周某甲、吴某某不服，均向厦门市中级人民法院提起上诉。

厦门市中级人民法院依照《中华人民共和国民事诉讼法》第一百七十七条第一款第一项规定，判决如下：

驳回上诉人周某甲、吴某某的上诉，维持厦门市湖里区人民法院（2023）闽0206民再2号民事判决。

【法官后语】

本案涉及民间借贷案件中闭合型循环转账情境下借款合同效力认定问题。本案中的闭合型循环转账，是指资金来源方将款项通过金融机构转给转账初始方，转账初始方继而转账给借款方或借款方指定的账户，最终系流转回资金来源方处。此种转账具有以下特点：案涉款项在“资金来源方—转账初始方—借款方（或借款方指定人）”间循环流转。在实践中，资金来源方往往是民间借贷案件的案外人，转账初始方系出借人。对应本案，资金来源方系案外人周某乙，转账初始方系出借人杨某某，借款方系周某甲，借款方指定人系周某乙。

闭合型循环转账情境下借款合同效力认定的难点在于，从表面看，转账初始方与借款方的借款既有合同约定，又有转账记录，但是否及如何对借款实际交付情况进行穿透式审查，以及是否及如何对借款合意进行认定，在司法实践中有待明确。本案经过再审审查，以实际交付情况为审查重点，认为闭合型循环转账若系出借人与案外人间虚构而成，不宜认定借款已实际交付且借款合同生效。该案件明确了审查闭合型循环转账的交付情况的要点，以及申诉启动再审的条件，裁判结果具有典型意义。

认定闭合型循环转账情境下借款是否实际交付，至少要考虑以下四个要素：(1) 资金来源方与转账初始方间款项流转金额的规律性；(2) 闭合型循环流转款项的时间性；(3) 闭合型循环流转的合理性；(4) 借款发生的客观要件。

尽管资金是否交付最直接客观的证据就是金融机构的转账凭证，但根据《最高人民法院关于审理民间借贷案件适用法律若干问题的规定》第十六条关于出借人仅依据金融机构的转账凭证提起民间借贷诉讼情形下双方当事人的举证责任之规定，金融机构的转账凭证，并非证明资金确已交付的唯一证据。由于闭合型循环转账存在出借人通过制造银行流水的方式，虚增债务、虚假诉讼的可能性，即便在双方有借款合同约定及转账凭证的情形下，仍有必要对双方借款交付情况进行穿透式审查。

本案中，流转回资金来源方处的款项总金额与出借人（转账初始方）出借款项金额基本相同或完全一致。周某乙、杨某某以周某乙银行账户的900000元，分多次在70分钟左右内，通过循环取款、存款、转账等方式，重复累计制造了杨某某分三次向《借款合同》约定的周某乙银行账户转账2080000元的银行转账交易记录，形成了“取出—收回—再取出—再收回”完整的、封闭的流水循环，形成了流转回资金来源方处的款项总金额与出借人（转账初始方）出借款项金额均为2080000元的现象。上述整个交易过程在70分钟左右完成，周某乙、杨某某无法对短时间内的闭合型循环转账作出合理解释，周某乙、杨某某在当时实际上均无2080000元可供出借，并无出借能力，并不存在与周某甲形成借款关系的客观要件。因此，从前述四个要素来看，本案中形成的闭合型循环转账不应作为认定借款实际交付的证据。原审判决认定借款实际支付的证据系通过闭合型循环转账制造的，因此，由院长提交审判委员会讨论，决定对原审判决进行再审。

《中华人民共和国民事诉讼法》第二百零九条第一款规定，各级人民法院院长对本院已经发生法律效力的判决、裁定、调解书，发现确有错误，认为需要再审的，应当提交审判委员会讨论决定。该条系关于人民法院依职权启动再审的规定。关于该条的存废之争，是2007年和2012年修改《中华人民共和国民事诉讼法》时理论和实务界的热点议题，但2017年、2021年、2023年修改的《中华人民共和国民事诉讼法》均未涉及删改此条内容。从立法机关立法旨意来看，多一条救济途径给人民法院不仅有现实需求，也可以进一步确保裁判公正。人民法院依职权决定再审，是人民法院内部对自身审判工作行使检查监督权的程序内安排，且与已有的当事人申请再审、检察机关抗诉再审的启动再审标准有重大不同，人民法院依职权再审不必遵从法定再审事由的设定，仅需要“发现确有错误”。

现行法律法规及司法解释对法院院长发现本院已经发生法律效力的判决、裁定、调解书存在确有错误的途径并无明确规定。实践中较为常见的途径有检察机关的再审检察建议、在其他案件办理过程中发现并移交的否定原裁判文书的线索材料、当事人提出的申诉等。一般而言，在民事案件中，民事诉讼法已经明确规定当事人提出再审申请的条件和情形，当事人不服生效裁判的，应当依法提出再审申请。在不符合再审申请条件的情况下，不应将当事人申诉作为再审审查的启动方式，否则，将使民事诉讼法关于再审期限和条件的规定失去意义。因此，针对当事人的民事案件提出的申诉，法院在一般情况下应围绕生效裁判进行释法答疑，让当事人理解相关裁判的事实认定和法律适用问题，以此促使当事人遵守裁判结果。然而，实践中，并不能排除当事人因客观原因确实无法在法定期限内提出再审，或者法院在释法答疑过程中发现原审裁判较大可能存在错误。在上述两种情形下，当事人申诉可以作为再审审查的启动方式，法院确有必要对原审判决是否应当再审进行审查。上述两种特殊情形，同样应当遵照以职权提起再审以“确有错误”作为启动再审的标准，应当接近或者约等于再审改判的标准。

本案中，原审在周某甲、吴某某经依法传唤未到庭参加诉讼，未提出抗辩的情况下，采纳了杨某某提交的证据并作出支持杨某某诉讼请求的判决，判决已发生法律效力。之后，周某甲、吴某某虽提起再审申请，但再审申请已超过法定期限，其在申请再审时也未能提交能够证明转账支付借款的交易记录系通过循环转账制造的。然后，在周某甲、吴某某之后提出申诉时提交的证据，已足以对原审判决中认定借款实际交付的事实产生动摇，且南安法院及泉州市中级人民法院作出的裁定，亦提供了原审判决可能确有错误的线索。据此，厦门市湖里区人民法院对原审判决启动再审审查，并由院长提交审判委员会讨论，决定对本案进行再审。

编写人：福建省厦门市湖里区人民法院　邓剑斌　章书婷

56

民间借贷的成立要件及无借条时的举证责任分配

——胡某某诉张某某民间借贷案

【案件基本信息】

1. 裁判书字号

湖南省浏阳市人民法院（2023）湘 0181 民初 2091 号民事判决书

2. 案由：民间借贷纠纷

3. 当事人

原告：胡某某

被告：张某某

【基本案情】

胡某某与张某某原来是某市某中学的校友。2019 年 6 月 17 日，张某某以急需资金周转为由向胡某某提出借款，胡某某应允后通过微信转账方式向张某某交付借款 5000 元，转账说明备注为“借款”。因双方系校友关系，出于对张某某的信任，胡某某未要求张某某出具条据，张某某亦口头承诺 1 个月内归还。但张某某借款后未及时还款，胡某某多次催要无果遂诉至法院。原告胡某某向本院提出诉讼请求：判令被告偿还原告借款本金 5000 元，并承担此案有关的相关费用。审理中，原告胡某某当庭解释诉讼请求中的“相关费用”为诉讼费。被告张某某未作答辩。

【案件焦点】

胡某某与张某某之间是否成立民间借贷关系。

【法院裁判要旨】

湖南省浏阳市人民法院经审理认为：合法的借贷关系受法律保护。本案中，张某某向胡某某借款虽未出具相应的条据，但胡某某向本院提交了微信转账截图、微信支付转账电子凭证，张某某接收了胡某某的微信转款，结合转账说明备注的“借款”，能够证明胡某某与张某某达成借款合意且胡某某向张某某提供借款5000元的事实，故而双方之间已形成了真实、合法、有效的借款合同关系，双方均应全面履行合同义务。胡某某履行了提供借款的义务，张某某应当履行及时还款的义务，故对于胡某某要求张某某偿还借款本金5000元的诉讼请求，本院予以支持。审理中，张某某经本院合法传唤，无正当理由拒不到庭，应视为其放弃庭审举证、质证、辩驳等诉讼权利，对此产生的法律后果应由其承担。

湖南省浏阳市人民法院判决如下：

张某某于本判决生效之日起三十日内偿还胡某某借款本金人民币5000元。

宣判后，双方当事人均未上诉，一审判决生效。

【法官后语】

民间借贷是指自然人、法人和非法人组织之间进行资金融通的行为。民间借贷主要就是私人资金在社会各个领域内的融通过程，是在金融监管之外的私人资金融通活动。发生借贷关系时一般出借人会要求借款人出具借条，但也普遍存在出于亲戚、朋友等高度的信赖关系的信任，并未要求对方出具借条的情形，但一旦产生纠纷，出借人主张权利时就十分被动。本案处理的重点主要在于借款人没有出具借条时，如何认定借贷关系是否成立。

第一，民间借贷关系的成立要件。

“借条”等作为书面证据并非证明借贷法律关系成立的必要条件。《中华人民共和国民法典》第六百六十八条规定：“借款合同应当采用书面形式，但是自然人之间借款另有约定的除外。借款合同的内容一般包括借款种类、币种、用途、数额、利率、期限和还款方式等条款。”可见，借贷法律关系的成立需符合形式要件和实质要件。形式要件即达成合意的外在形式，如借条、借款协议以及其他可以表明双方借款合意的形式；实质要件即款项的实际交付。具体到本案中，胡某某与张某某之间的借款合意没有形成书面形式，那借贷关系是否就不绝对成立呢？此时不能机械地认为只有出具借条才符合成立借款合同的形式要件，双方达成口头借款协议也是形式要件的一种。因借贷合同属于实践合同，借款合同的成立，不仅要有合意，还要有款项交付的事实。本案胡某某提交的证据能够证明双方达成借款合意后，其通过微信转账方式向张某某转款履行了出借义务，并附言“借款”，符合借贷关系中实质要件的要求，故双方当事人之间借贷事实清楚，民间借贷关系成立。

第二，无借条时的举证责任如何进行分配。

根据《最高人民法院关于审理民间借贷案件适用法律若干问题的规定》第十六条规定：“原告仅依据金融机构的转账凭证提起民间借贷诉讼，被告抗辩转账系偿还双方之前借款或者其他债务的，被告应当对其主张提供证据证明。被告提供相应证据证明其主张后，原告仍应就借贷关系的成立承担举证责任。”借款而无借条往往说明双方之间有着高度的信赖关系，如果彼此间并不熟识，显然不会出现本案中的情况。现胡某某提交了附言“借款”的微信转账截图、微信支付转账电子凭证证明借贷事实后，此时的举证责任就分配到了张某某的身上，但张某某未到庭，客观上亦未提供证据加以证实，这也能推定双方当事人之间存在借贷关系。顺予指出，“谁主张，谁举证”仍是民事诉讼举证的原则，如出借方举证后借款方予以反驳的，借款方负举证责任。根据《最高人民法院关于适用〈中华人民共和国民事诉讼法〉的解释》第九十条规定：“当事人对自己提出的诉讼请求所依据的事实或者反驳对方诉讼请求所依据的事实，应当提供证据加以证明，但法律另有规定的除外。在作出判决前，当事人未能提供证据或者证据不足以证明其事实主张的，由负有举证证明责任的当事人承担不利的后果。”本案中，胡某某已经提供了附言“借款”的微信转账截图、微信支付转账电子凭证、微信聊天记录等证据证实其与张某某之间存在借贷关系，并向张某某催收过借款的事实，若张某某认为其与胡某某之间不存在借贷关系，张某某应承担相应的举证责任，若张某某不能提供未借款的相应证据反驳回胡某某的诉讼请求，就应当认定双方当事人之间存在借贷关系。

编写人：湖南省浏阳市人民法院　黄旭

57

债权请求权诉讼时效期间起算的规则展开及诉讼时效期间届满的效力认定

——霍某甲诉赵某甲、赵某乙民间借贷案

【案件基本信息】

1. 裁判书字号

山东省德州市陵城区人民法院（2024）鲁1403民初116号民事判决书

2. 案由：民间借贷纠纷

3. 当事人

原告：霍某甲

被告：赵某甲、赵某乙

【基本案情】

1997年1月17日，赵某甲向霍某甲借款2000元，霍某甲以现金形式将2000元交付给赵某甲。同日赵某甲向原告出具了借条一份，并注明利息2分。在该借条的“经办人处”，赵某甲在签下自己的名字后，又将赵某乙的名字一并写在其后。霍某甲后在借条上陆续分四次记载了部分借款利息的结算方式及金额。

2022年8月9日，赵某甲分别通过微信向原告之子霍某乙转款2800元、向原告之妻贾某某转款200元。2022年12月4日，再次通过微信向原告转款3000元，共计还款6000元。

诉讼中，霍某甲主张其曾于 1998 年去赵某甲家催要借款三次、于 1999 年催要借款五次、于 2000 年催要借款四次，2001 年后也多次催要借款。

【案件焦点】

1. 本案是否超过诉讼时效；2. 赵某甲归还 6000 元的行为能否引起本案诉讼时效重新计算。

【法院裁判要旨】

山东省德州市陵城区人民法院经审理认为：本案系民间借贷纠纷。根据当时的法律规定即《中华人民共和国民法通则》第一百三十七条，诉讼时效期间从知道或应当知道权利被侵害时计算。故存在权利被侵害的事实是诉讼时效起算的前提。本案借条未约定还款期限，债务人可以随时履行还款义务，债权人也有权随时要求债务人履行还款义务，但应当给对方必要的准备时间。因此债权人霍某甲债权请求权的诉讼时效期间应从其第一次要求债务人赵某甲履行还款义务，其知道或者应当知道其权利受侵害之时起算。本案中，根据霍某甲的陈述，其分别在 1998 年、1999 年、2000 年等年份先后多次向赵某甲催要借款本息未果。因霍某甲未明确第一次催要借款的具体日期，可以按 1998 年的最后一日即 12 月 31 日为“权利人知道或者应当知道权利受到损害以及债务人之日”。既然霍某甲在 1998 年 12 月 31 日就已知悉其权利受损，那么本案的诉讼时效期间应当自 1998 年 12 月 31 日起算。

根据《中华人民共和国民法通则》第一百三十五条和第一百三十七条，向人民法院请求保护民事权利的诉讼时效期间为二年，但从权利被侵害之日起超过二十年的，人民法院不予保护。本案中，霍某甲主张其在诉讼时效期间多次向债务人赵某甲催要债务，向债务人即赵某甲提出履行请求，普通诉讼时效多次发生中断，诉讼时效重新计算，但最长诉讼时效为二十年，且最长诉讼时效期间不适用中断、中止规定。截至霍某甲提起诉讼之日本案已经超过二十年的最长诉讼时效，因此对于赵某甲关于本案债权请求权已超诉讼时效的抗辩意见，本院予以采纳。

赵某甲所欠霍某甲的借贷债务，在超过诉讼时效之后已经转变为自然之债。赵某甲分别于2022年8月9日、2022年12月4日偿还6000元的行为，均系在超过最长诉讼时效后的自愿还款行为，其自愿偿还部分债务，仅是其自愿放弃该部分债务诉讼时效的抗辩权，并不及于全部债务，故不能将赵某甲在超过诉讼时效期间后部分还款的行为认定为赵某甲放弃对全部债务的诉讼时效抗辩权。因此赵某甲自愿偿还部分债务的行为，依法不能产生诉讼时效延长、重新起算的法律后果。

综上，霍某甲要求赵某甲偿还借款本息8440元的诉讼请求缺乏事实和法律依据，本院依法不予支持。案涉借条为赵某甲个人出具，经办人处“赵某乙”也为赵某甲个人所写，该证据仅能证实赵某甲向霍某甲借款2000元的事实，不能证实霍某甲与赵某乙之间存在借贷合意，或赵某乙自愿为该笔借款提供担保的事实，故不能认定霍某甲与赵某乙之间存在民间借贷关系或保证合同关系，因此赵某乙在本案中不应当承担民事责任。

山东省德州市陵城区人民法院依照《中华人民共和国民法通则》第八十八条第二款第二项、第一百三十五条、第一百三十七条、第一百三十八条，《最高人民法院关于适用〈中华人民共和国民法典〉时间效力的若干规定》第一条、第二条，《最高人民法院关于审理民事案件适用诉讼时效制度若干问题的规定》第十九条，《中华人民共和国民事诉讼法》第一百三十七条第一款、第一百四十五条，《最高人民法院关于适用〈中华人民共和国民事诉讼法〉的解释》第九十条之规定，判决如下：

驳回霍某甲的诉讼请求。

宣判后，原、被告双方均未提出上诉，一审判决已发生法律效力。

【法官后语】

诉讼时效是指民事权利受到侵害的权利人在法定的时效期间内不行使权利，该时效期间届满后，债务人获得诉讼时效抗辩权，可以拒绝履行其给付义务的法律制度。诉讼时效制度体现了“法律不保护躺在权利上睡觉的人”的原则，具有督促权利人行使权利、保护债务人免于举证困难、避免无益的诉讼和节约司法成本、维护社会关系和秩序稳定的价值基础。本案主要涉及根据原、被告双方的陈述及举证情况，在双方未约定还款期限的情况下，如何正确认定出借人的债权请求权诉讼时效期间起算点、诉讼时效期间是否届满，以及诉讼时效期间届满后借款人归还部分借款的行为能否引起诉讼时效重新计算的问题。

一、诉讼时效期间起算的认定

《中华人民共和国民法典》（以下简称《民法典》）第一百八十八条来源于《中华人民共和国民法总则》（以下简称《民法总则》）第一百八十八条，仅作了一处标点符号的改动。第一百八十八条是关于诉讼时效期间、诉讼时效期间起算规则及最长权利保护期间的规定，其中普通诉讼时效期间起算规则相较于《中华人民共和国民法通则》第一百三十七条，在“知道或者应当知道权利受到损害”的基础上，增加了“知道或者应当知道义务人”的条件。

（一）诉讼时效期间起算的条件与标准

以《民法典》关于普通诉讼期间和最长诉讼时效期间的规定为例，我国诉讼时效期间的起算兼采了主观标准和客观标准。普通时效期间的起算需满足以下条件：（1）权利客观上受到侵害。权利受到侵害是诉讼时效期间起算的前提之一，如权利未受到侵害，不涉及诉讼时效问题。（2）权利人知道或应当知道权利受到侵害。虽然权利客观上受到侵害，但是权利人可能并不知道权利受侵害情况，故诉讼时效期间的起算应将权利人知道或应当知道权利受侵害作为条件之一。所谓应当知道指的是以一般人的标准，权利人在当时的情况下应当知道权利受到侵害。（3）权利人知道或应当知道具体侵害人。权利人知道权利受侵害还不够，如果不知道侵害人是谁，也无法行使请求权，故诉讼时效期间的起算还需要权利人知道或应当知道具体的义务人。（4）普通诉讼时效适用诉讼时效中止、中断的规定，但最长不得超过自权利受到损害之日起20年。

与普通诉讼时效期间的起算相比，最长诉讼时效期间的起算具有以下特点：一是自权利受到损害之日起计算。最长诉讼时效采用客观标准，从权利受到损害之日开始计算。二是不考虑权利人何时知道权利受到侵害及具体义务人。即使权利受到侵害后权利人一直不知道，但是只要权利受到损害之日起超过20年的，除极特殊情况下的诉讼时效延长外，人民法院就不予保护。三是具有固定性，该期限不适用诉讼时效中止、中断的规定，固定为20年时间。

（二）出借人的债权请求权诉讼时效期间起算点与履行期限的关系辨析

在民间借贷案件中，诉讼时效自权利人知道或应当知道权利受到侵害之日起计算。一般来说，在约定了还款期限的情况下，履行期限届满，债务人未履行债务，此时债权人的权利便受到侵害，同时亦可推理权利人应当知道其权利受损，出借人债权请求权的普通诉讼时效与最长诉讼时效期间均是从还款期限届满的次日起算。若未约定还款期限，在履行期限不明确的情形下，因无法确定权利是否受损，诉讼时效并不必然起算。根据《民法典》第五百一十条、第六百七十五条之规定，民间借贷未约定还款期限或约定不明时，填补合同空白的顺序是先协议补充，补充不成的，按照交易习惯或合同有关条款进行确定。仍然无法确定的，借款人可以随时返还，贷款人可以催告借款人在合理期限内返还。出借人向借款人主张还款，借款人未履行还款义务时，此时出借人的债权便受到侵害，同时亦可推理权利人应当知道其权利受损，因此出借人债权请求权的普通诉讼时效与最长诉讼时效期间均是从其要求债务人履行还款义务未果时次日起算。

（三）确定诉讼时效期间的起算点的实例解析

实践中，诉讼时效期间的起算要根据案件情况予以确定，本案中，因借贷双方未约定还款期限，根据原告的陈述，其分别在1998年、1999年、2000年等年份先后多次向赵某甲催要借款本息未果，在1998年，原告的债权请求权便已受损，同时原告催要借款无果也可推测原告应当知悉其权利已受损，此时起算普通诉讼时效与最长诉讼时效符合诉讼时效制度的设计意图。因原告未明确第一次催要借款的具体日期，可以按1998年的最后一日即12月31日为“权利人知道或者应当知道权利受到损害以及债务人之日”以及“权利受到损害之日”。既然在1998年12月31日被告人未履行还款义务，原告的债权就已受损且其已知悉其权利受损，那么本案的普通诉讼时效期间最长诉讼期间均应当自

1998年12月31日起算。

二、诉讼时效期间届满的效力认定

《民法典》第一百九十二条来源于《民法总则》第一百九十二条，该条是关于诉讼时效期间届满的法律效果的规定，在《中华人民共和国民法通则》第一百三十八条“超过诉讼时效期间，当事人自愿履行的，不受诉讼时效限制”的基础上，明确了诉讼时效期间届满的，义务人可以提出不履行义务的抗辩，以及义务人同意履行或已自愿履行的，视为对抗辩权的放弃相关规定。

（一）时效期间届满后，抗辩权发生、胜诉权消灭

诚如前述，在民间借贷案件中，无论是在双方约定了还款期限的情形下，债务人于还款期限届满之日未履行还款义务；还是在未约定还款期限、还款期限约定不明的情况下，债权人向债务人主张还款，债务人未履行还款义务，普通诉讼时效与最长诉讼时效均自债务人不履行还款义务之日起算。《民法典》规定普通诉讼时效为三年，诉讼时效最长达到二十年，自权利受到损害之日起超过二十年的，法院不予保护。时效期间届满后，产生的法律效果为抗辩权发生，即诉讼时效届满后，尽管权利人权利并未消灭，但义务人享有永久抗辩权，可据此提起诉讼中的抗辩，以此不履行相关义务，但法院不得主动适用诉讼时效的规定。

（二）债务人诉讼时效抗辩权的放弃

诉讼时效期间届满的借贷债务转化为自然之债，义务人同意履行或自愿履行的，视为对抗辩权的放弃。其中“作出同意履行义务的意思表示”应作严格解释，即债务人应当明确表示抛弃时效利益，同意履行剩余的还款义务，如重新达成还款协议、签订债权确认书等；而借款人在诉讼时效期间届满后自愿履行部分还款义务的行为仅仅是放弃该部分债务的诉讼时效抗辩权，并不及于全部债务，因此借款人在诉讼时效届满后的还款行为仅能说明借款人放弃对该部分债务诉讼时效期限已过的抗辩，对未支付部分，依然可以提出诉讼时效期间届满的抗辩，不履行偿还剩余款项的义务，故在最长诉讼时效期限届满后自愿还款的行为并不会引起诉讼时效的重新计算。

(三) 诉讼时效期间届满法律效果的实例解析

本案中，原告主张其在诉讼时效期间多次向债务人赵某甲催要债务、提出履行请求，普通诉讼时效多次发生中断，诉讼时效重新计算，但最长诉讼时效为二十年，且最长诉讼时效期间不适用中断、中止规定。截至原告提起诉讼之日本案已经超过二十年的最长诉讼时效，因此对于赵某甲关于本案债权请求权已超诉讼时效的抗辩意见予以采纳。根据本案事实，被告在诉讼时效期间届满后并未明确表示同意履行剩余借款的归还义务，双方亦未达成还款协议、签订债权确认书等；赵某甲分别于2022年8月9日、2022年12月4日偿还6000元的行为，均系在超过最长诉讼时效后的自愿还款行为，其自愿偿还部分债务的行为仅仅是放弃该部分债务的诉讼时效抗辩权，并不及于全部债务，故不能将赵某甲在超过诉讼时效期间后部分还款的行为认定为赵某甲放弃对全部债务的诉讼时效抗辩权。因此赵某甲自愿偿还部分债务的行为，依法不能产生诉讼时效延长、重新起算的法律后果。

三、诉讼时效的多元价值与司法导向

随着商品经济的发展，在追求交易安全的同时，立法者、司法者也开始注重交易的快捷与效率，在诉讼时效法律制度发展的过程中，始终在交易安全与交易效率两个价值目标之间进行平衡。诉讼时效旨在降低因事实的模糊化所可能导致的诸多社会成本，督促权利人及时行使权利，降低审判成本便利审判，保护义务人利益免于举证困难，以及保护与义务人交易的不特定第三人利益降低防险成本等，以实现权利人、义务人和社会公共利益的衡平，维护社会关系和秩序的稳定，而非让欠债不还的行为合法化，因此在审判实务中，对诉讼时效的认定一般从宽把握。权利人要注意主张权利的时间限制，自知道或者应当知道自身权利被侵害之日起，通过法律规定的有效途径向义务人主张权利，保留相关证据资料，尽快提起诉讼，否则将承担权利不受保护的风险。且诉讼时效抗辩权需要债务人主动提出，人民法院不得主动适用诉讼时效的规定。

综上，在民间借贷案件中约定了还款期限的情况下，履行期限届满，债务人未履行债务，此时债权人的权利便受到侵害，同时亦可推理权利人应当知道其权利受损，出借人债权请求权的普通诉讼时效与最长诉讼时效期间均是从还款期限届满的次日起算。若未约定还款期限，在履行期限不明确的情形下，诉讼时效并不必然起算，出借人可以催告借款人在合理期限内返还，借款人经催要未履行还款义务时，此时出借人的债权便受到侵害，同时亦可推理权利人应当知道其权利受损，因此出借人债权请求权的普通诉讼时效与最长诉讼时效期间均是从其要求债务人履行还款义务未果时次日起算。《民法典》规定普通诉讼时效为三年，即使普通诉讼时效多次中断、中止，诉讼时效最长达到二十年，自权利受到损害之日起超过二十年的，法院不予保护。诉讼时效期间届满，产生的法律效果为抗辩权发生，出借人权利并未消灭，但义务人享有永久抗辩权，可据此提起诉讼中的抗辩，以此不履行相关义务。若义务人明确表示同意履行或已自愿履行的，视为对抗辩权的放弃，但在最长诉讼时效期限届满后自愿还款的行为并不会引起诉讼时效的重新计算。本案根据上述法律适用的原则，通过对双方陈述借款原因、交付时间、交付方式，结合出借人催要借款时间、方式、次数，并对双方提供的证据予以合法、合理的认证，最终正确认定诉讼时效期间的起算、是否届满以及届满后产生的法律效果，在保障出借人的正当合法权益的同时，又依法维护了借款人的抗辩权利，实现了公正与效率的统一，维护了维护社会关系和秩序的稳定。

编写人：山东省德州市陵城区人民法院　黄培富　刘静静

ISBN 978-7-5216-5036-5

9 787521 650365 >

图书在版编目（CIP）数据

中国法院2025年度案例．民间借贷纠纷／国家法官学院，最高人民法院司法案例研究院编. -- 北京：中国法治出版社，2025. 3. -- ISBN 978-7-5216-5036-5

Ⅰ. D920. 5

中国国家版本馆CIP数据核字第2025PZ6122号

策划编辑：李小草　韩璐玮　白天园

责任编辑：白天园　　封面设计：李宁

中国法院2025年度案例．民间借贷纠纷

ZHONGGUO FAYUAN 2025 NIANDU ANLI. MINJIAN JIEDAI JIUFEN

编者/国家法官学院，最高人民法院司法案例研究院

经销/新华书店

印刷/三河市紫恒印装有限公司

开本/730毫米×1030毫米　16开　　印张/19. 25　字数/232千

版次/2025年3月第1版　　2025年3月第1次印刷

中国法治出版社出版

书号ISBN 978-7-5216-5036-5　　定价：68. 00元

北京市西城区西便门西里甲16号西便门办公区

邮政编码：100053　　传真：010-63141600

网址：http：//www. zgfzs. com　　**编辑部电话：010-63141792**

市场营销部电话：010-63141612　　**印务部电话：010-63141606**

中国法院 2012~2025 年度案例系列

国家法官学院　最高人民法院司法案例研究院　编

简便易用、专业实用——打造“好读有用”的案例

1. 专业的作者：国家法官学院自 2012 年起推出“中国法院年度案例丛书”，至今已有 14 年，旨在探索编辑案例的新方法、新模式，以弥补当前各种案例书的不足。自 2020 年起，丛书由国家法官学院与最高人民法院司法案例研究院共同编辑，每年年初定期出版。

2. 强大的规模：23 个分册含传统和新近的热点纠纷，收录案例是从全国各地法院报送的上一年度审结的近万件典型案例中挑选出来的，具有广泛的选编基础和较强的代表性。

3. 独特的内容：高度提炼案情和裁判要旨，突出争议焦点问题，主审法官撰写“法官后语”，展现裁判思路方法。

4. 数据库增值服务：2025 年继续推出数据库增值服务，凡购买本系列丛书，扫描腰封二维码，即可在本年度免费使用往年同类案例数据库。

《中国法院 2025 年度案例系列（全 23 册）》

1. 婚姻家庭与继承纠纷
2. 物权纠纷
3. 土地纠纷（含环境资源纠纷）
4. 房屋买卖合同纠纷
5. 合同纠纷
6. 买卖合同纠纷
7. 借款担保纠纷
8. 民间借贷纠纷
9. 侵权赔偿纠纷
10. 道路交通纠纷
11. 提供劳务者受害责任纠纷
12. 人格权纠纷
13. 劳动纠纷（含社会保险纠纷）
14. 公司纠纷
15. 保险纠纷
16. 金融纠纷
17. 知识产权纠纷
18. 行政纠纷
19. 刑事案例一（犯罪、刑罚的具体运用、刑事证据、程序）
20. 刑事案例二（危害公共安全罪、破坏社会主义市场经济秩序罪）
21. 刑事案例三（侵犯公民人身权利、民主权利罪，侵犯财产罪）
22. 刑事案例四（妨害社会管理秩序罪、贪污贿赂罪、渎职罪）
23. 执行案例

中国法院年度案例集成丛书(全15册)

国家法官学院　最高人民法院司法案例研究院　编

汇集十年精华　展现裁判思维　促进适法统一

实务性：为新型疑难法律适用问题提供解决方案的司法实务参考用书

工具性：可以查阅人民法院类型化裁判规则的小全书

1. 物权纠纷裁判规则理解与适用
2. 合同纠纷裁判规则理解与适用
3. 借款担保纠纷裁判规则理解与适用
4. 人格权纠纷裁判规则理解与适用
5. 婚姻家庭与继承纠纷裁判规则理解与适用
6. 侵权纠纷裁判规则理解与适用
7. 道路交通纠纷裁判规则理解与适用
8. 保险纠纷裁判规则理解与适用
9. 劳动纠纷裁判规则理解与适用
10. 公司纠纷裁判规则理解与适用
11. 金融纠纷裁判规则理解与适用
12. 知识产权纠纷裁判规则理解与适用
13. 行政纠纷裁判规则理解与适用
14. 刑事案例裁判规则理解与适用
15. 执行纠纷裁判规则理解与适用